KB264690

작지만 강한 기업을 만드는

고수익 경영

작지만 강한 기업을 만드는

PROFIT PYRAMID

Copyright ⓒ 2007 by Kazukimi Namie

First published in Japan in 2007 by Diamond, Inc.

Korean translation rights arranged with Diamond, Inc.
through Shinwon Agency Co.

Korean translation rights ⓒ 2008 by Yeonamsa Publishing Co.

이 책의 한국어판 저작권은 (주)신원에이전시를 통한 Diamond와의 계약으로
도서출판 연암사가 소유합니다. 신 저작권법에 의하여 한국 내에서 보호를 받
는 저작물이므로 무단전재와 무단복제, 전자출판 등을 금합니다.

(작지만 강한 기업을 만드는) 고수익 경영 / 나미에 카즈키미 지음 ; 김영환 옮김. —
서울 : 연암사, 2008
　264p. ; 21cm

ISBN 978-89-86938-66-1 13320 : ₩12000

기업 경영[企業經營]

325.1-KDC4
658.401-DDC21　　　　　　　　　　　CIP2008002734

작지만 강한 기업을 만드는

고수익 경영

나미에 카즈키미 지음 | 김영환 옮김

연암사

머리말

수익률 차이를 낳는 원인은 경영 외적인 것에 있는 게 아니라 내부적인 것에 있다

히토츠바시대학 일본연구센터의 이타미 히로유키 교수는 《미일 기업의 이익률 격차(日米企業の利益率格差)》라는 책을 통해 일본과 미국의 기업이익률 차이를 실제 데이터를 근거로 설명하고 있다. 이 책에 따르면 일본과 미국의 각 업계 상위 10% 안에 드는 기업의 과거 20년간 평균이익률 차이를 비교하면, 모든 업계에서 미국 기업이 일본 기업을 상회하고 있으며 전체 업계의 평균치도 7% 정도 차이를 보이고 있다고 한다.[1]

이 7%의 차이는 노동비용, 높은 조달가격, 법제도 등 일본 기업 특유의 경영 환경에 의한 것만은 아니다. 일본 기업은 20년 전에 이미 북미, 유럽, 동남아시아, 중동 지역에서 사업을 전개해왔고, 북미와 동남아시아 여러 나라를 주요 생산거점으로 삼아왔다. 따라서 과거 20년간 시장과 생산의 글로벌화에 관해서는 미일 기업 간의 차이가 거의 없었다고 해도 무방할 것이다. 또한 설령 차이가 있다손 치더

라도 적어도 두 기업에 똑같은 선택지가 부여되었음은 틀림없다. 즉, 수익률의 차이가 미일 기업의 경영 외적이 아닌 내부적인 요소에 의한 것이라고 봐야 한다.

히토츠바시대학의 또 다른 연구 중에는 과거 5년간 미일 기업의 수익률을 비교한 것이 있는데, 그 연구에 따르면 일본 기업의 수익률은 그동안 신장되어 미일 간의 차이가 3%로 줄어들었다고 한다. 이처럼 일본 기업의 수익률이 신장된 원인은 버블붕괴 이후, 산업 전반에 걸쳐 실시된 구조조정과 최근의 경기확장 때문이며, 본질적인 경영방식은 달라진 것이 없어 미일 기업의 수익률 격차가 쉽게 줄어들 것으로 보이지 않는다.

물론 도요타자동차와 GM의 비교 등과 같이 양국에서 높은 관심을 보이고 있는 기업의 개별적인 사례에서는 일본 기업의 경영방식 및 실적이 미국의 경쟁 기업을 크게 앞서고 있는 경우도 있다. 또한 최근의 양호한 경기를 배경으로 버블붕괴로 타격을 입었던 일본 기업도 자신감을 되찾아 전략적인 경영을 펼치는 사례도 늘고 있다. 하지만 경영컨설팅 경험을 통해 느낀 점은 일본 기업 전체를 놓고 보면 여전히 경영 내부적으로 차이점이 존재하며 이로 인해 수익률의 격차가 발생하고 있다는 점이다.

낮은 수익률이 의미하는 것 : 매수의 표적

2006년은 일본에서 각종 펀드의 투자 수단과 일반 기업의 전략실행 수단으로 적대적 주식공개매수(TOB : Take of Bid)가 주목받은 해였는데, 한큐(阪急)에 의한 한신(阪神) 주식 TOB, 스틸파터너즈에 의한 메이세이식품(名星食品), 오지제지(王子製紙)에 의한 호쿠에츠제지(北越製紙) 주식의 적대적 TOB 등이 대표적인 예다. 그리고 M&A(Merger & Acquisition : 기업매수합병) 건수도 급격히 늘어나는 양상을 보였다. 또한 투자펀드의 보유주식 리스트에는 다수의 매수후보 기업이 나열되어 있다.

이미 미국과 유럽 기업에서는 M&A가 일반적인 수단이 되고 있기 때문에 향후 일본에서도 M&A가 일반화될 것으로 본다. 여기에는 명확한 이유가 있다.

우선 첫째로, 투자펀드의 시각에서 보면 M&A를 통해 큰 이익을 창출할 기회가 존재하기 때문이다. 금융을 업으로 하고 있는 사람들은 항상 이익창출의 기회, 즉 어떤 요인으로 시장에서 기업 본래의 가치를 제대로 평가받지 못하고 있지만 저해 요인이 제거되면 가치가 올라갈 수 있는 기회를 엿보고 있다. 잠재능력이 있으면서도 경영상의 문제로 실적이 저조한 기업이 바로 그러한 이익창출의 기회를 제공해준다. 투자펀드가 노리는 것은 일반적으로 주가순자산비율(PBR : Price Book-value Ratio)이 1 이하인 기업, 다시 말해 시가총액이 보유한 순자산을 밑도는 기업이다. 2003년 4월 시점에서는 PBR이 1 이하인 기업이 878개나 있었다.[2] 그 후, 주가 회복과 경기 확장으로 그 수는 줄어들었으나 잠재능력을 충분히 활용하지 못하고 있는 기업은 여전히 많다고 본다.

둘째로, 회사법 시행으로 2007년 5월부터는 기업의 삼각합병(외국 기업이 일본에 설립한 자회사를 통해 일본 기업을 인수 합병하는 방식. 이때 외국 기업은 매수에 필요한 비용을 현금이 아닌 자사주로 지급할 수 있어 따로 현금을 준비할 필요가 없다)이 가능해져 해외 기업에 의한 일본 기업의 매수가 용이해지기 때문이다. 이 삼각합병으로 미국과 유럽 기업뿐만 아니라 중국, 한국, 대만 등의 아시아 기업에 의한 일본 기업 매수도 늘어날 것이다. 왜냐하면 아시아 기업의 약점은 기술과 브랜드에 있는데, 일본 기업은 여러 산업 분야에서 이 점이 앞서기 때문이다.

셋째는, 최근 일본에서도 늘어나고 있지만, '사업'의 매수가 목적이 아닌 기술 또는 기술자 등 기업이 가진 '능력'을 매수하는 것도 가능하기 때문이다. 예를 들어 캐논(Canon)은 최근에 이가리몰드라는 금형회사를 매수했는데, 원래 캐논은 금형회사가 아니므로 이 매수는 자사의 금형제조 능력을 강화하려는 목적에서 이루어진 것으로 보인다. 이처럼 요즘의 M&A는 충분한 준비 과정을 거쳐 신규 분야로 진출하기 위한 것이 아니라, 기존 사업을 강화하기 위한 수단으로 활용되고 있다.

넷째는, M&A가 빈번해지면 사회적으로도 여러 면에서 인프라가 갖추어지게 되어 M&A 비용이 줄어들기 때문이다. 이로 인해 M&A가 더욱 증가하게 되고 인프라가 한층 더 정비되는 동시에 그 비용은 줄어드는 순환이 이루어지는데, 일본은 이미 그러한 상태에 진입한 것으로 판단된다.

이러한 시대흐름이 일러주는 것은 저조한 실적을 감수하고 있는 기업은 절호의 매수 대상이 되어버린다는 점이다. 스스로 자사의 가치를 높이지 못하면 누군가 자사의 가치를 높이려고 달려들게 된다. 주식을 공개하고 있지 않은 기업도 매수 위협에서 자유롭지 못하다. 경영진 외의 다른 주주가 소유 지분의 자본이득(Capital Gain)을 목적으로 다른 기업에 소유지분을 매각할 가능성이 있기 때문이다. 적대적 매수를 피하는 몇 가지 요령이 있기는 하지만 기본적으로는 고수익 경영을 실현해 자사의 기업가치를 높이는 것이 가장 효과적인 방법이다.

일본의 고수익 기업 중에 경영의 고수익화에 관한 힌트가 있다

그렇다면 여태껏 그저 그런 실적을 달성했던 기업이 어떻게 하면 고수익 기업으로 탈바꿈할 수 있을까? 요즘 일본 기업들 사이에는 '모노츠쿠리(物作り: 물건을 만든다는 뜻으로 일본에서는 '제조(製造)' 보다는 모노츠쿠리라는 용어를 즐겨 사용하는데, 그 말 속에는 일본 특유의 섬세함과 장인정신도 내포되어 있다)' 라는 종래부터 인정되어온, 일본 기업의 강점으로 회귀하려는 움직임이 일어나고 있다. '모노츠쿠리'는 일본 기업에 아주 솔깃한 말이며, 고수익화를 위한 활로를 이 모노츠쿠리를 통해 찾을 가능성이 크다고 본다.

하지만 그것은 잘못된 방향이라고 생각한다. 왜냐하면 모노츠쿠리의 원점은 현재상황의 연장선상에서 품질이나 비용의 점진적인 개선을 추구하기 때문이다. 물론 품질이나 비용 측면의 경쟁력은 비록 점진적이더라도 개선하려는 노력이 필요하다. 하지만 그런 방법만으로는 여태껏 평범한 실적의 기업이 잠재능력을 100% 발휘해 고수익 기업으로 탈바꿈할 수는 없다.

이번에 제조업 중에서 오랫동안 높은 수익률을 보이고 있는 6개 회사(키엔스, 롬, 화낙, 시마노, 히로세전기, 마부치모터)를 선정해 고수익 요인을 분석해보았다. 이들 기업 역시 품질, 비용, 납기 등을 개선하고자 부단히 노력하고 있고, 그것에만

그치는 것이 아니라 전략적인 차원에서 여러 가지 방법으로 고수익을 추구하고 있다. 이들 기업의 고수익 요인을 하나하나 살펴보면 처음에는 연계성이 없어 보여도 자세히 보면 공통점이 있으며, 이들의 고수익 구조를 일반 기업에도 적용할 수 있는 보편성이 있다는 것을 알 수 있다. 고수익을 유지하고 있는 4개의 큰 요인으로 구성되어 있고, 또한 서로 밀접하게 연관되어 있다는 점에서 이 책을 피라미드 구조를 띠는 '프로피트 피라미드'라고 명명했다. 여기에는 이들 고수익 기업이 피라미드라고 하는 아주 안정된 기반 위에 지속적으로 높은 수익률을 실현하고 있다는 의미도 담겨 있다.

이 책에서는 우선 이들 6개 기업이 고수익을 실현한 요인에 대해서 알아보고, 그다음으로 요인의 분석을 통해 도출된 공통점으로 '프로피트 피라미드'를 소개하고, 이 '프로피트 피라미드'에 기초해 일반 기업이 고수익을 실현하기 위한 14가지 원칙을 소개했다.

출처
1) 이 책에서는 일본의 경우, 우위 기업과 열위 기업의 차이가 작은 데 비해, 미국 기업은 그 차이가 크다는 점을 주장하고 있다.
2) 닛케이비즈니스, 2006년 6월 12일

CONTENTS

PART

02 프로피트 피라미드란?

01. 왜 사막에서는 물 한 잔이 1만 엔에 팔리는 것일까?

CONTENTS

PART
04 프로피트 피라미드의
실행

일본의 고수익 기업

일본의 대표적인 6개 초고수익 기업인 키엔스, 롬, 화낙, 시마노, 히로세전기, 마부치모터의 본질적이면서도 공통적인 4가지 요인과 거기에서 도출된 14가지의 단순한 원칙을 일반 기업의 고수익 기업화의 핵심으로 제시한다.

PROFIT
PYRAMID

01

키엔스 KEYENCE
합리주의 경영

키엔스는 생산설비용 센서를 중심으로 자동제어기기, 계측기기, 정보기기 등을 개발, 생산, 판매하고 있는 기업이다. 키엔스의 매출액은 연평균 10.6%(1998년 3월기에서 2006년 3월기까지)의 성장세를 보이고 있다. 1999년 3월기를 제외한 과거 9년간 지속적으로 40% 이상의 경상이익률을 기록했으며, 특히 최근 3년 동안에는 50%가 넘는 경이적인 실적을 기록하고 있다(도표 1-1-1).

키엔스의 역사

키엔스의 전신(前身)인 리드전기는 창업자인 다키자키 다케미츠(현 회장)가 27살 때인 1972년에 설립한 회사다. 다키자키는 리드전기를 창업하기 전에 두 번의 사업실패 경험이 있었고, 리드전기는 그가 세 번째로 창업한 회사다. 키엔스의 성공은 하루아침에 이루어진 것이 아닌데, 그 배경에는 다

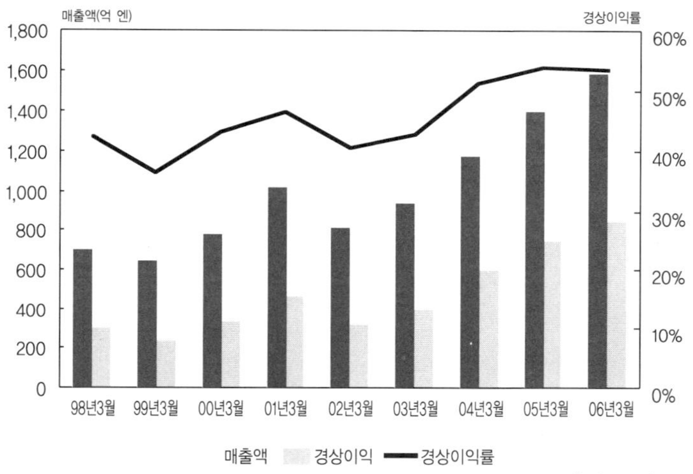

키자키의 시행착오를 통한 경험이 있다. 그는 '키엔스 리드전기'라는 사명으로 창업할 당시부터 후에 컨설팅영업을 주축으로 하는 비즈니스모델의 원형이 되는 공장자동화에 관한 컨설팅을 하면서 기기를 개발하는 사업을 전개했다. 그리고 창업 이듬해에는 자동차업계의 프레스성형 공정에 필요한 이중공급오류검출기의 핵심 부품인 센서를 개발하여 그때까지 빈발했던 프레스금형의 손상사고를 없앰으로써 고객의 호평을 얻었다. 키엔스는 이런 경험을 통해 하나의 제품으로도 큰 고객가치를 창출할 수 있는 센서의 특징을 발견하고, 그 후 더욱 기술개발에 힘써 여러 가지 새로운 센서를 출시한다.

키엔스 경영의 특징 중 하나는 팹리스(Fabless) 경영이다. 팹리스란 제품의 기획과 개발은 자사에서 직접 하지만 생산은 외부에 위탁해 자사에서는 생산 설비를 보유하지 않는 것을 말한다. 키엔스가 팹리스 경영을 하게 된 계기는 다키자키가 예전에 두 제조업체를 경영하면서 얻은 경험 때문이다. 그는 과거의 경험을 통해 생산기능을 보유하는 것의 장단점과 팹리스의 효과를 잘 알고 있었기에 리드전기 때부터는 팹리스라는 경영 방식을 채택했다.

키엔스의 경영 중 또 다른 특징은 제품 사용자에게 직접 판매하는 것이다. 보통 센서는 단가가 싸고 종류가 다양해 대리점을 경유해서 판매하는 것이 효율적인 판매 방식으로 여겨져 왔다. 실제로 다른 센서 제조업체들은 모두 대리점을 경유해서 판매하고 있었다. 하지만 다키자키에게는 고부가가치의 제품을 개발하고 있다는 자부심이 있었고, 대리점을 경유해서는 사용자들에게 자사 제품이 지닌 부가가치나 장점을 제대로 전달할 수 없을 것으로 판단해 직접 판매하는 방식을 선택했다. 또한 직판과 함께 자사 제품의 부가가치를 사용자들에게 좀 더 정확하게 전달하기 위해 컨설팅영업도 시작했다.

이러한 전략이 적중해 키엔스의 매출은 그 후 급속히 늘어났다. 그 당시 사업 전개에 관한 몇 가지 일화는 키엔스의 고수익 추구 경영을 상징하고 있다. 어느 날 어떤 거대 기계 제조업체로부터 대규모 추가 주문에 관한 상담이 들어왔다. 하지만 그 주문을 받아들이면 해당 기업으로부터 발생하는 매출액이 키엔스 전체 매출액의 30%를 넘게 되어 키엔스의 경영이 그 기업의 주문에 의해 크게 영향을 받게 되고, 그로 인해 그 기업이 상당한 가격교섭력을 갖게 된다는 이유로 주문을 사양했다. 당시 키엔스는 직원이 20명 정도에 불과한 작은 회사였다. 때문에 일반적으로는 대기업이 안정적인 고객이 되어주겠다면 엄청 기뻐해야 할 일이었다. 하지만 키엔스(다키자키)는 '리스크가 너무 크다'[1]는 이유로 그 주문을 거절했다.

또 다른 흥미로운 일화가 있다. 1983년에 창업 당시부터 해오던 사업이며, 당시의 전체 매출액 중 15% 정도를 차지했던 자동선재절단기 사업을 다른 기업에 매각한 일이다. 그 사업은 영업이익률이 20%나 되었다. 하지만 그 당시 키엔스는 이미 전체 사업의 수익률이 40%에 달했기 때문에 다키자키는 그 사업을 매각하고 고부가가치 사업인 센서 사업을 특화하기로 결심했다. 그때 키엔스로부터 해당 사업을 인수한 기업은 아직도 그 사업을 영위하고 있는데 여전히 높은 수익률을 유지하고 있다고 한다.

한편, 1986년에는 회사 이름을 리드전기에서 지금의 키엔스로 바꾸게 된다. 키엔스라는 사명은 '과학의 열쇠(Key of Science)'에서 유래되었는데, 이 역시 과학이나 기술이 특징 있는 제품 창출의 원동력이 되어 고부가가치의 제품을 만들고, 그 결과로 기업의 수익률이 높아진다는 다키자키의 강한 신념을 나타내고 있다. 그 후 키엔스는 매출액이 순조롭게 증가하며 30%가 넘는 영업이익률을 유지하고 있다.

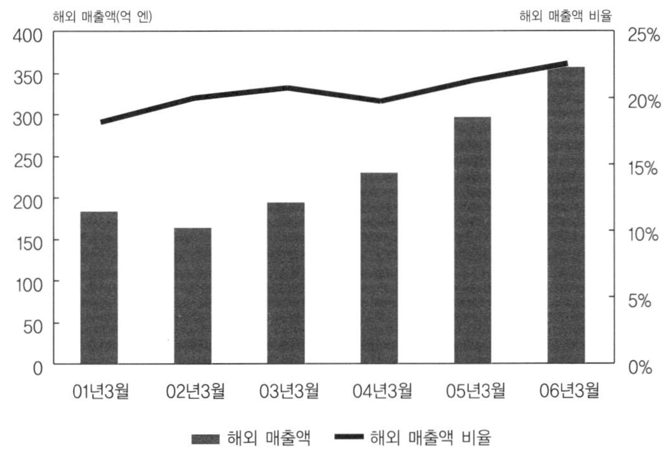

도표 1-1-2   키엔스의 해외 매출액·해외 매출액 비율

출처 : 유가증권보고서

그리고 더 큰 성장을 위해 해외로 진출하게 되는데, 1985년에 미국 현지법인 설립을 시작으로 독일(1990년), 한국(1993년), 영국(1993년), 싱가폴(1996년), 말레이시아(1997년), 캐나다(2004년), 스위스(2005년) 등에 판매 거점을 마련해 해외 사업을 강화해나갔다. 그 결과, 해외에서 발생하는 매출액도 급속도로 늘어나게 된다(도표 1-1-2).

키엔스의 경영에서 독창적인 점은 '인건비는 경비가 아니다.' 라는 생각이다. 키엔스 사원들의 평균 연봉은 31.8세를 기준으로 1,345만 엔(2006년 3월 20일 현재)인데, 이는 일본 상장 제조업체 중에서는 압도적으로 높은 수준이다. '인건비는 경비가 아니다.' 라는 말은 사원이 일에 집중할 수 있는 환경을 조성해 큰 이익을 거두고, 그로 인해 높은 급여를 받을 수 있게 하는 것이 회사의 목표라는 의미를 내포하고 있는 말이다. 따라서 회사로서도 1인당 인건비는 가능한 한 높게 책정해주고 싶다는 것인데, 이는 일반 기업과는 전혀 다른 발상이다.

키엔스의 고수익화 프레임워크

키엔스의 초고수익은 4가지 요인에 의해 실현된 것이라 생각한다(도표 1-1-3).

첫 번째 요인은 '최소의 자본과 사람으로 최대의 부가가치를 창출한다.' 라는 키엔스의 경영이념이다. 바로 이 경영이념이 키엔스의 초고수익 경영의 원점이 되었다고 본다. 어떤 제품의 수익률을 증대시키고자 할 때, 대부분의 경우 기존에 있는 제품 혹은 이미 사양이나 콘셉트가 정해져 있는 제품의 비용을 절감하게 되는데, 그런 방법으로 수익률을 증대시키는 데는 한계가 있다. 그래서 키엔스는 큰 비용을 들이지 않고서도 고객제공가치를 극대화시킬 수 있는 제품을 새로 기획하고 그것을 실현하는 다른 방법을 찾았다. 이 책에서는 이러한 키엔스의 경영이념을 좀 더 일반적인 표현으로 바꾸어 '최소 비용에 의한 최대 고객제공가치 실현'이라 하겠다(Ⅰ. 최소 비용에 의한 최대 고객제공가치 실현).

두 번째 요인은 경쟁 회피를 위한 방책 구비다. 고객은 어떤 제품에 대해 가격에 합당하는 가치를 인식하더라도 경쟁 기업이 비슷한 제품을 좀 더 싼 가격으로 제공한다면 당연히 그 기업에서 구매하게 된다. 그래서 키엔스는 다른 기업과의 경쟁을 회피하는 방법을 택하고 있다(Ⅱ. 경쟁 회피를 위한 방책 구비).

앞에서 설명한 첫 번째와 두 번째 요인은 반드시 함께 갖추어져야 하는데, 만약 가능하다면 그것만으로도 높은 수익률을 실현할 수 있다. 그런데 키엔스는 그보다도 더 높은 수익률을 실현하기 위한 체제를 구비하고 있는데, 이것이 초고수익 경영의 세 번째 요인이다(Ⅲ. 이익 확보의 체제 구비).

마지막 요인은 철저하게 합리성을 추구하는 문화와 풍토다. 이는 명문화된 것이 아니고 기업의 과거 역사나 어떤 계기로 인해 자연발생적으로 생기게 되는 경우가 많다. 하지만 키엔스의 문화와 풍토는 창업자인 다키자키가 의식적으로 과거의 시행착오를 통해 얻은 조직 경영상의 중요한 에센스를 사원들에게 분명한 메시지로 전해 조직에 정착시켜온 것이다. 이 네 번째 요인은 키엔스의 초고수익 경영의 근간을 이루고 있다(Ⅳ. 합리성을 추구하는 문화와 풍토).

그러면 이상과 같은 프레임워크에 따라 키엔스가 초고수익 경영을 실현한 요인에 대해 하나하나씩 알아보도록 하자.

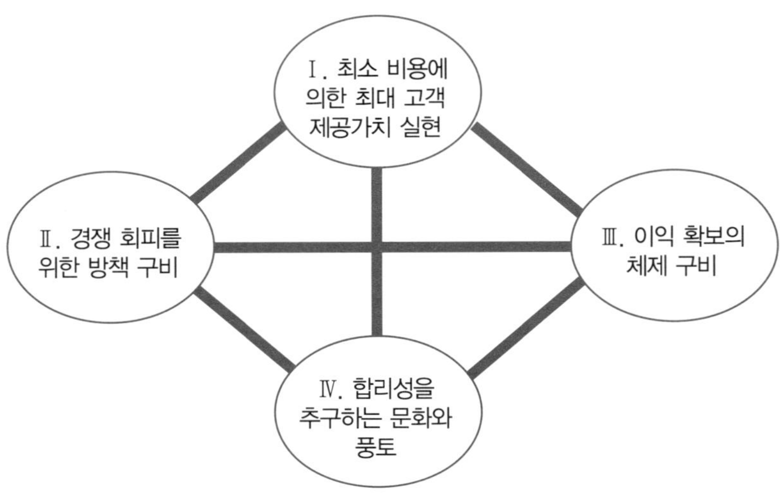

키엔스의 초고수익 실현 요인

요인 Ⅰ 최소 비용에 의한 최대 고객제공가치 실현

키엔스의 최소 비용에 의한 최대 고객제공가치를 실현하는 활동과 체계는 크게 4가지 요소로 구성되어 있다.

① 최소 비용에 의한 최대 고객제공가치를 실현하기 쉬운 사업영역으로의 선택과 집중

키엔스의 주요 제품은 공장자동화용 센서다. 공장자동화용 센서는 고객사의 생산라인에 탑재되는 것인데 생산설비 전체에서 차지하는 기능, 가

격, 크기 등을 놓고 볼 때 아주 중요한 기기라고는 말하기 어렵다. 또한 기능 측면에서 보면 제품에 어떤 기능을 부가하는 것이 아니라 제품의 위치나 특징을 판별하는 부가적인 역할을 하는 기기 또는 부품으로 취급받고 있다. 그리고 가격도 일반적으로는 하나에 몇만 엔에서 몇십만 엔 정도로 생산 공정상의 다른 기기나 부품에 비해 저렴한 편이다. 또한 그 크기도 사람이 들고 다닐 수 있을 정도로 작아서 생산 공정에서 그다지 눈에 띄지 않는 보조적인 역할을 하는 것이라고 할 수 있다.

하지만 센서는 생산설비의 일반적인 공정, 즉 검출 → 신호처리 → 제어출력 → 작동과 같은 일련의 프로세서 속에서 첫 단계인 '검출'이라고 하는, 그 정확도와 안정성이 생산품의 품질이나 수율 향상에 꼭 필요한 기능을 담당하고 있다.

그 결과, 몇만 엔의 기기를 부착하는 것만으로 수백만 엔 혹은 수천만 엔의 비용을 절감할 수 있게 된다. 아울러 센서는 보조적인 역할을 하는 것으로 여겨지고 있기 때문에 고객의 만족은 더욱 커진다. 센서는 단가가 싸고 보조적인 존재임에도 불구하고 그것을 장착함으로써 생산설비 전체의 능력을 크게 향상시키는 '투자의 지렛대 효과'를 내는 제품이다. 또 그 효과는 생산성이라고 하는 정량화된 수치로 나타낼 수 있기 때문에 고객에게 직접적으로 어필할 수 있는 특성을 지니고 있다. 이 때문에 키엔스는 제조비용에 비해 높은 가격대를 설정할 수 있는 것이다.

이 최소의 비용으로 최대의 고객제공가치를 실현하는 센서는 키엔스에 있어서는 초고수익을 창출하는 아주 중요한 제품이며, 창업자인 다키자키가 오랜 기간의 시행착오를 거쳐 발견해낸 사업 영역이다. 센서 외의 다른 사업에 진출하는 문제에 관해 그는 "실은 여러 건의 M&A안건을 검토했다. 하지만 센서처럼 부가가치가 높은 사업이 눈에 띄지 않았다. 처음부터 제조원가가 높은 것에 부가가치를 높여 비싸게 파는 것은 어렵다."[2]고 말하고 있다.

② 높은 '부가가치' 가 제품기획 테마 선택의 절대조건 : 잠재 니즈에 기초한 제품기획

앞에서 소개한 자동선재절단기 사업매각의 일화에서 알 수 있듯이 키엔스는 높은 수익률을 실현하는 것을 매우 중요하게 생각해, 세계 최초나 세계 최소와 같이 여태까지 없었던 특징이나 부가가치를 어필할 수 있는 제품이 아니라면 개발에 착수하지 않았다. 이를 위한 주요 방책이 잠재 니즈에 기초한 제품기획이다. 이때 문제가 되는 것은 어떻게 잠재 니즈에 기초한 제품을 기획하느냐인데, 회사는 이와 관련해 3가지 방법을 강구하고 있다.

• 영업사원에 의한 잠재 니즈의 광범위하고 체계적인 수집

키엔스의 영업사원은 고객이 진정으로 필요로 하는 것을 알아내기 위해 고객의 작업현장을 직접 찾아간다. 고객에게 밀착함으로써 고객 자신조차도 느끼지 못하고 있는 '잠재 니즈' 를 찾아내 기획 담당자에게 피드백하여 신제품기획의 계기를 만드는 중책을 맡고 있는 셈이다(APSUL 사업부장).[3] 그것도 영업사원의 부차적인 임무가 아니라 가장 중요한 임무의 하나로 삼고 있다.

앞에서 '잠재 니즈를 기획 담당자에게 피드백하여' 라는 부분이 있는데, 여기서 말하는 잠재 니즈는 정확히 말하면 '현재(顯在) 니즈' 다. 키엔스의 영업사원은 고객과의 접촉을 통해 파악한 고객의 니즈를 제품기획 파트에 '그대로' , '정확하게' 그리고 '구체적인 제품 스펙' 까지 피드백할 것을 요구받고 있다. 영업사원은 그러한 고객의 니즈를 사내 시스템(그렇다고 특별

한 시스템은 아니다)을 경유해서 제품기획 담당자에게 전하고 있다. 현재 키엔스는 10만여 개의 기업과 거래를 하고 있기 때문에 키엔스가 수집한 고객 니즈는 상당한 수에 이를 것으로 보인다. 또 키엔스는 지금까지 없었던 신제품을 자주 출시하고 있기 때문에 고객이 어떤 어려움에 부닥쳤을 때는 '키엔스에 한번 상담해볼까?' 하고 생각하게 된다. 즉, 신제품을 자주 출시함으로써 새로운 고객 니즈를 수집하는 선순환이 이어지고 있다.

일반적으로 영업사원은 연도별로 매출목표를 세우고 그 달성도에 따라 평가받는 것이 보통이어서 고객 니즈의 수집 등과 같은 일을 귀찮아하는 경향이 있다. 하지만 키엔스에서는 영업사원의 실적은 매출액뿐만 아니라 매출총이익에 가까운 개념의 '성과액'으로 평가받는다. 즉, 성과액을 늘릴 수 있는 수익성 높은 제품이 많을수록 영업사원은 좋은 평가를 받게 되고 급여도 올라간다. 이 때문에 영업사원은 고수익률 실현에 크게 기여할 수 있는 고객 니즈 발굴에 적극적으로 임하게 된다.

그렇다고 해서 급여에만 관심을 가지는 것은 결코 아니다. 오히려 현장 사람들은 고객이 "이런 걸 만들었어? 와! 대단한데! 당장 주문하지." 하며 놀라워하는 것을 최고의 보람으로 여기고 있다(NP 그룹장의 말).[4] 따라서 키엔스의 사원들은 고객의 평가에 힘을 얻고 그 결과로 급여가 올라가는 것을 즐거워하면서 활동하고 있다는 것이 좀 더 정확한 표현일 것이다.

• 제품기획 담당자에 의한 철저한 가설 검증작업

키엔스의 제품기획 담당자는 영업사원이 수집해온 현재(顯在) 니즈에서 다시 잠재 니즈를 찾아내고 그것을 기초로 제품을 기획하는 일을 맡고 있다. 그들은 영업사원이 수집한 고객 니즈를 참고로 해서 1~2년 후에 있을 수요에 맞추어 새로운 제품기획에 관한 가설을 세운다. 이때 중요한 것은 고객으로부터 수집한 니즈를 '비슷한 니즈가 많다 혹은 적다' 와 같은 통계적인 데이터에 기초해 기계적으로 기획하는 것이 아니라는 점이다. 그들은 어디까지나 그러한 데이터를 참고로 자신의 경험, 고객의 현장에 관한 지식, 그리고 자신의 선견성 혹은 창조성에 입각해서 머릿속에 제품가설을 세운다. 이를 위해 키엔스에서는 신입사원을 처음부터 제품기획부문에 배치하지 않고 개발이나 영업 등의 분야에서 어느 정도 경험을 쌓게 한 후에 배치하고 있다.

잠재 니즈에 기초한 최종적인 제품기획안은 철저히 검증을 반복하는 과정에서 이러한 가설을 얻게 된다. '키엔스의 제품기획 담당자는 직접 고객사의 현장으로 나가 현재 상황을 조사하는 기본 동작을 반복한다. 적어도 10개 회사, 많을 경우에는 100개 회사의 생산 라인을 직접 찾아가 고객의 진정한 목소리를 듣고 온다.'[5]는 말처럼 제품기획 담당자는 철저한 고객방문을 통해 가설수립과 검증을 반복하며 당초의 가설을 최종적인 제품기획안으로 만들어가고 있다.

• 회장과 사장의 제품기획에 대한 적극적인 참여

키엔스에서는 제품을 기획하는 단계부터 다키자키 회장 및 사사키 사장이 깊이 관여하고 있다. 제품화는 두 사람이 참여한 회의에서 결정되는데, 제품기획 담당자는 그전에 언제든지 회장이나 사장과 상담하여 조언과 의견을 들을 수 있다. 키엔스의 조직구조는 담당자—그룹리더—부문책임자—사장·회장으로, 담당자에서 사장·회장까지 네 단계밖에 거치지 않는다. 또한 권위주의적인 생각을 철저히 배척하는 것을 기업문화로 삼고있을 정도여서, 상대가 사장이든 회장이든 자신의 의견을 자유롭게 말할 수 있는 분위기다. 다키자키 회장이나 사사키 사장도 오랜 세월동안 센서

분야의 사업을 해왔기 때문에 센서에 관해서는 누구보다도 잘 알고 있다. 게다가 고수익 경영의 원점은 제품기획이기 때문에 제품기획에 관해 의논하는 자리는 두 사람의 경영자에게는 매우 진지한 자리인 셈이다.

이상과 같이 키엔스에서는 고객에게 밀착하여 제품기획안의 가설 설정과 검증을 철저히 해온 제품 담당자와 센서의 구루(Guru : IT업계의 용어로 그 업계에서 상당한 존경을 받고 있는 중심적인 인물을 지칭하는 말)인 경영진에 의한 심도 있는 논의를 거쳐 큰 부가가치를 창출하는 제품기획안이 탄생되고 있다.

③ 고객제공가치의 증폭 : 컨설팅영업

키엔스의 '최소의 자본과 사람으로 최대의 부가가치를 창출한다.' 는 경영이념은 단지 하드웨어와 같은 상품을 파는 것이 아니라 '가치' 를 판다는 말로 해석할 수 있다. 여기서 키엔스의 '가치' 를 팔기 위한 체제가 바로 컨설팅영업이다. 키엔스는 컨설팅영업을 통해 고객으로부터 구체적인 '제품' 거래주문에 대응하는 것이 아니라, 고객의 과제에 대해 솔루션, 즉 제품의 사용법이나 관련된 주변기기를 포함한 '과제의 해결법' 을 제안하고, 그 결과로서 '가치' 를 파는 활동을 하고 있다. 고객은 그러한 과제로 인해 발생하는 비용을 실제로 절감할 수 있게 되거나, 문제 해결로 추가적인 이익을 얻을 수 있게 된다면, 키엔스가 그 과제 해결을 위해 얼마를 썼는지 따지지 않고 대가를 지불한다. 만약 키엔스가 매우 중요한 과제를 적은 비용으로 해결한다면 그만큼 높은 수익률을 기대할 수 있게 된다.

컨설팅영업이 반드시 적은 비용으로 큰 과제를 해결한다는 보장은 없다. 하지만 키엔스의 영업사원은 고객이 원하는 '제품' 에 일정한 이윤을 붙여 파는 기능적인 활동을 하는 것이 아니라 고객의 과제를 다시 정의하고, 여러 가지 중에서 가장 적합한 해결책을 선택할 재량권을 지니고 있기 때문에 단순히 상품을 파는 경우보다 더 높은 이익을 확보할 가능성이 높다(단, 키엔스는 컨설팅 요금은 따로 청구하지 않고 상품의 가격 속에 포함시켜 가격을 정하고 있다).

컨설팅영업 활동을 효과적으로 하기 위해서는 현장(고객사)의 숙지, 제품지식, 제안능력 등이 필요하다. 제품지식에 관해서는 다키자키 회장이 "우리 영업사원은 정말로 열심히 공부합니다. 제품 발매 1개월 전부터 기술 담당자가 강사로 나서서 몇 번이나 세미나를 개최합니다. 발매 후에도 '고객의 요망은 이렇다' 든지, '지난 번 설명으로는 고객이 제대로 이해하지 못했다' 등과 같은 고객의 의견에 피드백합니다."[6] 하고 말할 정도로 영업사원은 자사 제품에 대해 정통해야 하며 그를 위한 주체적인 활동을 하고 있다.

제안능력과 관련해서는 무작정 고객사를 방문하는 것이 아니라 사무실에서 고객으로부터 받은 과제에 대한 해결책을 검토하고 제안서를 작성하는 것에 많은 시간을 할애한다. 또한 선배사원과의 롤플레잉 등을 통해 프레젠테이션 능력을 배양하고 있다. 고객사 현장을 무작정 방문하기보다는 앞에서 언급한 활동을 통해 '제품지식의 축적' → '그것을 바탕으로 스스로 생각해서 제안' → '자신의 제안에 대한 고객의 반응 관찰' 과 같은 사이클을 통해 익혀가는 것이 키엔스의 방식이다.

실은 키엔스의 컨설팅영업에는 컨설팅에 의한 부가가치 창출뿐만 아니라 또 다른 중요한 역할이 있다.

첫 번째는 고객의 니즈를 수집하는 역할이다. 키엔스 제품은 컨설팅을 통한 새로운 제품이기 때문에 필연적으로 고객에게 사용법을 설명하게 되는데, 그러한 컨설팅영업을 하고 있으면 자연스럽게 고객 니즈가 수집된다. 왜냐하면 컨설팅영업의 본질은 '제품'을 파는 활동이 아니라 고객의 과제를 듣고 그에 대한 해결책과 그 해결책이 창출하는 '가치'를 파는 활동이기 때문이다. 따라서 키엔스의 영업사원은 고객의 과제, 즉 고객의 니즈를 파악하는 것을 일상적으로 해오고 있다.

두 번째는 타사와 차별화하는 역할인데, 이 점에 대해서는 요인 II 부분에서 다시 설명하기로 한다.

④ 빠른 납품서비스에 의한 희소가치 실현

같은 제품이라도 그 희소성에 따라 고객이 인식하는 가치는 크게 달라진다. 예를 들어 사막에서 길을 잃어 헤매고 있는 사람에게는 원가가 제로에 가까운 물 한 잔이 1만 엔의 가치가 있는 것으로 여겨질 수 있다.

센서가 고장 나서 생산이 중단된 고객이 대체할 수 있는 센서가 없다면 수백만 엔의 손실을 볼 수도 있다. 이때 고객사의 생산기술 담당자는 마치 사막에서 길을 헤매는 사람과 같은 처지일 것이다. 이 때문에 키엔스는 주문 다음날에 제품을 발송하는 빠른 납품서비스를 실시하고 있다.

이상과 같은 컨설팅영업이나 빠른 납품서비스에 의한 희소성 창출에서 보듯이 키엔스는 하드웨어로서의 제품 제공에 그치지 않고 고부가가치의 기회를 찾아내 새로운 부가가치 제공을 추구하면서 사업을 전개하고 있다.

요인 II 경쟁회피를 위한 방책 구비

'경쟁회피를 위한 방책 구비' 에 관해서는 4가지를 중심으로 소개하고자 한다.

① 실현되지 않은 잠재 니즈에 기초한 제품 전개

앞에서 언급했듯이 키엔스에서는 '고객의 잠재 니즈에 기초한 제품기획'을 대단히 중시하고 있다. 잠재 니즈란 고객이 미처 인식하지 못하고 있는 니즈이기 때문에 경쟁사도 파악하지 못하고 있는 경우가 대부분이다. 따라서 잠재 니즈에 기초해 개발된 제품은 적어도 출시 후 경쟁 기업이 개발을 하고 출시할 때까지는 무경쟁 상태로 시장을 독점할 수 있다. 또한 경쟁사에서 잠재 고객 니즈까지는 수집할 수 있을지언정 키엔스처럼 10만여 회사에 대한 직접 판매와 컨설팅영업을 통해 획득한 고객 니즈의 양과 질에는 미치지 못할 것이다.

② 처음부터 무경쟁

어느 정도 시장규모가 있는 제품이고 또한 높은 이익을 기대할 수 있다면 다른 기업도 그 제품을 생산하려고 할 것이다. 하지만 키엔스의 경쟁사는 모두 센서가 지닌 특징, 즉 단가가 싸고 제품 수가 많다는 특징 때문에 대리점을 경유해 판매하고 있으며, 그로 인해 키엔스의 직접적인 경쟁상대가 되기에는 역부족인 상황이다.

대리점을 활용하면 영업사원을 많이 고용하지 않더라도 넓은 시장을 커버할 수 있다는 장점이 있다. 반면 고객에게 직접 판매하는 사람은 대리점의 영업사원이고, 대리점의 영업사원은 판매에 여러 가지 수고가 따르는 제품은 팔기 싫어하는 경향이 있어, 조금 복잡한 제품을 판매하기 위해서는 해당 제품을 생산한 회사가 제품에 관한 교육, 자료 작성, 판매촉진활동 등 여러 가지를 지원해야 한다는 것이 단점이다. 때문에 대리점을 경유해 팔기 적합한 제품은 범용제품이면서도 대량으로 팔리는 제품에 한정된다. 키엔스는 컨설팅영업을 표방하고, 표준화를 추구하고 있지만 어디까지나 고객에게 제품만이 아닌 컨설팅을 통해 최대의 가치를 제공하는 것을 기본방침으로 삼고 있어 쉽게 팔 수 있는 것보다는 오히려 그 반대로 자사의 강점인 컨설팅 영업을 잘 활용할 수 있는 제품, 다시 말하면 대리점 판매로는 제대로 팔 수 없는 제품을 일부러 만들어내고 있다. 이 때문에 자연히 경쟁사가 대상으로 삼는 제품과는 차별화되게 된다.

③ 제품의 신진대사(新陳代謝)

그럼에도 불구하고 경쟁사에는 여러 종류의 기업이 있기 때문에 완전히 경쟁을 회피할 수는 없다. 이 때문에 키엔스는 항상 전체 제품의 30%는 과거 2년 내에 개발된 제품으로 교체시켜 신진대사시키고 있다. 소비재 분야라면 2년 동안 제품이 몇 번의 사이클을 거치는 것이 보통이지만 센서와 같은 생산재 분야에서는 이와 같이 높은 신제품 비율은 상당히 드문 예다. 경쟁사 제품이 시장에 출시되고 가격 경쟁이 펼쳐지더라도 키엔스는 가격을 낮추는 일이 없다. 때문에 차별성을 잃은 제품은 자연히 추려지게 된다.

④ 실적에 근거한 차별화

센서는 생산 라인과 같이 작동이 멈출 경우 큰 손실이 발생하는 곳에 사용되는 민감한 장치다. 이 때문에 고객은 한번 그 성능을 인정한 제품은 계속해서 사용하는 경향이 있다. 따라서 설령 경쟁사에서 비슷한 제품을 내놓더라도 단지 가격이 싸다는 이유로 그 회사 제품으로 교체하는 경우는 별로 없다. 따라서 새로 센서를 구매하려는 고객에 대해서는 경쟁이 존재하지만 기존 고객에 대해서는 경쟁이 존재하지 않는다.

요인 Ⅲ 이익 확보의 체계 구비

키엔스에서는 이외에도 이익 확보를 위해 여러 가지 방법을 강구하고 있다. 이익 확보를 위한 방책은 다른 회사도 마찬가지겠으나, 키엔스가 다른 기업과 다른 점은 이익 확보를 무엇보다 중요하게 생각하며 그에 대한 대비가 철저하다는 점이다. '이익 확보의 체제 구비'에 관해서는 2가지 점에 대해 설명하고자 한다.

① 키엔스의 독자적인 팹리스 체제

키엔스는 생산을 외부에 의뢰하는 팹리스 체제를 취하고 있다. 이 팹리스는 키엔스의 고수익 비즈니스모델에 있어 중요한 의미를 지닌다. 기업이 제조기능을 보유한다는 말은 자사가 설비투자를 하고 제조요원까지 확보하는 것을 의미한다. 하지만 자사에서 그러한 고정비를 떠안게 되면, 어떤 제품의 매출이 감소할 때는 고정비 회수를 위해 판매단가를 낮춰서라도 팔게 되고, 또 그것이 그 상황하에서는 합리적인 판단이 된다. 하지만 이것은 고수익을 추구하는 것과 대치되는 일이다. 또한 키엔스는 제조기능이 기본적으로 부가가치가 낮은 것으로 판단하고 있다. 이러한 이유 때문에 키엔스는 팹리스 체제를 채택하고 있다.

하지만 일반적인 팹리스 기업은 자사에 제조와 관련된 노하우가 없기 때문에 지속적인 비용절감과 품질유지, 혹은 납기단축 등을 제조위탁 회사에 의존해야 하는 약점을 안고 있다. 이러한 약점을 극복하기 위해 키엔스는 제조위탁 회사를 효과적으로 관리하기 위해 자사가 전액 출자한 쿠레포(Quick Response에서 명명)라는 생산 자회사를 운영해, 전체 생산량의 10%를 이곳에서 생산함으로써 생산에 관한 노하우를 축적하고 있다. 그리고 이곳에서 축적된 노하우는 제조위탁 회사의 생산기술 개선을 위한 제안 등에 활용되고 있다.

② 철저한 제품 가짓수 압축

앞에서 키엔스의 익일 납품이 '최소 비용에 의한 최대 고객제공가치 실현'이나 '경쟁 회피를 위한 방책 구비'에 공헌하고 있다고 했다. 그런데 키엔스의 관심사는 빠른 납품이 가능하면서 재고량을 얼마나 줄일 수 있느냐다. 이론적으로 재고를 늘리면 어떤 기업이라도 익일 배송이 가능하다. 하지만 재고를 안고 있으면 그만큼 비용이 소요된다.

키엔스는 재고를 줄이는 방책으로 제품 기종의 수를 압축하는 방법을 취하고 있다. 예를 들어 광전스위치의 경우, 타사가 4가지 기종의 제품을 출시하더라도 키엔스는 그 4가지 기종의 기능이 모두 들어 있는 하나의 제품으로 개발했다. 이로 인해 필요한 재고량을 대폭 줄일 수 있게 되었다. 또한 이러한 제품 가짓수 압축은 한 기종당 생산량이 늘어나 규모의 경제성이 향상되고 그로 인해 생산원가를 포함한 전체 비용을 줄이는 데에도 크게 기여한다. 또한 비용적인 측면 외에도 여러 기종 중에서 선택해야 하는 고객의 수고를 덜어주는 이점도 있다. 아울러 키엔스는 컨설팅영업 능력을 보유하고 있기 때문에 고객사에게 한 기종으로 대처하도록 제안하는 것도 가능하다.

요인 Ⅳ 합리성을 추구하는 문화와 풍토 : 누구나 이해할 수 있는 공통 언어인 합리성을 중시하는 문화

지금까지 키엔스가 고수익을 실현하고 있는 이유에 대해 잠재 니즈에

기초한 제품기획과 팹리스 경영에 초점을 맞추어 설명했다. 하지만 키엔스가 고수익을 실현하고 있는, 중요하면서도 그다지 세상에 알려지지 않은 또 다른 이유는 바로 철저하게 합리성을 추구하는 기업문화라는 것이다.

키엔스는 '회사는 실적을 올리는 장소 그 이상 그 이하도 아니다.'라는 기본적인 생각을 가지고 있다. 이 말은 곧 실적을 올리기 위해서는 합리적이고 공정하기만 하다면 어떠한 제약이나 전제조건도 없으며 업무에 쓸데없는 제약을 가해서는 안 된다는 것을 의미한다. 또한 합리성이나 공정함을 손상시킬 '염려'가 있다면 해서는 안 된다는 말이기도 하다. 일례로 사장이나 회장과 함께 하는 논의에서라도 어떤 신입사원이 제시한 아이디어가 가장 좋은 것이라면 주저 없이 그것이 채택된다. 회의도 회의실로 들어오는 순서대로 가장 안쪽 자리부터 앉고, 회장이 제일 나중에 들어올 경우에도 출입문에서 가까운 자리에 앉는다. 급여도 개인과 회사의 실적에 따라 정해질 뿐 나이나 직책과는 상관없다.

또한 어떤 일이라도 한 개인의 능력에 의존하는 것이 아니라 체계나 룰, 조직에 의해 처리된다. 예를 들어 상사가 어떤 사정으로 일을 할 수 없는 경우가 생기더라도 평소 부하직원이 상사의 일을 배워두어 언제라도 대신할 수 있도록 하고 있다. 다키자키 회장은 이 점에 관해 "회사와 경영자가 지향해야 하는 것을 한마디로 표현하면 부가가치의 극대화다. 그를 위해서는 매사가 합리적이고 시스템적으로 운영되도록 룰을 정하는 것이 중요[7]하다."고 말했다.

그러한 합리적이면서 공정한 기업문화 속에서 개개인의 사원은 업무의 본질을 파악하고 그것을 기준으로 매사를 생각하는 자세가 아주 자연스럽게 조성되고 있다. 키엔스의 초고수익률 실현의 배경을 파헤쳐가다 보면 경영진과 사원 모두가 누구나 이해할 수 있는 공통 언어인 합리성에 기초해서 생각하고 연구하는 문화와 풍토가 있음을 알 수 있다. 생산을 외부에 의존하는 키엔스에는 눈에 보이는 자산이 하나도 없다. 오로지 회사라는 조직과 고객의 신뢰가 있을 뿐이다. 많은 기업들이 키엔스의 체제를 흉내 내려 해도 잘 되지 않는 것은 이러한 문화와 풍토 때문이 아닐까 생각한다.

출처
1) 7) 《게이한밸리(京阪バレ-)》, 니혼게이자이신문사
2) 4) 5) 6) 닛케이비즈니스, 2003년 10월 27일
3) 《회사가 걸어온 길, 키엔스(会社の歩き方, キエンス)》, 다이아몬드사

　롬의 사업은 커스텀 IC(특정한 개인이나 회사에서만 사용하려고 만든 직접회로)를 주축으로 한 IC · LSI사업, 디스크리트(Discrete)부품 사업(직접회로와 고밀도 직접회로사업), 그리고 모듈부품 사업과 같은 3가지 사업으로 구성되어 있다. 디스크리트부품은 다시 트랜지스터 등과 같은 반도체소자와 저항과 같은 수동부품으로 나뉜다. 매출 구성을 보면 IC · LSI와 반도체소자가 각각 40% 정도를 차지해 2가지 사업이 전체 매출액의 대부분을 점하고 있다(도표 1-2-1).

　2006년 3월기 매출액은 3,876억 엔으로 최근 수익률이 다소 하락하는 추세이나 경상이익률은 여전히 20%를 유지하는 고수익 기업이다(도표 1-2-2). 또한 수출과 해외사업의 비중도 높아 전체 매출액의 60%를 점하고 있다.

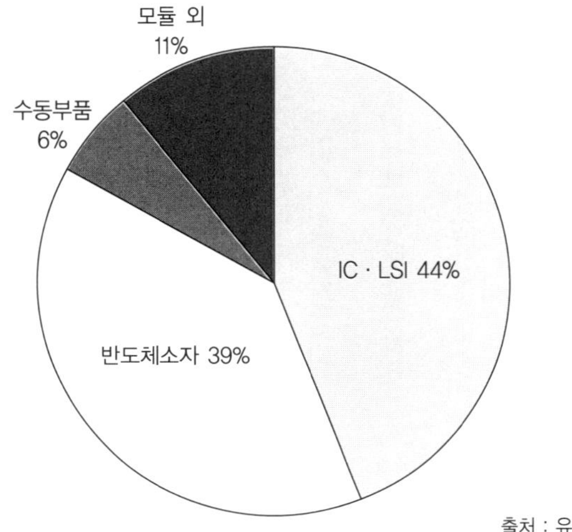

출처 : 유가증권보고서

롬의 역사

창업자이기도 한 사토 사장은 리츠메이칸대학 재학 당시, 라디오 수리 아르바이트를 했는데 고장 난 라디오의 80%가 저항기 때문이라는 것을 알게 되어 나중에 새로운 저항기를 개발해 특허를 취득한다. 그리고 대학을 졸업한 1954년에 대학 동기와 함께 교토(京都)에 저항기 제조업체인 동양전구제작소(후에 롬으로 사명을 변경)를 설립한다.

회사 창업 후, 품질 문제로 주문이 끊기고 공장에 불이 나는 등 힘든 시기도 있었다. 하지만 그 경험으로 사토 사장은 롬의 취약한 경영 방식을 바꾸기로 결심하여 1966년에 롬의 기업목적과 경영의 기본방침을 수립한다. 그 안에는 품질과 함께 이익의 중요성을 명확히 명시하고 있다. 뒤에서

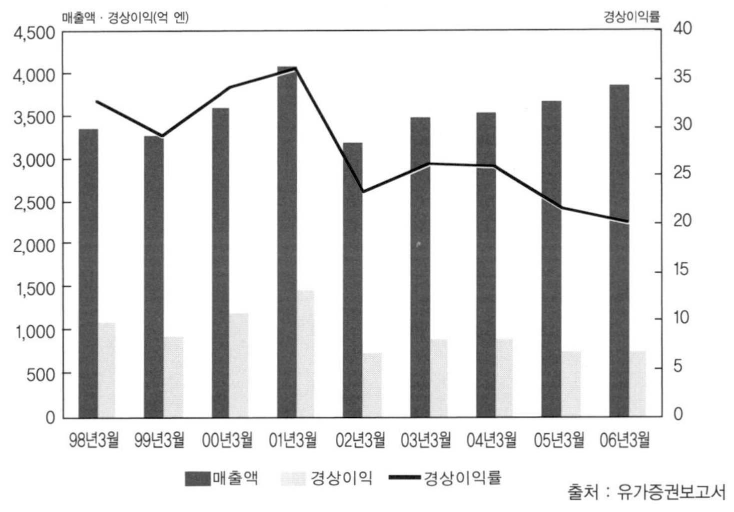

다시 설명하겠지만 이 이익중시 방침은 오늘날 롬의 고수익 실현의 토대가 되는 중요한 이념이다(도표 1-2-3).

그 후, 1967년에 사토 사장은 우연히 미국 잡지에서 당시 시장에 나온 지 얼마 되지 않은 IC가 장래에 저항기를 대체할 것이라는 기사를 읽고 큰 위기감을 느낀다. 그래서 1967년 1월 회사 사보를 통해 "눈을 똑바로 뜨고 세계 전자업계를 바라보면 IC 폭풍이 휘몰아치고 있음을 알 수 있다. 만약 이 폭풍에 휘말려 모든 전자업체가 IC를 채용하게 되면 우리가 만들고 있는 저항기는 더 이상 필요 없게 되고 동양전구는 어디론가 사라져버릴 것이다. 길은 오직 하나, 과감히 IC 폭풍에 정면으로 맞서는 것이다. 3년 후에는 동양전구의 IC로 닥쳐오는 IC 폭풍을 맞받아쳐야 하지 않는가."[1] 라고 말하기에 이른다. 당장, 전년도에 책정한 기업목적 중의 하나인 '어떠한 어려움이 있더라도 좋은 제품을 국내외에 영원히 그리고 대량으로

기업목적

우리는 항상 품질을 제일로 생각한다. 어떠한 어려움이 있더라도 좋은 제품을 국내외에 영원히 그리고 대량으로 공급하여, 문화의 진보향상에 공헌하는 것을 목적으로 한다.

출처 : 롬 홈페이지

경영 기본방침

사내 모든 구성원이 일체가 되어 품질보증 활동에 철저히 임하며, **적정한 이윤을 확보한다.**
세계를 리드하는 제품을 만들기 위해 모든 부문이 고유 기술을 향상시켜 더욱 사회에 이바지한다. 널리 유능한 인재를 구해 육성하여 기업의 항구적인 번영의 초석으로 삼는다.

출처 : 닛케이비지니스(2002년 12월 9일)

공급하여……' 가 시련에 직면한 것이다. 그래서 당시, 자본금 1600만 엔, 연간 매출 15억 엔에 불과했던 동양전구는 작은 배를 몰고 폭풍의 바다로 출항한 것이다.

당시 IC 사업에 진출한 기업들은 모두 대기업이었으며 DRAM을 중심으로 사업을 전개하면서 각기 당시 화폐로 수십억 엔을 연구개발비로 투입했으며 설비투자도 대규모로 했다. 하지만 규모가 작은 롬은 1억 5천만 엔밖에 준비할 수 없었기 때문에 자사의 다른 DRAM업체들과는 전혀 다른 비즈니스 모델, 즉 커스텀 IC를 사업 대상으로 정한다.

반도체 대기업들이 취급하는 DRAM은 많은 세트 메이커(휴대폰, PC, TV 등과 같이 여러 부품을 조합해 하나의 전자제품을 만드는 제조업체를 말함)가 공통적으로 사용하는 메모리를 표준화해서 판매하는 사업이다. 따라서 얼마

나 제한된 면적 위에 많은 메모리를 집약하는지, 다시 말해 얼마나 미세가
공기술이 뛰어난지가 승패를 좌우하는 사업이다. 한편, 커스텀 IC는 종래
복수의 부품으로 구성되던 회로를 IC라는 하나의 패키지 안에 넣어 부피
를 대폭 줄임으로써 기판에 장착하는 비용을 절감하고 품질을 더욱 향상
시키는 것을 목적으로 한 것이다. 즉, 고객인 세트 메이커의 설계자가 설계
한 회로를 IC라는 작은 부품에 전사(轉寫)한 제품이다. 또한 커스텀 IC 세
계에서는 종래의 디스크리트부품을 기판에 장착시키는 것이 아니라 IC 기
술을 이용하는 것이어서 부품 수나 장착면적을 대폭적으로 줄일 수 있어
서 DRAM처럼 최첨단 미세가공기술이 반드시 중요한 것은 아니다. 그
때까지 저항기라는 디스크리트부품을 만들어온 롬에는 기업의 체력을
제쳐두고서라도 이러한 사업전개가 종래부터 해오던 사업의 연장선상
에서 이루어지는 것이고, 또 직접적인 대체라는 점에서 아주 자연스러운
전개였다.

롬은 비록 환경의 변화에 맞추어 진화는 시켰을지언정 DRAM과는 다
른 비즈니스모델을 30년 이상이나 지속해오고 있다. 또 그러한 비즈니스
모델은 앞에서 언급한 이익 확보의 중요성을 제창한 기업목적이나 경영의
기본방침에 맞추어 오늘날에도 롬의 고수익을 창출하는 기반이 되고 있다.

롬의 고수익화 프레임워크

어느 세트 메이커의 한 생산기술담당 간부는 "롬이 만들고 있는 제품의
원료는 원래 흙과 같은 것이지 않는가. 그것을 가공해서 저 정도로 이익을
올리다니……." [2]라며, 질투와 부러움이 섞인 표현으로 롬의 고수익에 대

해 논하고 있다. 그렇다면 지금부터는 왜 롬이 '흙과 같은 것'에서 만든 부품으로 타사의 질투와 부러움의 대상이 될 정도로 높은 수익률을 올리고 있는지에 대해서 알아보기로 하자.

롬의 고수익 실현 이유는 한마디로, 상류(Up Stream) 또는 하류(Down Stream)에 대한 실질적인 수직통합으로 자사의 부가가치를 높이고, 또한 철저히 고수익을 추구하는 자세를 견지하고 있기 때문이다. 전자에 대해 '실질적'이라는 형용사를 붙인 이유는 실제로는 하류로 전개하고 있지 않지만 실질적으로는 하류로 전개하고 있는 것과 마찬가지란 의미에서다(도표 1-2-4). 하류화에 관해서 롬은 하류의 제품(세트)은 생산하지 않는 부품메이커이기 때문에 어느 세트 메이커의 그룹에도 속하지 않는 중립적인 기업이며, 그러한 위치를 이용해 하나의 제품 분야에서 여러 고객과 거래를 하고 있다(I. 중립성의 활용).

또한 그러한 거래를 통해 롬은 세트제품 생산에 필요한 노하우기술을 축적하고 세트제품 중의 여러 가지 기능을 부품의 형태로 공급하고 있다. 그로 인해 실질적으로는 하류로 전개하고 있는 셈이 된다. 이러한 모델을 '가마우지낚시모델'이라고 하는데, 그 내용에 대해서는 뒤에서 다시 설명하겠다(II. 가마우지낚시모델). 또한 상류화는 창업 당시부터 롬이 영위했던 디스크리트부품 사업에서도 그러했듯이 IC 사업에서도 자사에 필요한 생산설비를 직접 제작하는 강점을 살려 사업을 전개하고 있다(III. 디스크리트부품의 가치사슬 활용). 또한 그러한 상류화는 최근에 들어 더욱 강화되고 있다(IV. 상류화의 강화).

마지막으로 이상과 같은 것을 철저히 준비하는 원동력으로 작용하고 있는 고수익 추구 자세를 견지하고 있다(V. 고수익을 지탱하는 경영이념).

그러면 지금부터 이와 같은 롬의 고수익 요인에 대해 좀 더 자세히 알아보도록 하자.

(가마우지낚시란 길들여진 여러 마리의 가마우지가 물속으로 들어가 물고기를 입에 물면 가마우지의 목에 단 줄을 끌어당겨 그 물고기를 낚아채는 낚시법이다. 가마우지낚시모델은 이처럼 원래는 다른 사람(가마우지)이 가져가야 할 이익(물고기)을 자신의 것으로 만드는 비즈니스모델을 말한다.)

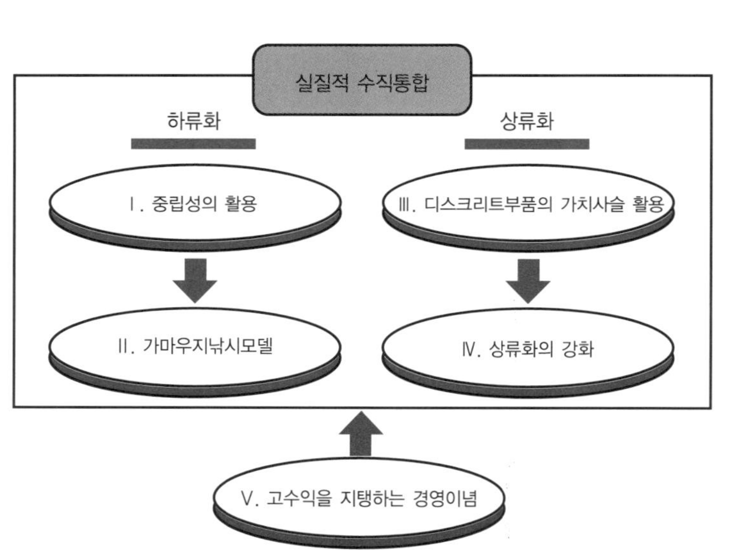

롬의 초고수익 실현 요인

요인 I 업계에서의 중립적인 위치를 활용한 고객제공가치 확대

① 세트 메이커의 개발 지원으로 타사가 흉내 내기 어려운 가치를 창출

앞에서 롬의 커스텀 IC 사업은 다른 반도체 대기업의 DRAM 사업과는 다른 비즈니스모델을 추구해왔다고 설명했는데, 그렇다면 다른 반도체 메이커와 어떻게 다르게 사업을 전개해왔을까? DRAM 메이커가 DRAM과 부품을 판매하고 있는 것에 비해, 롬은 실질적으로는 IC라는 하드웨어를 팔고 있는 것이 아니라 세트 메이커의 제품개발을 지원하는 서비스를 판매하고 있다는 점이다. 세트 메이커업계는 일본의 여러 업계 중에서도 경쟁이 가장 치열한 업계로, 제품개발 담당자는 점점 더 짧아지고 있는 개발기간 내내 시간에 쫓기고 있다. 또한 제품의 소형화와 고기능화로 인해 부품의 중요성이 커져가고 있지만 장착될 부품을 전제로 한 회로설계에 대해서는 충분한 지식을 갖추고 있지 못한 경우도 많다. 그래서 롬은 고객의 개발지원을 통해 고객에게 큰 가치를 가져다주고, 또 그로 인해 자신도 큰 이익 기회를 얻고 있다.

한 예로 롬은 과거에는 3개가 필요했던 부품을 하나의 부품으로 통합할 것을 고객에게 제안하고, 그 결과로 장착면적이나 비용을 반으로 줄이는 가치를 제공하고 있다. 따라서 고객인 세트 메이커는 그 대가에 상응한, 비용절감효과의 반을 롬에 대가로 지불한다. 또한 고객사의 제품개발 담당자로서도 시간에 쫓기고 있는 마당에 복수의 부품업체를 경쟁시킬 여유가 없기 때문에 한번 신뢰한 IC 메이커에 계속 의뢰하게 되고, 이 때문에 경쟁은 그리 심하지 않다. 물론 세트 메이커가 부품 가격인하를 요구해올 가능성도 있겠지만, 이러한 고객제공가치에 기초해 결정된 가격은 롬의 비용과는 관계가 없다. 그래서 롬이 나름대로의 방책을 통해 비용을 절감할 수 있다면 그만큼 더 큰 이득을 보게 되는 것이다.

한편 DRAM과 같이 어떤 메이커의 제품이라도 상관없는 코모디티(상

품) 부품은 모든 것이 경쟁에 의해 결정된다. 가격은 수급관계에 의해 결정되기 때문에 공급능력이 수요를 초과하는 경우에는 생산능력이 커서 가격 경쟁력이 있는 몇 개의 상위 기업만이 이익을 낼 수 있는 상황이 벌어지게 된다. 롬이 영위하고 있는 커스텀 IC 사업과는 비슷하면서도 다른 사업인 셈이다.

롬과 같은 개발지원서비스를 제공하기 위해서는 세트 메이커의 제품에 대해 잘 아는 것이 전제조건이 된다. 최근 반도체 대기업들이 커스텀 LSI 사업을 강화하는 움직임에 대해 사토 사장은 "롬은 최종 제품별 특성을 잘 이해하고 있으며 그동안 많은 데이터를 축적해왔다. 때문에 대기업들이 흉내를 내려해도 그리 쉽게 되는 것이 아니다."[3]라고 말하고 있다. 이처럼 대기업이라도 쉽게 흉내 낼 수 없는 세트 메이커 제품에 대한 지식과 경험이 롬의 고수익 실현에 중요한 역할을 하고 있다.

② 중립적 메이커인 점을 활용한 라이트하우스 커스터머로의 접근

하지만 세트 메이커의 제품에 대한 정통(精通)은 간단한 일이 아니다. 사토 사장은 이와 관련해 "최첨단 세트제품을 생산하는 고객사 덕분에 성장하고 있다."[4]고 말하고 있다. 이는 곧, 롬은 라이트하우스 커스터머(Lighthouse Customer : 유저의 업계 내에서 등대와 같이 선견지명을 가지고 먼 곳을 밝게 비쳐주고 있는 고객. 선도 사용자와 비슷한 의미로 쓰임), 즉 자신의 업계에서 최첨단을 걷고 있는 고객사로부터 고객 제품의 최첨단 니즈를 배우고, 그러한 첨단 정보의 축적을 통해 세트 메이커 제품에 대한 이해를 높이고 있다는 말이다.

이때 간과해서는 안 될 것이 있는데, 바로 롬이 시장에서 특별한 위치를 차지하고 있다는 점이다. 전자부품의 주요고객은 NEC, 마츠시타 등과 같

은 세트를 생산하는 대기업들인데, 이들 대기업은 직접 혹은 계열회사에서 IC 사업도 영위하고 있으며, 실제로 대부분의 IC 메이커가 이들 자신 또는 이들의 계열사다. 따라서 이들 세트 메이커로서는 자신들의 제품개발과 관련된 정보를 다른 세트 메이커 계열 IC 메이커에게 알려주는 것은 리스크가 따르기 때문에 매우 꺼려한다. 때문에 세트 메이커의 제품개발 담당자는 자사 계열의 IC 메이커 외에는 롬과 같은 중립적인 IC 메이커에 부품 개발을 의뢰하게 된다. 이러한 업계구조와 롬의 중립성 때문에 롬에는 항상 업계의 라이트하우스 커스터머로부터 의뢰가 들어오고 있다.

③ 고객사의 동향을 훤히 내다볼 수 있는 위치

롬의 이러한 시장 내에서의 위치는 라이트하우스 커스터머로의 접근 외에도 여러 가지 효과를 발휘하고 있다. 고객인 세트 메이커의 기술자는 자사 제품에 대한 것밖에 모른다. 경쟁사를 포함한 업계 전반의 움직임을 알기 어렵기 때문이다. 하지만 롬은 중립적인 시스템 IC 메이커란 점을 활용해 같은 세트제품 분야의 여러 기업들과 깊은 관계를 맺고 있어 고객사의 문제점과 그들이 속한 업계의 동향을 조감하기에 아주 좋은 위치에 있다.

그 결과, 고객사와 그들의 제품 및 업계 동향을 누구보다도 잘 알 수 있으며 해당 업계의 미래도 어느 정도 정확히 예측할 수 있다. 롬은 이러한 효과를 기대하며 자사의 조직을 고객의 용도별로 구성해, 담당자와 담당 부서가 정보와 노하우를 축적하고 공유할 수 있도록 하고 있다. 또 그런 목적 때문에 판매도 대리점을 경유하지 않고 직접 고객사에 판매하는 방침을 고수하고 있다.

도표 1-2-5　휴대폰과 관련해 롬이 제공하고 있는 부품

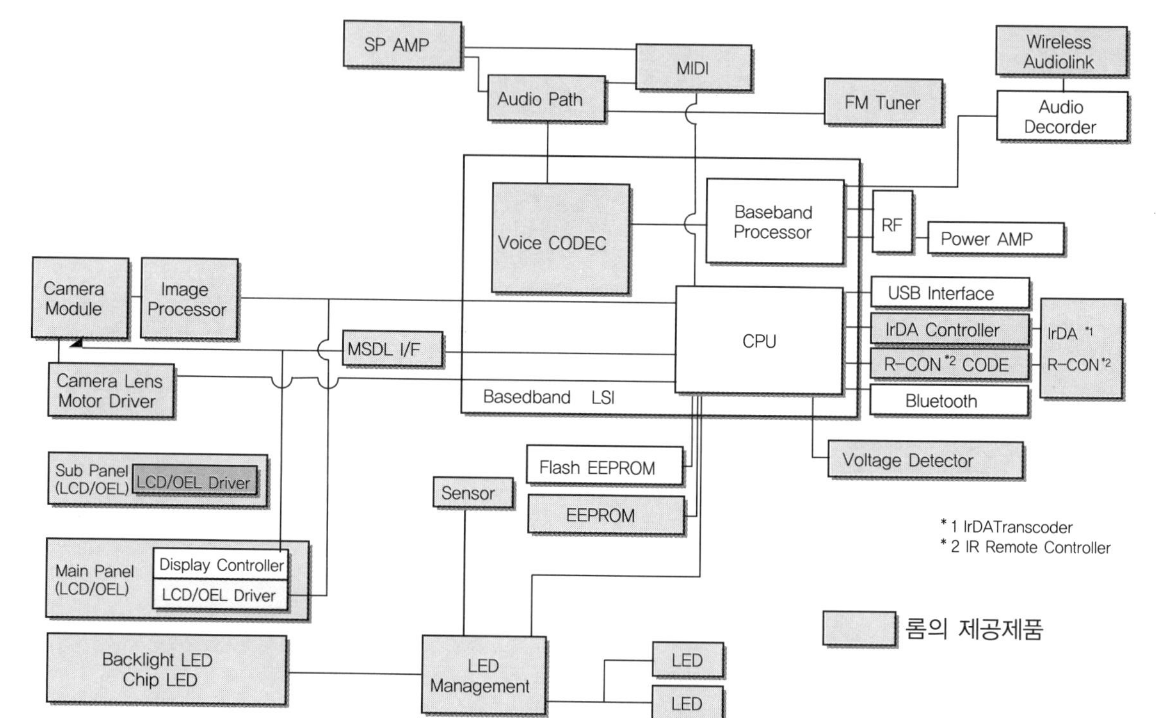

출처 : 롬 〈애플리케이션 가이드 2006 1st: 휴대폰용 디바이스〉에 기초해 저자가 작성

요인 Ⅱ 하류의 부가가치를 자사가 취한다 : '가마우지낚시모델'

① 가마우지낚시모델이란?

미국의 청바지회사 리바이스의 창업자인 리바이스 스트라우스는 19세기 중엽에 캘리포니아에서 일어난 골드러시 때, 금을 캐는 광부들의 바지가 쉽게 해지는 점에 착안해 데님을 소재로 한 튼튼한 바지를 만들어 큰 이익을 거둔다. 이 일화에서 중요한 점은 금 때문에 이득을 보는 사람은 광부가 아니라 그 광부에게 청바지라는 제품을 판 리바이스라는 사실이다. 이 리바이스 스트라우스의 비즈니스모델은 지팬츠(청바지)모델이라고 하는데, 실은 롬의 비즈니스모델도 이 지팬츠모델이 발전된 것이다.

롬의 비즈니스모델을 지팬츠모델의 발전형으로 보는 이유는 세트 메이커(금을 캐는 광부)에 부품(청바지)을 팔아, 세트 메이커가 아닌 부품 메이커인 롬이 더 높은 이익을 거두고 있다는 점에서다. 롬의 사토 사장은 주위로부터 왜 최종제품 분야로 진출하지 않는지에 대해 자주 질문을 받는다고 한다. 하지만 그는 "그렇게 하지 않더라도 메모리를 반도체 칩 위에 올린 '시스템 온 칩'의 형태로 얼마든지 세트 메이커에 근접할 수 있다."[5]고 답한다. 말 그대로 지팬츠모델 그 자체인 셈이다. 휴대폰 분야에서는 CPU나 카메라용 CCD와 같은 핵심제품을 제외하고는 거의 대부분의 부품, 좀 더 정확히 말하면 회로설계정보(IP)를 개발해왔다(도표 1-2-5). 또한 이 IP를 조합하여 여러 기능이 가능하도록 해 고객이 개발 중인 제품에 채택하도록 제안하고, 그 제품을 최적화하기 위한 IC나 LSI를 설계해 제공하고 있다.

그 때문에 롬은 CPU 등 이미 강력한 메이커가 존재하는 핵심적인 제품을 제외하고는 세트 메이커가 필요로 하는 여러 기능의 부품을 가능한 한 많이 제공하는 것, 즉 고객제품의 회로설계도 전체를 자사의 부품으로 채워 넣는 전략을 취하고 있다. 롬은 부품공급자임에도 불구하고 이러한 활동으로 '실질적' 으로는 고객인 세트 메이커 분야로 하류전개를 하고 있으며, 그곳에서의 부가가치를 자사의 것으로 만들어가고 있다.

가마우지낚시모델을 지팬츠모델의 '발전형' 이라고 한 이유는 지팬츠모델보다 더 적극적으로 고객의 부가가치를 자사의 것으로 만들기 위해, 고객과 거래하는 과정에서 고객의 노하우를 흡수하여 자사의 다음 전개에 활용하고 있는 점 때문이다. 하지만 청바지의 경우는 고객의 가치를 자신의 것으로 만든다고 하더라도 별로 취할 것이 없다. 이 비즈니스모델을 가마우지낚시모델이라고 한 것은, 가마우지낚시꾼은 가마우지가 잡은 물고기를 낚아채는 방법과 그 가마우지의 습성, 능력, 물고기를 잡는 방법 등에 관한 노하우를 축적해 좀 더 고도의 가마우지낚시법을 익혀가기 때문이다. 롬은 직접적으로 언급하진 않지만 이 가마우지낚시모델의 효과를 제대로 인식하고 있으며, 이 모델을 높은 수익률을 올리기 위한 핵심적인 사업 콘셉트로 전개하고 있는 듯하다.

② 가마우지낚시모델을 실현하기 위해 롬의 기술자는 고객인 세트 메이커의 제품기획 담당자의 시각으로 시장을 바라본다

고객이 향유하고 있는 부가가치를 자사의 것으로 만들기 위해서는 부품 메이커 개발 담당자라고 하더라도 고객사의 제품기획 담당자와 같은 눈높이에서 세트제품 시장을 바라볼 수 있어야 한다. 롬의 기술자에게는 앞에서 설명한 활동을 통해 파악한 고객사의 개별적인 니즈와 해당 업계 전반에 걸친 정보를 수집하는 것과 함께 나름대로의 감각을 가지고 세트제품의 고객인 일반 소비자의 잠재 니즈에 대한 통찰력을 지닐 것을 요구받고

있다. 한 예로, 휴대폰용 음원 LSI는 롬이 자신 있어 하는 분야 중 하나인데, 그중에서 3D사운드기능 등은 휴대폰 사용자의 니즈에 대한 통찰을 통해 개발된 것이다. 즉, 롬의 기술자는 부품 메이커로서의 눈높이가 아니라 고객인 세트 메이커 제품기획 담당자의 눈높이에서 시장을 바라보고 있는 셈이다.

③ 2가지 차원에서의 매스커스터마이제이션

하나의 반도체를 설계하는 데에는 상당히 많은 공정이 필요한데, 커스텀 IC는 설계가 전체비용 중 상당 부분을 차지한다. 따라서 얼마나 효율적으로 설계하는지가 최종적인 이익에 크게 영향을 미친다. 따라서 이 부분의 효율을 높이지 못하면 가마우지낚시모델로 취한 부가가치가 개발비용의 형태로 외부에 유출되어버린다.

앞에서 사토 사장의 말을 인용해 롬에는 '축적해온 데이터가 있다'고 했는데, 롬은 과거의 부품 설계정보를 모듈별 표준요소로서 데이터베이스화하고, 그 요소를 조합해 새로운 제품을 만들어가고 있다. 롬은 이러한 설계방법으로 설계에 소요되는 시간과 비용을 대폭 줄이고 있다. 또한 기본설계는 설계기술자가 하지만 이 기본설계에 기초한 상세한 레이아웃설계는 입사할 때 반 년 정도 연수를 받은 인문계 출신의 여직원이 함으로써 전체비용을 줄이고 있다.

앞에서 롬은 고객 제품의 회로설계도 전체를 롬이 보유한 부품으로 채워 넣는 전략을 취하고 있다고 설명했는데, 커스텀 LSI의 전체적인 설계는 개별 고객 니즈에 따라 다르지만 구성하는 모듈은 공통적인 것을 사용하고 있다. 이것이 바로 롬이 커스텀 LSI 사업에서 노리고 있는 점이다. 전체 설계만을 맞춤 설계하고 나머지는 공통 모듈을 사용하는 매스커스터마이제이션은 롬의 비용절감에 크게 공헌하고 있다.

또 한 가지, 이것은 개발에 관한 광의의 매스커스터마이제이션이라 할수도 있다. 사토 사장은 자사를 생선가게에 비유하면서 롬의 기술적인 준비에 대해 이렇게 말하고 있다.

"저는 직원들에게 자주 '생선장수가 되라' 는 말을 합니다. 생선가게의 상품은 항상 신선해야 되죠. 물론 제철 생선도 많이 들여와 가게 앞에 진열해야 하고요. 양식한 고기도 있겠지만 그런 것을 갖다놓으면 입맛이 까다로운 손님들은 금방 알아차려버리죠. 그렇다고 해서 너무 많이 들여와 다 팔지 못하면 오히려 손해를 볼 수도 있죠. 때문에 팔고 남는 일이 없도록 도매시장에서 생선을 들여올 때부터 평소 자주 찾아오는 손님들을 머릿속에 떠올려가며 '이 도미는 그 아주머니에게 팔면 되겠구나.' 하며, 들여놓을 생선 하나하나에 신경을 써야 합니다. 그래도 팔고 남으면 구이로 가공해 팔거나, 정 안 팔리면 집으로 가져가 밥반찬으로 처치하는 거죠."[6]

앞에서 언급했듯이 롬의 사업은 세트 메이커에 대한 개발지원 서비스이기 때문에 고객으로부터 의뢰를 받고 나서 기술개발에 착수해서는 늦다. 때문에 항상 고객제품의 동향을 주시하면서 장래에 '공통적' 으로 필요할 것 같은 기술을 개발해 미리부터 준비해둔다. 그리고 시기를 봐서 고객별로 그 기술을 활용한 제품을 제안하고 고객의 니즈에 맞게 잘 조합해서 제품화시키고 있다.

요인 Ⅲ 디스크리트부품 사업으로 배양한 가치사슬의 활용

① 디스크리트부품 시장의 연장선상에 있는 시장에서의 사업 전개

롬은 창립 초기부터 생산하던 저항기에 대해 '경영의 건전성을 나타내는 리트머스시험지'[7]라는 위치를 부여하고 있다. 이처럼 저항기로 대표되는 디스크리트부품 사업의 발상은 오늘날에도 롬의 사업 밑바탕에 흐르고 있다.

같은 커스텀 LSI라도 NEC 같은 반도체제조 대기업은 닌텐도(任天堂)의 게임큐브용 반도체를 제조하기 위해 800억 엔이나 투입해 전문공장을 건설하는 등 큰 시장을 노리고 있다. 또한 세트 메이커의 전략은 소니의 CCD가 그러하듯이 자사 제품에 사용되는 핵심적인 부품은 직접 제작하고 또 수익을 극대화시키기 위해 그 부품을 외부에도 판매하는 식으로 사업을 영위하고 있다.

롬은 이처럼 그 분야에서 지배적인 시장점유율을 지닌 강력한 메이커가 존재하는 CPU(인텔)나 CCD(소니)와 같은 핵심적인 부품이 아닌 그 밖의 수많은 주변 부품을 사업 대상으로 하고 있다. 이러한 시장은 롬이 디스크리트부품의 타깃으로 삼았던 시장의 연장선상에 있는 시장, 달리 말하면 사토 사장이 40년 전에 자사 기존제품(저항기)을 대체하려고 생각할 정도로 큰 위협을 느낀 시장인 셈이다. 때문에 롬은 이 시장을 아주 자연스럽게 새로운 IC 사업의 대상으로 삼았다. 이 시장은 그때까지 롬이 해왔던 디스크리트부품의 연장선상에 있는 시장이기 때문에 롬이 여태까지 배양해왔던 생산 및 판매 능력과 사고(思考)를 최대한 살릴 수 있었다.

롬의 혁신적인 비즈니스모델은 이처럼 디스크리트부품 사업에서 배양한 강점을 토대로 하고 있기에 제 기능을 했다고 할 수 있다.

그렇다면 지금부터 롬이 어떻게 생산이나 판매면의 능력이나 사고를 활용했는지에 대해 알아보도록 하자.

② 생산설비의 내제화(內製化)

롬은 디스크리트부품 사업의 생산방식, 즉 자사에서 직접 생산설비를 제작하는 것(이를 내제화(內製化)라고 한다)을 반도체사업에도 적용했다. 롬의 커스텀 IC 사업은 다른 반도체 대기업들처럼 대규모 설비에 의한 표준제품의 대량생산 방식이 아닌 훨씬 적은 수량의 다품종 부품을 생산하는 것이다. 실제로 롬에서는 다른 회사들로서는 생각할 수 없을 정도로 여러 종류의 IC를 한 라인에서 생산하고 있다(이 같은 생산방식을 혼류생산방식(混流生産方式)이라 한다). 이러한 생산은 빈번한 제조장치 교체나 여러 종류의 제품에 대응하기 위한 장치의 개량 등 생산설비 측면에서도 효율적으로 대처하는 유연성이 필요하다. 그래서 그 문제점을 해결하기 위해 여러 측면으로 검토하다 보면 결국은 자사에서 생산설비를 개발하고 제조하게 되는데, 바로 이러한 것들은 롬이 디스크리트부품의 생산을 통해 배양해온 능력이다.

또한 자사의 생산공정과 생산설비제조와 관련된 노하우를 이용해 지금까지 복수 라인에서 생산해오던 것을 하나의 생산라인으로 통합해버리는 것도 가능하게 된다. 그 결과, 롬이 외부에 지불하는 비용의 10분의 1만으로도 해당 생산설비를 만들 수 있다고 한다.

이처럼 대기업이 영위하고 있는 최첨단 반도체기술을 이용한 사업과 롬이 대상으로 하는 사업은 같은 반도체 사업이라 할지라도 전혀 다른 사업이다. 롬이 대상으로 하는 사업의 KSF(Key Success Factor : 성공의 열쇠)는 소(少) 로트(1회에 생산되는 특정수의 제품 단위)의 제품을 낮은 비용으로 만드는 것인데, 그것을 위해서는 생산단계에서의 문제점을 얼마나 세심하고 효율적으로 대처하면서 설비비용을 줄일 수 있을지가 관건이 된다. 이는 DRAM 사업의 KSF인 대량 생산능력과는 전혀 다르며 오히려 디스크리트부품 사업의 KSF와 비슷한 것이다.

③ 고객밀착형 영업력과 기업문화

디스크리트부품의 생산방식이 반도체뿐만 아니라 다른 모든 제품의 생산방식의 기반이 되고 있는 것처럼, 영업부문에 있어서도 디스크리트부품 사업의 고객밀착방식이 모든 영업활동의 기반이 되고 있다. 롬의 영업활동에 관련한 유명한 일화가 있다.

어떤 고객사가 모두 합쳐 6,000엔어치밖에 되지 않는 저항기를 주문했는데, 롬이 미처 그 주문에 대처하지 못하는 사이에 경쟁사인 KOA라는 회사가 휴일까지 반납해가며 그 고객이 원하는 제품을 생산해 납품한 일이 벌어졌다. 이 일에 대해 롬의 영업사원은 사토 사장에게 오카야마에 있는 물류센터와 연락이 안 되어 제대로 대응할 수 없었다고 보고했다. 그 말에 사토 사장이 "그쪽에서 전화를 받지 않으면 신칸센을 타고 가서라도 물류창고에 재고가 있는지 확인했어야 하지 않느냐!", "만약 창고가 닫혀 있었다면 물류공장장 집으로 찾아가 열쇠를 받아와서라도 확인했어야 하지 않느냐!"[8]며 호통을 쳤다고 한다. 사토 사장이 이 정도로 엄하게 야단을 친 이유는 단지 6,000엔에 불과한 주문이라도 그것은 롬의 고객에 대한 자세를 묻는 사건으로, 고객과의 밀착과 신뢰관계 속에서 수익을 거두고 있는 롬에게는 사업의 원점이며, 한편으로는 고객으로 하여금 롬의 능력에 대해 한 점의 불신감도 가지게 해서는 안 된다는 생각 때문이었다.

요인 Ⅳ 상류화의 강화

앞에서 롬이 저항기와 같은 디스크리트부품 사업에서 배양한 경험을 토대로 다른 반도체 메이커와는 달리 생산설비까지 자체적으로 생산하고 있다는 이야기를 했다. 하지만 롬은 생산설비에 그치지 않고 2000년 말경에는 좀 더 상류에 있는 부품이나 재료까지 직접 제작하기에 이른다. 구체적으로는 리드프레임, 포토마스크, 봉지(封止)금형, 나아가서는 실리콘잉곳까지 직접 제작하기 시작한다. 이러한 상류기능의 수직통합은 리드타임의 단축과 품질향상을 직접적인 목적으로 한 것이다.

최근에 롬이 고객으로 삼고 있는 세트 메이커의 시장은 휴대폰, 평면디스플레이패널, DVD 등 예전보다 훨씬 제품의 라이프사이클이 짧아진 제품들이 주류를 이루고 있고, 단기간에 투자자금을 회수하려는 경향이 있다. 그 때문에 얼마나 조기에 제품을 시장에 투입하고 시장 환경에 맞게 제품이 출하되는지가 전체 판매수량과 수익률을 크게 좌우하는 상황이다. 이러한 고객이 처한 환경을 생각하면 6,000엔어치밖에 되지 않는 긴급 주문에도 대응하는 고객밀착을 사업의 기본으로 삼는 롬으로서는, 타이밍을 놓치지 않고 필요한 수량만큼 제품을 시장에 투입할 수 있게끔 고객의 요망에 따라 단기간에 부품을 공급하는 체제를 구축할 필요가 있었다.

상류로의 수직통합 효과는 리드타임의 단축이나 품질향상에 그치지 않는다. 관련업계의 가치사슬을 가로축으로 하고 그 업계의 평균수익률을 세로축으로 해서 그래프를 그려보면 스마일커브와 같은 곡선이 그려지는 것으로 알려져 있다. 이 스마일커브는 여러 업계에서 나타나는 현상인데, 이에 대한 논의는 바로 롬이 관여하는 전자업계에서 시작된 것이다. 요즘

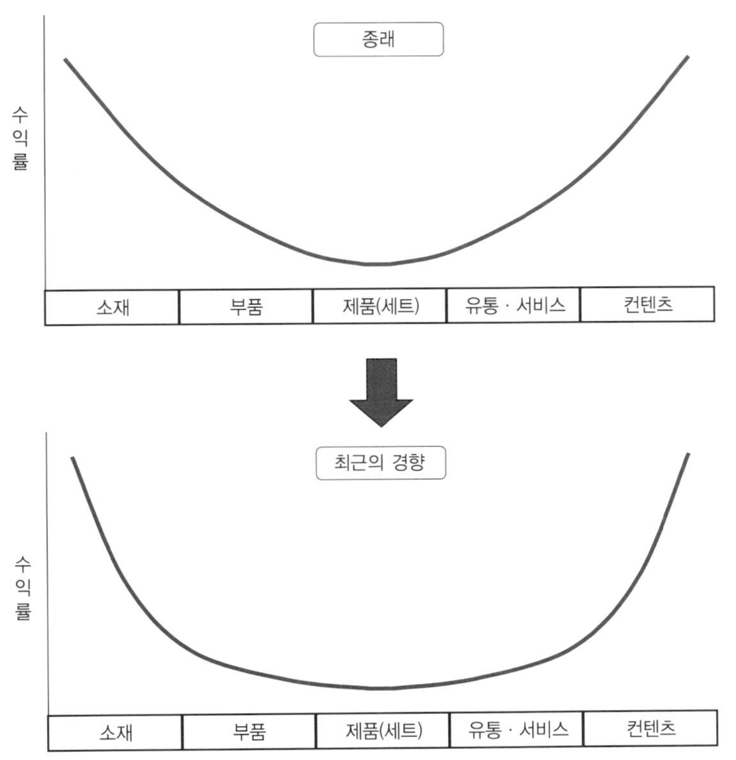

처럼 세트 메이커 간의 경쟁이 점점 치열해지고 있는 환경하에서는 스마일커브가 도표 1-2-6처럼 변화하는 경향이 있다. 즉, 고객에게 부품을 납품하는 부품 메이커업계의 수익률도 저하된다. 따라서 부품 메이커로서는 좀 더 상류에 있는 재료분야에 진출함으로써 가치사슬상에서 새로운 부가가치를 취할 수 있게 된다.

생산설비의 내제화로 품질을 안정화시키고 비용을 절감해온 롬으로서

는, 부품업계 전반에 걸쳐 수익률이 떨어지고 있음에도 불구하고 납기단
축의 니즈는 커지고 있는 상황하에서 앞으로 좀 더 적극적으로 수직통합
을 추진할 가능성도 있다고 본다.

요인 V 고수익을 지탱하고 있는 경영이념

이처럼 고수익을 올려왔던 롬이지만 1990년 3월기에는 영업이익률이
2.4%까지 하락하는 사태가 발생했다. 이는 관동지역(오사카를 중심으로 하는
관서지역에 대칭되는 지역으로 도쿄를 중심으로 하는 지역을 말함)으로 진출하기
위해 공격적인 가격으로 제품을 판매하고 재고확보로 인한 비용이 증가했
기 때문이다. 이에 대해 사토 사장은 이대로는 회사 경영이 어렵다는 강한
위기감을 느끼고 제품단가 인상을 결정한다. 또 인상된 단가를 받아들이
지 않는 고객에 대해서는 사장이 직접 찾아가서 교섭했다. 그리고 채산성
개선이 힘들 것으로 예상되는 제품에 대해서는 생산중지 결정을 내리는
데, 그 수는 당시 롬이 취급하는 모든 제품의 3분의 1에 해당하는 5만 품목
에 달했다.[9]

이 일화에서 롬은 높은 수익률이 담보되지 않는 제품이라면 설령 일시
적으로는 고객에게 불이익을 가져다주더라도 과감하게 철수하는 결단을
내린다는 점을 알 수 있다. 앞에서 소개했듯이 롬은 고객과의 신뢰관계를
상당히 중시하고 있다. 그럼에도 불구하고 채산성이 없는 제품에서는 철
수를 한 것이다. 이 점은 양보할 수 없는 본질적인 부분이기 때문이다. 일
반적인 기업의 경우, 비록 수익률은 낮더라도 어느 정도의 매출기여도가
있는 제품이라면 계속해서 생산한다. 하지만 롬은 달랐다. 하물며 일시적
이라도 고객에게 폐를 끼칠 우려가 있는 경우라면 더욱 그러하다. 롬은 사

토 사장의 처방책이 효과를 발휘해 다음 결산기인 1991년 3월기에는 실적이 크게 향상되었다.

이 일화에는 후일담도 있다. 사토 사장은 3명의 상무를 포함해 5명의 임원을 이 문제에 대해 책임을 지게 한다는 의미에서 경질했는데, 이에 대해 "시류에 휘둘리지 않고 항상 눈앞의 현실과 원리원칙에 따르는 것이 중요합니다. 윗사람이 흔들리면 결국은 모두가 방향을 잃게 됩니다. 그래서 저 자신도 원리원칙을 무엇보다 중시합니다."[10], "경영의 기본방침이나 이념이 파괴될 정도라면 망하는 편이 낫다고 생각하고 있을 정도입니다."[11]라고 말한다.

이 사건에 해당하는 롬의 원리원칙과 경영의 기본방침이란, 롬의 '경영기본방침'의 제일 첫 부분에 나오는 '사내 모든 구성원이 일체가 되어 품질보증 활동에 철저를 기하며, 적정한 이윤을 확보한다.'이다. 이 기본방침은 1966년에 사토 사장이 품질관리전문가의 조언을 구해가며 반년 동안 심사숙고한 끝에 정한 것이다. 그때 사토 사장은 품질관리와는 직접적으로 관계가 없을 것 같은 '이윤을 확보한다'는 말을 고집했다. 왜냐하면 이익이 나지 않으면 품질보증도 불가능하다고 생각했기 때문이다.

사토 사장은 '엄청 벌고 싶다'[12]고 한다. 이것은 얼핏 들으면 오해를 사기 쉬운 말이지만, 초고수익을 실현하기 위해서는 경영목표로 높은 수익률을 설정하고 그것에 대한 집념을 보이는 것이 매우 중요하다고 생각한다. 롬이 이러한 높은 이익목표와 집념이 없었더라면 지금까지 앞에서 언급한 문제를 극복하지 못해 보통 수준의 이익을 내는 평범한 부품 메이커에 머물렀을 가능성이 크다고 생각한다. 세상에는 거창한 경영이념을 내걸고 있으면서도 실은 단지 구호로만 여기고 실행에 옮기지 않는 회사가 압도적으로 많다. 하지만 롬은 매일매일 이러한 경영이념을 실행에 옮기고, 그 경영이념에서 벗어나는 행동을 취한 임원은 경질해버릴 정도로 철저를 기하고 있다는 점이 바로 일반적인 기업과 크게 다른 점이다. 사토 사장의 이러한 경영이념에 대한 집념이, 롬이 초고수익 경영을 유지하는 토대가 되고 있다고 해도 무방하다.

출처

1) 사사, 《롬의 30년》

2) 닛케이비즈니스, 2000년 10월 30일

3) 교토신문 교토경제재생, 「인터뷰 교토기업을 알아보다」

4) 6) 11)　닛케이비즈니스, 2000년 10월 30일

5) 9) 10)　《어째서 이 회사는 강한가》, 닛케이BP

7) 닛케이마이크로디바이스, 2004년 7월, 「70%의 가동률로도 '30%의 수익률', 롬의 이런 저력의 비결은?」 노무라증권금융경제연구소, 하야시 다카이치

8) 12) 《게이한밸리》, 니혼게이자이신문사

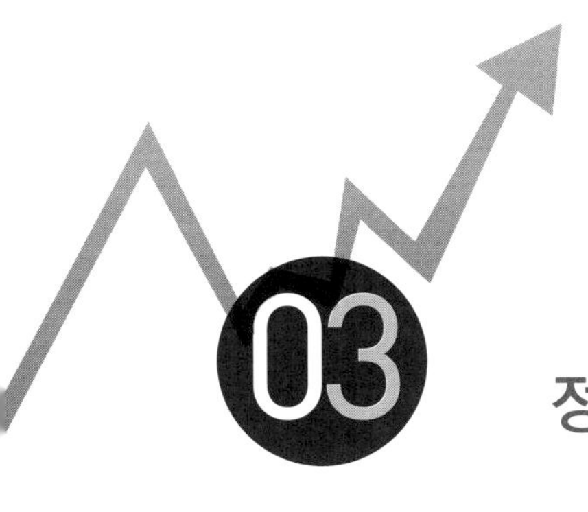

화낙 FANUC
뛰어난 전략과
정예 조직을 함께 지닌 기업

화낙은 공작기계용 NC(Numerical control : 수치제어)장치 및 서보모터(Servo Motor) 사업(매출액 비중 : 55%)과 그 기술을 이용한 기타 로봇(매출액 비중 : 28%), 그리고 사출성형기·방전가공기 등과 같은 공작기계(매출액 비중 : 17%)를 제조, 판매하는 기업이다. 매출액은 3,811억 엔(2006년 3월기)으로 일관되게 30% 이상의 경상이익률을 유지해왔으며 최근 결산기에는 경상이익률이 약 40%에 달하고 있다. 해외매출 비중도 높아 일본, 미국과 유럽 그리고 아시아 지역이 각각 3분의 1씩을 차지하고 있다. 창업 때부터 해오던 사업이며, 현재도 화낙의 주요 사업인 NC장치는 일본 시장의 경우 약 70%, 세계 시장의 경우 약 50%의 높은 시장점유율을 자랑하고 있다(도표 1-3-1, 도표 1-3-2).

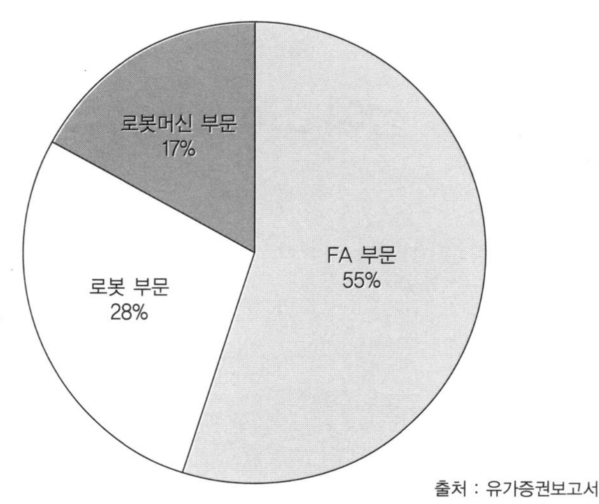

출처 : 유가증권보고서

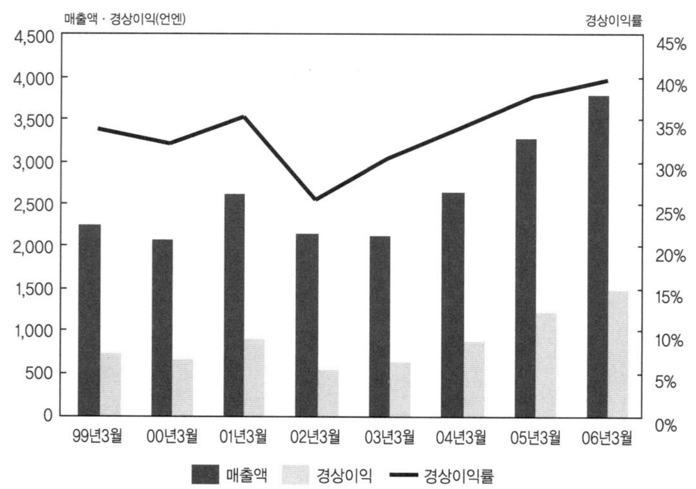

출처 : 유가증권보고서

화낙의 역사

NC기술은 미리 프로그래밍을 해둔 수치대로 기계가 자동으로 재료를 가공할 수 있도록 하는 기술이다. NC기술을 이용하면 숙련공이 아니더라도 정확하고 빠른 속도로 안정된 품질의 재료를 가공할 수 있고, 공정자동화를 통해 인건비를 절감할 수 있다. 이러한 장점으로 인해 NC기술은 재료 가공의 생산성을 일거에 높인 획기적인 기술이라 할 수 있다.

후지츠가 NC 분야에 진출한 계기는 1956년까지 영위하던 통신(Communication) 외에도 컴퓨터(Computer), 컨트롤(Control)과 같은 소위 3C 중 나머지 2C 분야에도 진출하기로 한 방침 때문이다. 후지츠의 경영진은 입사 10년차인 이나바 세이에몬을 컨트롤 분야 개발팀 리더로 임명한다. 하지만 그 시점에서는 구체적으로 무엇을 개발할지 정해진 것이 없었다. 개발 테마를 찾고 있던 이나바는 자신이 회원으로 있던 자동제어 연구회를 통해 미국의 MIT(매사추세츠공과대학)가 NC공작기계에 관한 연구를 하고 있다는 사실을 알게 된다. 도쿄대학에서 조병공학(造兵工學 : 현재의 정밀기계공학)을 전공한 이나바는 서보기구(Servomechanism)에 관심이 많아 경영진의 승낙을 얻어내 이 NC장치를 개발 대상으로 정한다.

후지츠가 NC 분야에 진출하기로 결정한 해의 12월에는 NC장치를 탑재한 공작기계의 시제품을 완성해 가와사키공장에서 외부로 공개한다. 그것을 본 공작기계 제조업체인 마키노프라이스의 마키노 사장이 다음 해 오사카에서 열릴 예정인 공작기계 전시회에서 발표할 자사의 공작기계에 탑재할 NC장치 개발을 후지츠에 의뢰한다. 마키노 사장은 그 전해에 산업 시찰단의 일원으로 인도를 방문했을 때, 일본은 언제 NC공작기계를 출시하느냐는 질문을 받았다. 그때 마키노 사장은 아무런 대책도 없이 '내년 오사카 전시회 때 출시한다.'고 답변해버렸기 때문에 고민해오던 차였다. 후지츠는 이 오사카 전시회를 위한 NC장치를 어렵사리 개발했고, 뒤이어 미츠비시중공업, 후지중공업 등으로부터 수주를 하게 된다.[1]

하지만 실적은 그 후 약 10년간 적자가 계속되는 '고투의 연속'[2]이었다. 그렇지만 1965년에는 NC장치에 대한 관심이 상당히 높아졌고 시장도 커져 처음으로 흑자를 기록한다. 그 후 사업이 순조롭게 이루어지고 1970년대에 들어서는 NC장치부문이 후지츠에서 가장 수익성이 높은 사업부문으로 등극한다. 이런 연유로 1972년에는 '후지츠화낙'이란 사명으로 독립한다(1982년에 현재의 회사명인 '화낙'으로 변경).

화낙의 고수익화에 크게 기여한 전략에는 자사 제품 생산공정의 자동화(自動化)·생력화(省力化)가 있다. 1974년에는 자사의 NC와 서보모터 기술을 활용하여 우선은 자사 제품을 생산하기 위한 로봇을 개발하고, 그 로봇과 공작기계를 결합한 FA시스템을 구축하여 기계가공 공정을 자동화한다. 그리고 그러한 시스템화를 통해 여러 가지 기술과 노하우를 축적한 후, 외부로 로봇을 팔기 시작했다. 참고로 FA(Factory Automation : 공장자동화)란 단어를 처음으로 사용한 회사가 바로 화낙이다.

그 후, FA와 관련된 분야에서는 자사의 NC기술과 서보기술을 기반으로 와이어컷 방전가공기(1975년), 전동사출성형기(1984년) 등과 같은 신제품을 출시한다.

앞에서도 언급했듯이 현재는 매출액이 연간 3천억 엔이 넘고, 40%에 달할 정도로 높은 수익률을 기록하고 있다. 또한 창업 이래로 화낙의 핵심 제품이었던 NC장치는 지금도 일본 국내에서는 70%, 세계에서는 50%라는 경이적인 시장점유율을 유지하고 있다. 이나바는 1995년에 사장으로 취임해 2000년 회장직을 끝으로 경영 일선에서 물러나고, 현재는 이나바의 장남인 이나바 요시하루가 사장직을 맡고 있다.

📂 화낙의 고수익화 프레임워크(도표 1-3-3)

화낙이 고수익을 실현한 원인을 자사 매출액의 55%를 점하는 NC장치와 서보모터에 초점을 맞추고 분석했다.

화낙이 높은 수익률을 실현한 핵심적인 요인은 자사의 NC장치 사양의 업계표준화(Ⅳ. 업계표준의 확립)다. 이 방법을 통해 자사 제품을 비싼 가격으로 판매할 수 있을 뿐만 아니라 그로 인해 얻은 시장 지위를 활용해 여러 가지 궁리를 함으로써 금전적·비금전적 이점을 거두고 있다(Ⅴ. 업계표준의 철저한 활용). 또한 화낙은 업계표준 확립으로 고객의 부가가치를 자사의 것으로 만들어갔다(Ⅵ. 가마우지낚시모델의 실현).

화낙의 이러한 업계표준 획득의 배경으로는 적극적으로 최종 사용자인 공장기계 구매자의 생산성을 확대시킴으로써 직접적인 고객인 공작기계 제조업체 제품의 부가가치를 높이고, 국제 경쟁력 강화에 공헌한 점(Ⅰ. 최종 사용자의 이점 확대로 고객사 제품의 부가가치 창출), 자사의 시장 지위를 최대한 활용하여 마케팅 활동을 한 점(Ⅱ. 자사의 포지션을 효과적으로 활용한 마케팅 활동), 그리고 철저한 비용절감 노력과 그를 위한 체제를 구축한 점(Ⅲ. 철저한 비용절감)을 들 수 있다. 또한 그러한 업계표준화 전략이 가능하게 된 데에는 강한 조직능력(Ⅶ. 강한 조직력), 그리고 자사가 강점으로 하는 제품·사업·기술에 경영자원을 집중한 점(Ⅷ. 버리는 경영), 마지막으로 철저한 고수익 추구 자세를 견지한 점(Ⅸ. 고수익 추구 자세) 등이 있었기 때문이다.

그러면 이러한 프레임워크에 따라 화낙이 고수익을 실현한 이유에 대해 좀 더 구체적으로 알아보도록 하자.

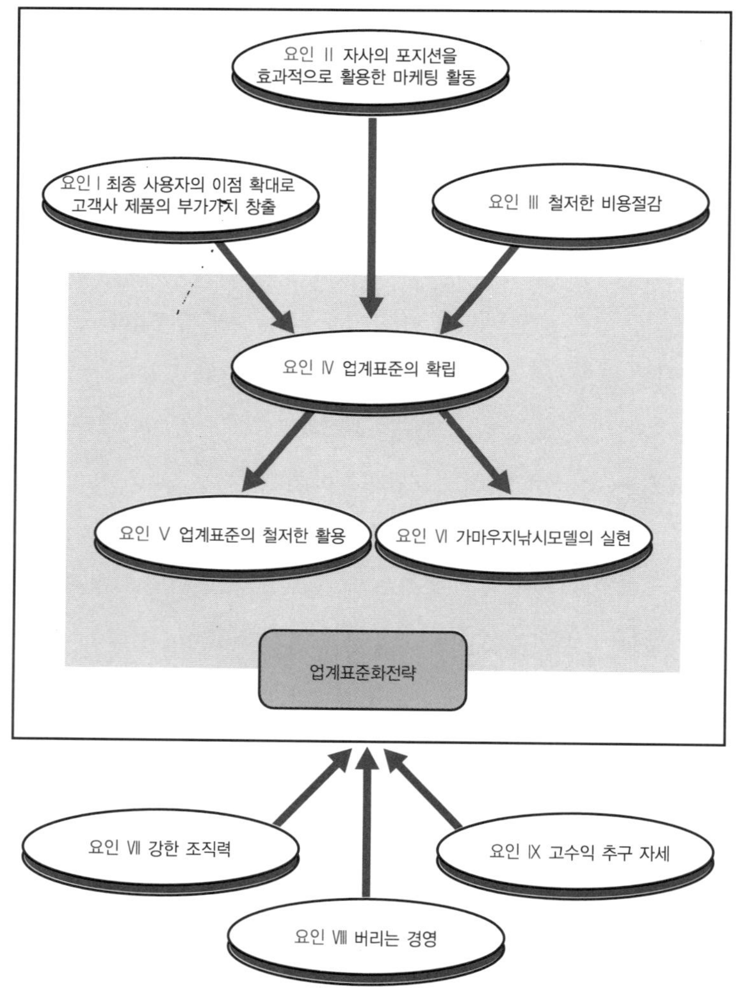

🗂 화낙의 초고수익 실현 요인

요인 Ⅰ 최종 사용자의 이점 확대로 고객사 제품의 부가가치 창출

일본의 공작기계 수출 규모는 1970년에 240억 엔이었으나 1981년에는 약 3,100억 엔으로 늘어났다(도표 1-3-4). 이에 대해, 하마이산업의 다케후지 사장은 일본의 공작기계산업이 세계로 도약하게 된 것은 화낙이 다량생산으로 비용을 줄여 저가격 고성능 NC장치를 공급해준 덕분[3]이라 했으며, 모리정기의 모리 사장은 일본에는 화낙과 미츠비시전기 등 공작기계의 주요 부품을 구성하는 NC장치나 서보모터를 공급하는 좋은 기업이 있고 그로 인해 공작기계 제조업체가 세계 최고의 기술력을 보유하게 되었기 때문[4]이라고 했다. 공작기계 제조업체 사장들의 이러한 지적처럼 NC장치 부문에서 70%의 시장점유율을 확보하며 NC기술 보급을 주도한 화낙이 일본의 공작기계산업에 기여한 바가 크다.

화낙은 혁신적인 제품을 합리적인 가격에 제공함으로써 자사의 직접적인 고객인 공작기계 제조업자들의 고객, 즉 공작기계의 사용자(재료가공업자)들의 생산 현장의 모습을 크게 바꾸어놓았다. 즉, 여태까지 숙련공에 의존하던 재료가공을 비숙련공에 의해서도 높은 품질의 가공을 가능케 하여 재료가공 생산성을 크게 향상시키는 데 공헌했다. 그 결과, NC장치를 탑재한 공작기계의 수요는 늘어났고 공작기계 자체의 부가가치도 증대되었으며, 그로 인해 일본의 공작기계산업은 세계 시장에서 경쟁 우위를 확보하여 수출도 순조롭게 증가하게 되었다.

이러한 경위로 볼 때, 공작기계업계에서 화낙의 NC장치가 널리 사용되

게 된 것이 화낙의 NC장치가 업계표준을 획득한 중요한 배경이 되었다고
할 수 있다.

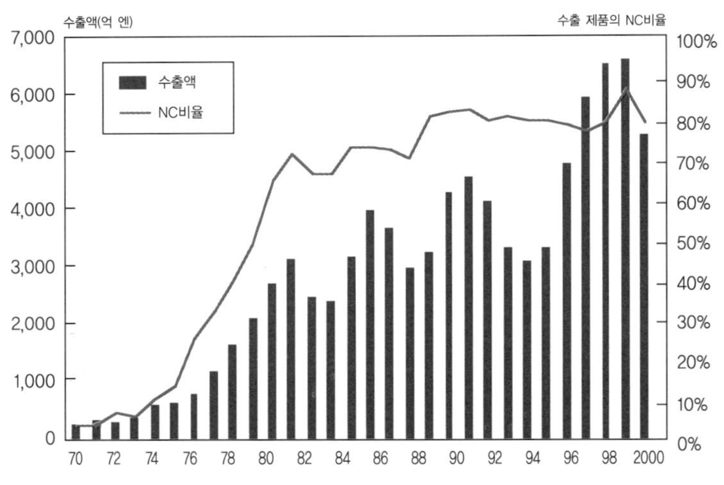

도표 1-3-4 　　　NC화와 공작기계 수출액의 관계

출처 : NC비율 − 아시아경제연구소, 수출액 − (사)일본공작기계공업회

요인 Ⅱ 자사의 포지션을 효과적으로 활용한 마케팅 활동

우연히 획득한 부분도 없진 않지만, 화낙이 자사가 처한 상황을 잘 이용
해 마케팅 활동을 한 것도 나중에 업계표준화에 기여했다.

① 기술성과의 조기 공개에 의한 라이트하우스 커스터머 획득과 활용
　그중 하나가 조기에 마키노프라이스와 같이 공작기계업계에서 영향력
이 크고 선진적인 고객, 즉 라이트하우스 커스터머로부터 NC장치 개발을

66

의뢰받은 점이다. 후지츠는 이나바의 주도로 NC장치 사업을 시작한 지 얼마 되지 않은 시점에 시제품을 개발해 외부로 공개했다. 이나바에 의하면 자사의 시제품 공개는 다른 회사보다 약 1년 정도 앞서는 것[5]으로, 1957년에 열리는 오사카전시회에 NC를 탑재한 공작기계를 발표하려는 마키노프라이스의 니즈에 시기적절한 타이밍으로 합치한 것이다. 하지만 그때의 시제품은 제대로 가동할지 염려스러웠고 가공속도도 매우 느려 실용성의 측면에서는 문제가 있는 것으로 봐도 이상하지 않을 정도의 장치였다. 이나바 사장의 말에 의하면 '겨우 낙제를 면한 수준'[6]이었을 정도였지만, 화낙의 첫 제품은 시제품이라는 이유도 있고 해서 그 정도 수준이라도 허용되었던 것이다.

마키노프라이스와 같이 스스로 리스크를 부담하고 첨단제품 개발을 하는 라이트하우스 커스터머는 공급자에게 있어 자사의 제품을 조기에 출시해 타사를 앞질러가는 데 매우 고마운 존재다. 화낙의 경우, 아직 미완성인 기술을 적극적으로 외부로 공개하고, 그로 인해 라이트하우스 커스터머를 확보하여 그것이 사업의 성공에 크게 기여했는데, 이는 라이트하우스 커스터머를 아주 잘 활용한 좋은 사례라 할 수 있다.

② 업계에서 중립적인 입장을 활용한 확대

두 번째는 화낙의 중립성을 들 수 있다. NC공작기계는 세계 최초로 MIT에서 개발되었는데 이는 화낙이 NC장치 개발프로젝트를 시행하기 4년 전의 일이다. 이로 인해 미국에서는 일찌감치 신시내티미라크론 등과 같은 여러 공작기계 메이커가 NC장치를 개발하고 있었다. 하지만 여러 공작기계 메이커들이 각기 개발한 NC장치는 호환성이 없어 공작기계 사용자들을 곤란하게 했다. 공작기계 메이커는 시장에서 서로 경쟁하고 있었고 NC가 새로운 획기적인 기술이기도 해서, 경쟁사가 개발한 NC장치를 사용하거나 타사로부터 NC기술을 도입하는 것에는 상당한 저항이 따랐다. 그 결과, 미제 NC장치의 보급은 그다지 빠르지 못했다.

한편, 후지츠는 공작기계 메이커가 아니었다. 따라서 제품만 좋다면 공작기계 메이커들은 중립적인 위치에 있는 후지츠의 NC장치를 채택했다. 실제로 후지츠의 NC장치는 뒤에서도 그 이유를 설명하겠으나 상당한 경쟁력을 지니고 있었기 때문에 많은 공작기계 메이커들이 후지츠의 NC장치를 채택했다. 그 결과, 적어도 후지츠의 NC장치가 장착된 공작기계라면 호환성이 보장되기 때문에 한번 그것을 구입한 고객은 나중에도 그런 공작기계를 구매하는 경향이 있었다. 이처럼 중립적인 메이커라는 점이 제품 자체의 경쟁력과 함께 시장에서 조기에 높은 점유율을 확보할 수 있게 된 비결이다.

요인 Ⅲ 철저한 비용절감

화낙이 업계표준을 차지한 여러 요인 중에서 가장 큰 요인은 아마도 철저하게 비용을 절감하는 자세일 것이다. 화낙은 제품을 개발할 때, NC장치의 주요 시장인 일본, 미국, 유럽 등지에서 시장성을 철저히 조사한다. 그런 다음에 어떤 경쟁사도 따라올 수 없는 낮은 가격대를 설정한다. 그리고 그 가격에서 화낙이 목표로 하는 수익률 35%를 뺌으로써 달성해야 할 제조원가를 산출한다. 다른 기업이 제조원가에 필요한 이익을 더한 가격으로 파는 것과는 전혀 다른 발상인 셈이다. 개발 담당자는 이러한 제조원가 목표를 달성하기 위해 전력을 다해 개발하는데, 이것에는 화낙 나름의 2가지 원칙이 있다.

첫째는 독일어로 'Weniger Teile', 번역하면 '좀 더 적은 부품'이란 의미의 원칙이다. 이는 설계에 들어가기 전에 미리 사용되는 부품 수의 상한을 정하는 것이다. 부품 수를 줄이는 것이 비용의 대폭적인 절감에 기여하기 때문이다.

둘째는 개발자가 개발 후에도 임시적으로 제조 담당자가 되어 당초 설정된 원가로 제조할 수 있을 때까지 책임을 맡는 것이다. 개발기술자가 미리부터 계획된 원가로 제대로 만들어질 수 있도록 최선을 다해 설계에 임하도록 동기를 부여하기 위함이다.[7]

이처럼 개발 담당자에게 제조책임까지 부여하는 데에는 그만한 이유가 있다. 바로 제품은 제조단계에서 아무리 연구를 하더라도 비용삭감의 여지가 없다는 이나바 사장의 제품에 대한 깊은 철학 때문이다. 이나바 사장은 이런 자신의 철학을 "(제품은) 키워준 부모(제조)보다 낳아준 부모(개발)"[8]라는 말로 표현하고 있다. 이처럼 높은 목표와 제약하에서 개발기술자는 말 그대로 철저히 지혜를 짜낼 것을 요구받는다.

이러한 철학에 기초해 이나바 사장은 제품개발을 자사의 핵심 능력으로 정의하고 많은 인원을 배치하는 한편, 스스로도 제품개발 관리에 상당한 시간을 할애해왔다. 그리고 제품개발 외의 다른 기능은 철저한 자동화로 최소한의 인원만으로 운영해오고 있다.

요인 Ⅳ 업계표준의 확립

화낙은 NC장치 사업을 시작한 초기에는 개별 주문품에 주력했다. 영업부문이 매출을 늘리기 위해 어떤 제품이라도 수주했기 때문이다. 하지만 잘 살펴보니 모든 수주건이 적자였다는 것을 알았다. 그래서 제품을 표준화하기로 결정했다. 그 후, 이 표준화가 효과를 발휘해 흑자로 전환하게 된다. 화낙은 이런 경험을 통해 그 후부터는 철저히 표준화를 고집하게 된다. 표준화는 비용절감에 크게 공헌하지만 그 효과는 그것으로 끝나지 않고 작성 프로그램의 호환성으로도 이어졌다. 앞에서도 말했듯이 화낙은 공작기계 메이커가 아니기 때문에 모든 공작기계 메이커들에 자사 사양의 제품을 팔 수 있었다. 그 결과 많은 공작기계 메이커들이 자신들의 기계에 화낙이 개발한 G언어 체계의 NC장치를 탑재하게 되었고, 공작기계 고객들은 어떤 메이커의 제품을 구매하더라도 NC장치를 다루는 방법은 같다는 이점이 생겼다.

화낙의 NC장치 표준화로 공작기계 유저들에게는 호환성이 보장됨으로써 NC장치 취급이 능숙하게 되고 한번 작성된 가공 프로그램을 다른 기계에서도 이용할 수 있게 되었다. 공작기계 메이커로서는 싼 가격에 NC장치의 조달이 가능해졌고, 그 결과 NC공작기계의 수요가 크게 증가해 판매를 확대할 수 있게 되었으며, 화낙 역시 생산량 증대로 인해 비용을 줄일 수 있게 된다. 이처럼 화낙의 NC장치 표준화로 삼자가 모두 큰 이점을 가지게 된 것이다.

이러한 이유로 화낙의 NC장치는 업계표준의 지위를 확립했다. 물론 화낙 NC장치의 업계표준화는 단순히 NC장치의 표준화로만 실현된 것이 아니라 화낙의 주도면밀한 전략하에서 이루어진 것이다.

우선 화낙은 '화낙학교'라고 해서 공작기계 사용자를 대상으로 NC를 이용한 가공기술연수원을 설립해 최종 사용자들 사이에 화낙 NC의 절대적인 팬을 늘려나갔고 자사 사양의 프로그램언어인 G언어의 보급을 도모했다. 또한 국내뿐만 아니라 해외의 공작기계 메이커와 그들의 고객에 대해서도 좋은 서비스를 제공하기 위해 서비스네트워크를 구축했다. 화낙의 표준화전략은 Ⅰ부터 Ⅲ의 배경 및 활동, 그리고 앞에서 언급한 재료가공기계 메이커와 유저들의 이점 실현, 마지막으로 화낙의 그에 대한 적극적인 활동을 통해 자사의 NC장치를 공작기계의 최종 사용자들 사이에서 '업계표준'으로 인식되게 함으로써 성과를 거두게 되었다.

요인 Ⅴ 업계표준의 철저한 활용

① 자사의 업계표준을 활용한 치밀한 수익 포트폴리오

화낙은 NC장치의 가격을 낮추는 노력과 함께 자사 기술의 업계표준화를 통해 공작기계 한 대당 수입을 확대하기 위한 수익 포트폴리오를 실행해왔다. 또한 화낙은 NC장치에 이은 두 번째 수익원으로 NC장치로 작성된 가공 프로그램에 따라 공작기계를 가동시키기 위한 서보모터와 드라이버도 전체 시스템의 일부로 판매했다. 화낙의 세 번째 수익원은 제어소프트웨어의 개발수탁 업무다. 공작기계 메이커는 자사의 기계와 NC장치와의 인터페이스를 갖추기 위해 NC장치 메이커가 공동으로 제품을 개발하거나 고도의 가공능력이 필요한 기계의 경우는 그에 따른 소프트웨어를 필요로 했다. 공작기계는 하드웨어로 차별화하는 데는 한계가 있어 고도의 가공 프로그램 등 부가적인 기능을 추가할 필요가 있었고, 그 때문에 가공프로그램의 개발과 개선 등을 NC장치 메이커에 의뢰하는 경우가 늘어갔다. 이로 인해 'CNC 메이커의 이익은 NC장치 등과 같은 하드웨어에서 거두는 것이 아니라 소프트웨어의 개발수탁 업무에서 나온다.'[9]는 말이 나올 정도가 되었다.

하지만 상당수의 공작기계 메이커들은 화낙이 자사 공작기계의 중추인 NC장치를 쥐고 있는 것에 상당한 불만을 느끼고 있었다. 그 때문에 모리정기 등과 같은 다른 NC장치 메이커와도 거래를 하는 경우가 있었고, 화낙의 경쟁사인 야스카와지멘스의 경우는 공작기계 메이커 NC장치 메이커의 손을 빌리지 않고 직접 가공 소프트웨어를 개발할 수 있는 NC장치를 출시했다. 하지만 화낙 제품이 업계표준이 되어 있는 상황에서는 화낙 사양의 NC장치에 익숙해져 있고, 화낙의 G언어로 작성된 다수의 가공 프로그램 라이브러리를 보유한 공작기계 사용자는 화낙의 NC장치가 탑재된 공작기계를 선호하는 것이 일반적이어서 공작기계 메이커들로서는 계속해서 화낙에 의존해야 하는 상황이 이어졌다.

② 수익을 거두면서도 고객사의 재료가공 노하우를 자사화

앞에서 NC장치를 자사 공작기계에 탑재한 공작기계 메이커 중 상당수는 NC장치 메이커인 화낙과 공동으로 가공 소프트웨어를 개발한다고 소개했다. 이러한 공동개발 과정에서 공작기계 메이커는 자사의 가공 노하우를 공개할 필요가 있었고, 그러한 노하우는 의도되었든 아니든 아주 자연스럽게 화낙으로 이전된다. 화낙은 일본 시장에서 70%, 세계 시장에서 50%의 점유율을 점하고 있기 때문에 일상적으로 여러 공작기계 메이커들과 공공개발 프로젝트를 진행하고 있다. 그런 과정에서 얻은 노하우와 정보가 체계적으로 축적되어 향후 또 다른 제품기획이나 다른 고객사와의 개발 프로젝트에 활용되었고, 화낙의 제공가치를 더욱 향상시켰다.

③ 얼라이언스의 활용

이나바는 "앞으로의 경제 환경은, 기업이 자사의 자산에만 의존해 단독으로 경쟁하는 수직형 전략을 토대로 하는 경제 환경에서 연구개발, 제조, 마케팅 등에 소요되는 비용을 분담할 수 있는 전략적 파트너와 협력해가

는 수평형 전략에 기초한 경제 환경으로 바뀌어나갈 것이다."[10]라는 인식을 가졌다. 그래서 일본에서 기업 간의 얼라이언스(전략적 제휴)가 일반화되기 훨씬 전부터 자사에 부족한 능력을 얼라이언스를 통해 보완하는 전력을 취해왔다.

한 예로 화낙은 1965년에 지멘스에 유럽 시장에서의 전기·유압펄스모터 판매권을 부여함으로써 유럽 시장 개척의 발판을 마련한다. 그 후, 1975년에는 전기·유압펄스모터 사업에서 철수하기로 발표한 당일(요인 Ⅷ 참조), 그동안 다양한 시장조사를 했던 미국 게티스사에 텔렉스를 보냈고 바로 3일 후에 DC서보모터의 제조·판매권 취득계약을 체결한다. 1982년에는 GM과 미국 및 유럽 시장에서 공동으로 로봇 사업을 추진하기 위해 50대 50의 비율로 출자하여 미국 현지법인 GM화낙로보틱스코포레이션을 설립한다. 또한 NC장치 사업과 관련해서는 아시아에 치중하던 해외 직접판매를 미국 시장으로도 확대하기 위해 1986년에 GE와 합작으로 GE화낙오토메이션이라는 현지법인을 미국에 설립한다.[11]

이상과 같이 GM이나 GE 등과 같은 세계 유수의 기업과 제휴할 수 있었던 것도 화낙이 업계표준을 쥐고 있었기 때문이라 볼 수 있다.

요인 Ⅵ 가마우지낚시모델의 실현

어느 중견 공작기계 메이커 사장은 "우리들은 부처님 손바닥 위에 있을 뿐이다."[12]라고 말했다. 이 말 속에서 '부처님'을 '가마우지낚시꾼'으로 바꾸면 화낙의 비즈니스모델은 롬의 사례를 소개할 때 설명한 고객사의 부가가치를 자사의 것으로 만드는 가마우지낚시모델로 볼 수 있다.

요즘은 공작기계의 성능이 NC장치의 성능에 의해 좌우되는 경우가 많고, PC가 CPU에 부가가치가 집중되는 것처럼 NC장치에 부가가치가 집중되고 있는 상황이다. 또한 앞에서도 소개했듯이 화낙은 공작기계 메이커와의 공동개발을 통해 가공 노하우를 흡수하는 체제가 갖추어져 있어 재료 가공에 관한 노하우를 지속적으로 확대, 축적하고 있다. 또한 화낙은 과거 NC공작기계를 직접 생산한 경험이 있고, 현재도 방전가공기, 전동사출성형기 같은 것들을 생산하고 있기 때문에 재료가공 노하우가 여러 분야에서 가공기계 메이커를 능가한다는 평가를 받고 있다. 화낙은 PC업계에 견주어 말하자면, 인텔과 마이크로소프트의 기능을 담당하고 있는 것과 같아서 가공기계의 부가가치 중 화낙에 의해 창출되는 부가가치 비중이 더욱 커지는 상황이 이어질 것으로 보인다.

요인 Ⅶ 강한 조직력

여태까지 화낙의 고수익을 실현하기 위한 여러 활동을 기초 부분에서 지탱한 것은 강한 조직력이다. 경영 분야에서 '전략' 이란 단어가 사용되듯이 경영을 전쟁에 비유하는 경우가 많다. 창업자인 이나바가 도쿄대학 조병공학과를 졸업한 이유도 있지만, 그의 저서나 언론 기사 등을 보면 회사 조직을 갖추어갈 때도 전쟁을 의식했다는 것을 알 수 있다. 참고로 화낙 본사에는 조병학자료관이라는 옛날의 조병학관련 자료들을 모아둔 시설이 있다고 한다.

그렇다면 지금부터 화낙의 강한 조직력의 체계에 대해 좀 더 자세히 알아보도록 하자.

① 상시 전투체제에 있는 정예조직의 실현

"요즘같이 기술혁신 속도가 빨라지면 비용절감은 물론 개발 속도와 제품화 타이밍이 더욱 중요하게 인식된다. 개발시간을 1분이라도 단축하지 않으면 경쟁에서 이기기 어렵다. 우리 회사 제품개발 연구소는 꽤 오래전부터 보통의 시계보다 10배 빠른 속도로 돌아가는 시계를 벽에 걸어두고 있다. 이는 연구원들이 개발 속도와 제품화 타이밍에 대한 중요성을 항상 의식하도록 하기 위한 취지에서다. 굳이 비유하자면 제품개발 연구소는 화낙의 정예부대가 제품개발을 위해 **단기 결전을 벌이는 전장**이라고도 할 수 있다."[13]

이는 이나바의 저서 《노란 로봇》에서 인용한 말인데, 화낙에서는 시간을 대단히 중요시하고 있다. 이나바는 시간의 중요성과 관련해 제2차 세계대전 당시 독일과 소련의 전투에서 교훈을 얻고 있다. 독소전쟁의 중요 고비가 된 스탈린그라드전투에서 최강의 기갑사단을 거느린 독일은 소련이 새로 개발한 T-34전차에 대항할 전차가 없어 패주하게 된다. 그 후, 독일은 유명한 타이거전차를 개발하지만 이미 때는 늦었던 것이다. 여담이지만, 화낙을 방문한 GE의 잭 웰치 회장이 10배 빠른 속도로 돌아가는 시계를 마음에 들어 해서, 이나바는 후에 GE를 방문할 때 같은 시계를 기증했다고 한다.

한편 화낙에서는 조직 정예화의 수단으로 관리직이나 경영 간부에게도 전체 업무 중 일정 부분은 반드시 현장과 관련된 업무를 맡기고 있다. 이는 관리직이나 경영 간부까지도 자신이 책임을 맡은 부서의 관리뿐만 아니라 실무적인 부분에 대해서도 자기계발을 하라는 취지에서다. 한편 기술자에게는 반드시 영업업무를 경험시키고 있다. 영업은 사람을 상대로 하는 일이므로, 여러 부류의 사람을 상대하는 것이 기술자의 인격을 원만하게 성장시킨다는 생각에서다. 그래서 화낙은 기술자뿐만 아니라 임원에게도 임명 전에 반드시 영업업무를 경험하도록 하고 있다. 한편 화낙은 외부에서 인재를 등용하는 것에도 적극적이다. 외부 인재 등용은 중소기업에서는 흔한 일이지만, 화낙이 원래 재벌계 기업이었다는 점을 감안하면 혁신적인 일이라 할 수 있다. 화낙은 오키전기, 마루베니(당시 미국 벤딕스사의 NC장치를 취급하던 상사), 가와사키중공, 야마모토제작소(다층기판 메이저 기업) 등에서 임원과 부장급의 인재를 스카우트해 자사의 주요 자리에 앉혔다.[14]

이러한 조직과 관련된 방책이나 활동이 고객사나 경쟁사로 하여금 "화낙의 기술전투력은 대단하다[15](마키노프라이스 사장).", "요즘 화낙은 굉장하다. 전국의 사용자들을 상대로 철저히 어떤 작은 주문이라도 받아내는 영업 전략을 펼치고 있다. 실로 화낙 선풍이라 할 수 있다[16](니혼전기 경영진)." 등과 같은 평가를 내리게 하는 강한 정예조직을 만들어왔다.

② 정예조직의 기계화 : 철저한 자동화 · 생력화

도표 1-3-5는 화낙 사원 1인당 매출액 추이를 나타낸 그래프인데, 1977년에서 1987년까지 10년 동안의 매출액이 5배 증가한 것을 알 수 있다. 다시 말해 1인당 생산성이 5배 증가한 셈이다. 이러한 비약적인 생산성 증대는 자동화와 생력화로 이루어진 것이다.

화낙은 기본적으로 '기업은 작을수록 좋다' 는 생각을 가지고 있다. 1980년에는 후지산 기슭에 무인화공장을 건설해 자사 제품의 생산에 들어갔다. 이미 당시 화낙은 NC장치에 이은 새로운 사업으로 로봇 사업을 전개하고 있었기에 실제 생산현장에서 자사의 로봇을 테스트하고 쇼케이스로 활용한다는 의미도 있었다. 화낙은 개발부문과 사무관리부문에 대

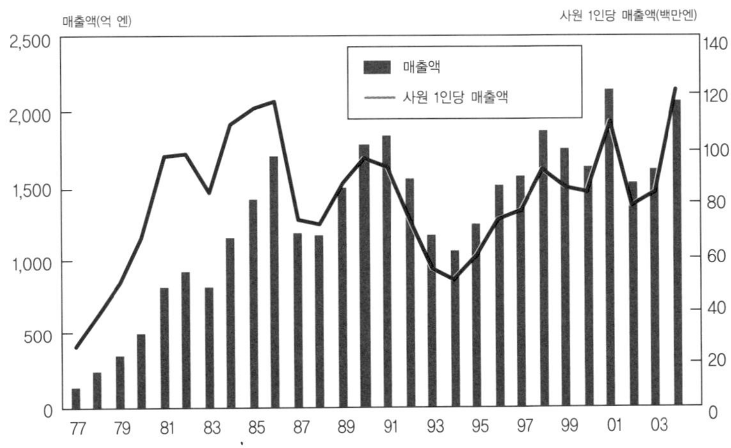

해서 철저한 생력화를 추진한다. 개발부문에서는 타사보다 먼저 세계 최고 성능의 CAD용 컴퓨터를 도입하여 설계를 완전 자동화해, 연구개발자를 저부가가치 업무에서 해방시키고 연구개발에만 몰두할 수 있도록 했다. 또한 사무관리부문에 대해서는 1982년에 한꺼번에 57대의 컴퓨터를 도입해 업무 효율을 높였다. 당시는 대기업이라 하더라도 팩스나 복사기를 겨우 도입하는 시기로 컴퓨터 활용은 일부 업무에 한정되어 있었기 때문에 화낙이 사무관리부문 업무에 컴퓨터를 활용한 것은 상당히 시대를 앞질러간 일이라 할 수 있다.

즉, 화낙은 앞에서 언급한 정예조직을 FA기기와 OA기기로 더욱 기계화시켜 강화해온 것이다.

요인 Ⅷ 버리는 경영

이나바의 경영 방식은 상당히 완고한 것으로 비치는 경우가 많지만 실은 대단히 합리적이다. 그의 합리주의적 경영 방식을 대변하는 것이 바로 이길 수 없는 사업이나 제품은 버린다는 '버리는 경영'이다. 화낙의 자동제어부문은 회사 창립 당시에는 공업플랜트용 공정제어와 NC제어 두 분야가 있었다. 그런데 전자의 경우는 OEM판매방식으로 납품하는 계측기 메이커에 유능한 컴퓨터 관련 기술자가 많아 자사의 기술적 우위성을 제대로 살리기 어려웠다. 또 시스템 하나의 규모가 커서 매번 여러 명의 기술자를 투입해야 했다. 한편 NC장치의 경우는 화낙이 기술적으로 선두를 달리고 있었고 시장 역시 급성장이 기대되었기 때문에 이나바는 공정제어 사업에서 철수하는 대신 NC장치 사업에 경영자원을 집중시키기로 결심한다.[17]

또한 1974년에는 그때까지 NC장치 사업 확대에 크게 기여해온 전기·유압펄스모터 사업에서 철수한다. 화낙의 전기·유압펄스모터는 큰 출력을 내는 장점을 지니기는 했으나 에너지 효율이 나빠 전기 소모량이 많았고 유압용 기름을 사용했던 것이 1973년 가을에 들이닥친 제1차 오일쇼크 때에는 역풍으로 작용한다. 이 때문에 화낙은 5개월이라는 짧은 기간에 마력이 높으면서도 기름을 사용하지 않는 펄스모터 시제품을 완성했다. 하지만 실용화에는 어려움이 많을 것이라는 판단에서 전기·유압펄스모터를 포함한 모든 펄스모터 사업에서 철수한다. 이나바가 후에 이때의 일을 회상하며 "만약 전기·유압펄스모터에 집착했더라면 오늘날의 화낙은 없었을 것이라 생각한다."[18]고 말할 정도로 화낙의 운명을 건 철수였다.

화낙은 그 후 1979년에도 자사에서 직접 생산하던 NC공작기계 사업에서 철수하는데 여기에는 자사 NC장치의 고객인 공작기계 메이커들과의 경쟁을 피하려는 의도도 있었다.

화낙에서는 각 제품별로도 이러한 버리는 경영이 이루어진다. 어떤 제품이 더 이상 35%의 수익률을 확보할 수 없다는 것이 명확해지면 그 제품에서 철수하고 새로운 제품을 개발한다. 또 경기 침체 등의 영향으로 NC장치 메이커 간의 경쟁이 격화되더라도 가격을 내리면서까지 무리하게 팔려고 하지 않는다. 왜냐하면 한번 가격을 낮추면 경기가 회복되더라도 예전의 가격으로 돌아가지 않고 그 가격이 기준이 되어버리기 때문이다.

요인 Ⅸ 고수익 추구 자세

NC장치의 주요 시장인 공작기계업계는 공작기계 자체가 전형적인 생산재여서 경기 변동에 큰 영향을 받는다. 이 때문에 이나바 사장은 매출액이 3분의 1로 줄어들어도 이익을 낼 수 있는 경영 시스템으로 만드는 것을 목표로 삼았다. 화낙이 이처럼 높은 목표를 설정한 이유는 이익을 추구하는 자세 때문이다.

이나바는 자신이 저술한 《노란 로봇》에서 "나는 대출을 좋아하지 않는다. 좀 더 정확히 말하면 아주 싫어한다. 필요한 자금은 자기 자금으로 충당할 수 있는 경영 시스템을 만들어야 한다."[19]라고 말하고 있다. 이처럼 강력한 이익 추구 자세는 이나바의 경영철학이기도 했다.

이러한 철학이 있었기 때문에 타사와의 경쟁에서 이길 수 있는 가격 설정, 35%의 수익률을 가능케 하는 원가 절감, 철저한 자동화와 생력화, 업계 표준의 획득과 그 위치를 이용한 완벽한 수익 포트폴리오 구축, 그리고 이 모든 것을 움직이는 엄격한 규율과 조직의 정예화 등이 가능했다고 본다.

출처

1) 5) 6) 니혼게이자이신문, 1983년 10월 24일

2) 7) 8) 10) 11) 13) 17) 18) 19) 《노란 로봇》, 이나바 세이에몬, 일본공업신문사

3) 닛케이산업신문, 1982년 12월 21일

4) 닛케이산업신문, 2000년 1월 11일

9) 「야스카와지멘스NC(安川シーメンスNC)」, 히토츠바시비즈니스리뷰, 히토츠바
   시이노베이션센터 편집, 동양경제신문사

12) 닛케이산업신문, 2003년 2월 13일

14) 닛케이산업신문, 1996년 2월 19일

15) 닛케이비즈니스, 1996년 2월 19일

16) 닛케이산업신문, 1982년 12월 11일

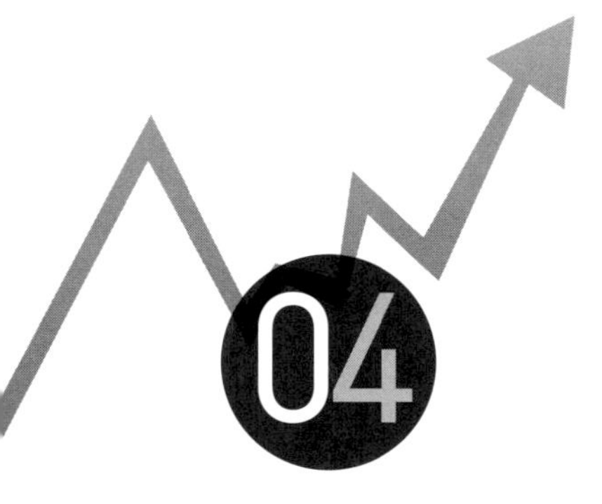

시마노 SHIMANO
전략적 판단과
대담한 실행에 의한 경영

시마노는 변속기, 브레이크 등의 자전거부품, 릴, 낚싯대 등의 낚시도구, 냉간단조(冷間鍛造 : 상온에서 금속재료를 두들겨 일정한 모양으로 만듦), 부품과 같은 세 분야의 제품을 제조, 판매하고 있는 기업이다.

회사 창립 때부터 영위해온 자전거부품의 매출액은 전체 매출액의 74%를 차지한다. 24%를 차지하는 낚시도구는 자전거부품 및 냉간단조부품과 시너지 효과를 지닌 사업 분야로 사업 다각화의 일환으로 시작했으며, 나머지 2%는 자동차업계를 주요 고객으로 하는 냉간단조부품의 매출이다.

시마노의 전체 매출액은 2005년 12월기 기준으로 1,679억 엔(연결회계기준)이며, 경상이익률은 지속적으로 10% 이상을 유지하고 있다. 또한 자사의 브랜드는 세계 여러 나라에 높은 인지도를 자랑하고 있으며, 그로 인해 전체 매출에서 차지하는 해외부문 매출액이 85%에 이를 정도다(도표 1-4-1, 도표 1-4-2).

시마노는 1921년 창업자인 시마노 쇼자부로가 오사카후 사카이 시에 시마노철공소를 설립한 때부터 시작된다. 사카이 시는 철포(鐵砲) 생산으로 유명한 지역으로 오랜 역사를 지닌 철공사가 많이 있었는데, 이들 철공사가 생산하는 자전거부품은 당시 사카이 시의 주요 산업 중 하나였다. 쇼자부로는 몇몇 공장에서 선반공으로서의 경험을 쌓은 후 친구와 함께 시마노철공소를 창업하고 프리호일이라는 자전거부품 생산을 시작하게 된다. 그 후 담금질 방법 개량 등의 노력으로 기술 수준이 높은 제품 개발에 성공해 창업 10년 만에 일본 프리호일 시장에서 50%의 점유율을 기록할 정도로 성장하고 그 후로도 순조롭게 사업을 성장시켜나갔다.[1]

하지만 창업자인 쇼자부로의 장남인 쇼조가 아버지로부터 사장직을 물려받은 1958년에는 전후(戰後) 자전거 붐이 끝나 일본 자전거업계는 큰 시련을 겪게 되는데, 시마노도 이때 적자를 기록했다. 때문에 쇼조는 새로운 제품으로 내장(內裝) 3단변속기 개발에 주력하는 한편, 그때까지 기능공이 중심이었던 회사에 적극적으로 대졸 기술자를 입사시켜 합리적인 경영을 펼쳤고, 그 결과 3년 후에는 회사 경영을 흑자로 돌려놓았다.

1962년에는 당시 일본에서 도입 기업이 드물었던 냉간단조 기술개발을 위해 2년치의 영업이익에 해당하는 자금을 투입했다.[2] 냉간단조는 일체화된 부품을 저비용으로 생산하는 기술로 지금도 시마노의 핵심기술 중 하나가 되고 있다. 이 시기의 대담한 투자 판단이 지금과 같은 고수익 실현에 크게 공헌했다는 것은 그다지 알려지지 않은 사실이다.

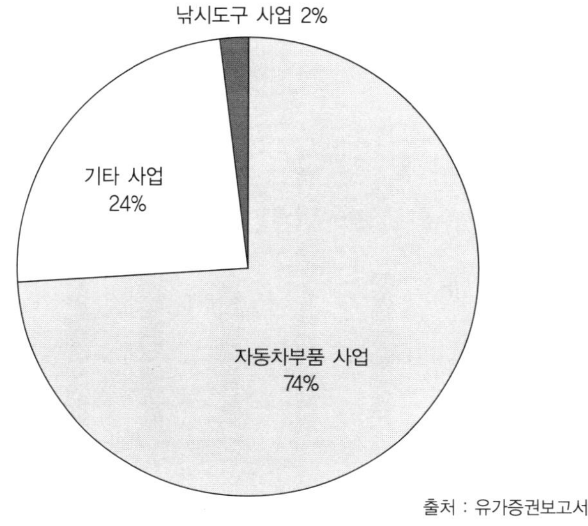

출처 : 유가증권보고서

한편 도쿄올림픽이 열린 다음 해(1965년)에는 냉간단조 기술로 내장 3단변속기를 개발해 미국으로 진출했고, 미국 시장 판매거점인 미국 시마노를 설립했다. 당시 미국의 자전거업계는 장착부품에 관한 결정을 자전거 메이커가 아닌 자전거 판매점에서 했기 때문에 시마노는 우선 소매점을 상대로 자사 부품의 수요를 개척하는 데 도전했다. 그 과정에서 6,000여 개에 달하는 미국의 자전거 딜러를 방문하는 대담한 마케팅 활동을 전개하고 새로운 니즈와 트렌드를 반영한 제품을 적극적으로 제안함으로써 내장 3단변속기, 외장 10단변속기, BMX용(교외 비포장도로 등 험한 길을 달리는 자전거 경기) 부품 등에서 성공을 거뒀다. 그리고 그 후로도 MTB(전동차 편성에서 전동차(M) 수와 비전동차(T) 수와의 비(比))는 새로운 수요 창출에 크게 공헌하는 등 미국에서 성공을 이루어갔다.

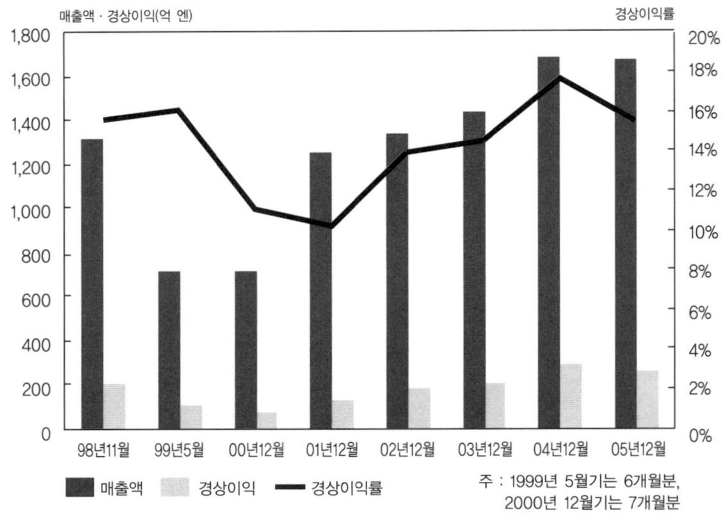

한편, 1972년에는 자전거의 발상지인 유럽에 거점을 마련했다. 유럽 시장은 미국 시장과 비교할 때 진입장벽이 아주 높아 소위 자전거부품의 중심이라 할 수 있는 경주용 자전거부품 시장부터 먼저 공략하고, 그것을 기반으로 일반 자전거부품을 공략하는 전략을 취했다. 초기에는 경주용 자전거부품의 명문인 이탈리아 컴파뇰로(Compagnolo)사 제품의 복제품이란 야유를 받기도 했고 너무 선진적인 부품을 출시한 탓에 실패를 겪기도 했다. 하지만 그 후 업계의 상식을 깨트린 획기적인 제품인 시스템 컴포넌트를 개발해 자사 제품을 장착한 사이클이 유럽의 주요 사이클 경주대회에서 상위를 독차지하게 되었다. 이러한 유럽 경주용 자전거부품 시장에서의 성공으로 시마노는 세계의 자전거 이용자들 사이에 높은 브랜드파워를 구축하게 됐다. 그리고 이러한 높은 브랜드파워를 배경으로 소비자들이 자전거를 고를 때 완성된 자전거 메이커의 브랜드가 아니라 자전거부품 메이커인 시마노의 브랜드를 보고 고르는 것이 상식이 되어버리는 상황이 연출됐다.

이러한 일련의 전략이 성공을 거두어 현재 시마노의 제품은 경주용 자전거부품 부문에서는 60%에서 70%, MTB용 부품 부문에서는 80% 이상의 시잠점유율을 자랑하게 되었고 일반 자전거용 내장변속기 부문에서도 압도적인 점유율을 기록해 이들 업계에서는 시마노의 제품이 업계표준처럼 여겨지고 있다.

📂 시마노의 고수익화 프레임워크(도표 1-4-3)

시마노의 경영을 한마디로 말하면 '광범위한 현장 정보에 근거한 전략적 판단과 대담한 실행에 의한 경영'이라 할 수 있다. 시마노가 고수익 체제로 바뀐 이유는 오래전부터 아주 대담한 전략적 목표를 설정하고 실행해왔기 때문이다(Ⅰ. 전략적 목표설정과 대담한 실행 능력). 하지만 대담하다고 해서 결코 무모했던 것이 아니라 현장에서의 개별 정보를 착실히 모으고 그것을 통합해서 시장과 기술 트렌드를 대국적인 견지에서 파악하는 아주 견실한 활동을 벌였다(Ⅱ. 개별 정보를 통합해 시장을 조감하는 능력). 또한 이러한 착실한 활동으로 얻은 시장 정보와 고객 니즈에 통찰력 넘치는 식견으로 시장을 석권하는 제품을 기획해왔다(Ⅲ. 잠재 니즈와 예리한 통찰력에 기초한 제품기획력). 그리고 단지 앞에서 설명한 활동을 반복만 한 것이 아니라 이러한 활동을 확실한 이익으로 전환시키는 체제를 구축해왔다(Ⅳ. 일련의 활동이 높은 수익성으로 이어질 수 있게 하는 체제 구축). 강한 조직력과 그것을

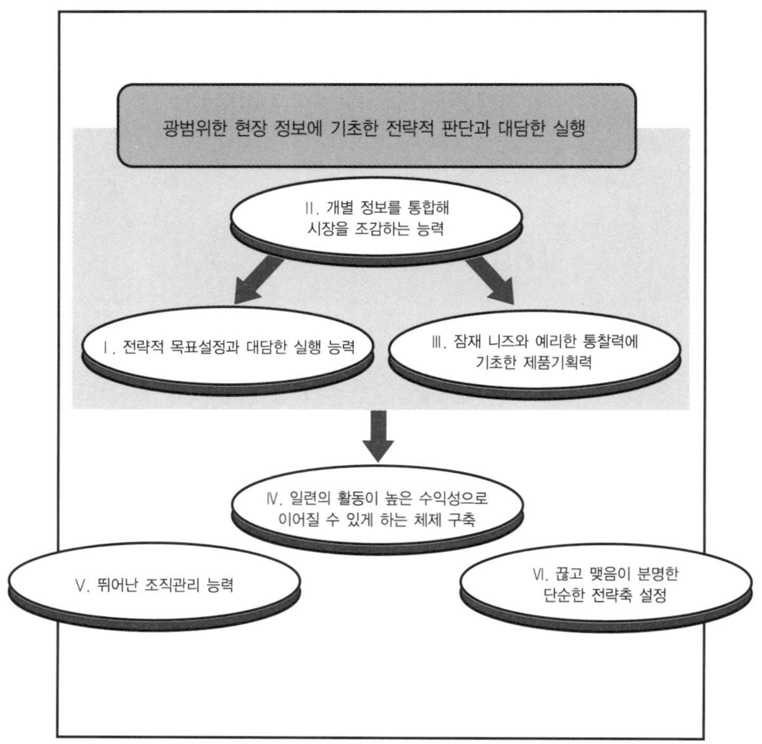

가능케 한 조직관리 능력으로 그러한 활동을 지속적으로 펼쳐왔으며(V. 뛰어난 조직관리 능력), 끊고 맺음이 분명한 단순한 전략하에서 움직였다(VI. 끊고 맺음이 분명한 단순한 전략축 설정).

그렇다면 이러한 프레임워크로 시마노의 고수익 요인에 대해 자세히 알아보도록 하자.

시마노의 초고수익 실현 요인

요인 I 전략적 목표설정과 대담한 실행 능력

시마노의 고수익 이유를 설명할 때는 시마노가 항상 대담한 목표를 설정하고 그것을 달성하기 위한 과감한 결단을 내려왔다는 점부터 이야기해야 한다. 시마노가 1921년에 자전거용 프리호일 사업을 시작했을 때부터 창업자인 쇼자부로는 '사카이의 시마노도 일본의 시마노도 아닌 세계의 시마노가 되기 위해 세계 제일의 프리호일을 만들자.'[3]고 결심했다.

쇼자부로가 이렇게 결심한 배경에는 자사의 프리호일 기술에 상당한 자신감이 있었기 때문이다. 메이지(明治)시대에 세계 제일을 지향하는 목표 설정 자체가 놀랄 만한 일이지만 그러한 전통은 그 후로도 이어져 내려와 수많은 전략적 목표를 설정하고 그것을 달성하기 위한 대담한 결단을 내려왔다.

시마노는 이미 1965년에 미국 시장에서의 직접 판매를 위해 미국 시마노를 설립했다. 당시는 해외로 진출할 때, 현지 대리점이나 일본의 상사를 이용하는 것이 일반적이어서 관계자의 반대도 있었다. 하지만 시마노는 미국에 거점을 마련하고 1971년에는 젊은 직원들로 구성된 캐러밴(Caravan : 통상 등을 목적으로 무리지어 여행하는 상인)대를 파견해 6,000여 개에 달하는 전미(全美) 자전거 딜러를 방문하는 대담한 마케팅 활동을 펼쳤다.

그 후 1972년에는 독일에 유럽 시마노를 설립해 자전거의 본고장인 유럽 시장 진출기반을 마련했다. 미국과는 비교가 되지 않을 정도로 진입장

벽이 높은 유럽 시장에서 성공하기 위해서는 유럽의 자전거 문화와 자전거산업의 정점인 프로들의 사이클 시장을 공략하는 것이 필수적이라고 판단해 경주용 자전거부품 분야로 새롭게 진입했다. 그리고 1973년에는 유럽의 한 레이싱팀의 스폰서가 되기도 했다. 유럽의 로드 레이스 시장을 공략할 때 시마노가 내건 대담한 목표는, 당시 유럽 사이클 레이스 세계에서 압도적인 지위를 구축해 신뢰와 존경을 한몸에 받고 있던 이탈리아의 자전거부품 메이커 컴파놀로를 따라잡고 추월하는 것이었다. 상당수가 열광적인 자전거 팬인 시마노의 경영자나 사원들에게 동경의 대상인 컴파놀로를 제치는 것은 단순히 경쟁 기업을 추월하는 것 이상의 의미가 있었다.

일반용 자전거부품 메이커였던 시마노가 컴파놀로와 같은 업계 넘버원인 경쟁 기업을 뛰어넘겠다는 대담한 목표설정은 경주용 자전거부품 시장에 진출할 때뿐만 아니라 시마노가 성장하는 과정에서 자주 취해왔던 전략이었다. 창업자인 쇼자부로가 프리호일 사업을 시작할 때 목표가 되었던 것은 영국의 BSA사였고, 미국 시장에 진출한 후 외장변속기 시장에 진입할 때는 프랑스의 유레사였으며, 낚시도구인 릴 사업을 시작할 때는 스웨덴의 ABU사가 목표였다. 쇼자부로는 3자루 총과 BSA라는 문자로 구성된 BSA사의 트레이드마크를 흉내 내어 3자루의 창과 자신의 이름에서 따온 333을 배열한 트레이드마크를 만들 정도였다.[4] 시마노의 대담한 목표설정은 이걸로 끝나지 않았다. 1996년 애틀랜타 올림픽에서는 로드 레이스의 상위 5위까지 자사 제품을 사용한 선수가 독점하는 것을 목표로 삼았다. 이 목표를 달성하기 위해 중공구조(中空構造)의 크랭크샤프트를 만드는 기술을 개발하여 여러 가지 궁리를 더해 '듀라에이스7700'이라는 혁신적인 제품을 완성했다. 그리고 시마노는 이 '듀라에이스7700'을 통해 남자 220km 로드 레이스에서 1위부터 12위까지 독점하는 쾌거를 거뒀다.[5]

이러한 대담한 목표설정이 경영진이나 사원들의 도전정신을 불러일으켰고, 또 그러한 도전정신이 목표를 실제로 달성하는 데 큰 힘이 되어왔다.

요인 Ⅱ 개별 정보를 통합해 시장을 조감하는 능력

하지만 대담한 목표를 설정하기 위해서는 합리적인 근거가 있어야 한다. 시마노는 과감한 결단을 내리기 위한 판단 재료로 시장의 정보를 활용했으며, 그 정보를 수집하는 데 철저를 기해왔다. 창업자인 쇼자부로가 중요하게 여겼던 것 중 하나가 '자신이 만든 것은 자신이 판다'는 생각이었다. 쇼자부로는 훌륭한 기술자인 동시에 뛰어난 마케터였다. 비록 기술적인 면에서 뛰어난 프리호일이었지만, 그는 그것을 개발한 후에도 계속 해당 기술에만 관심을 갖는 기술자에 대해 "사용자의 목소리를 잘 들어라. 그런 노력을 하지 않고 자기만족만 하고 있는 자는 어리석기 그지없는 사람이다."[6]라며 훈계할 정도로 마케팅 활동에 힘을 쏟았다. 이러한 쇼자부로의 '자신이 만든 것은 자신이 판다.'는 경영이념은 그 후 시마노의 경영 속에 확실히 뿌리를 내리게 됐다.

① 미국 시장 진출

원래 시마노가 1965년이라는 빠른 시기에 미국에 거점을 마련한 데에는 나름대로의 목적이 있었다. 시마노는 일본에서의 수송수단이 자전거에서 자동차 등으로 대체되는 시대가 도래할 것으로 봤다. 또 그렇게 되면 자동차 선진국인 미국에서의 자전거 이용 실태가 장래 일본이나 다른 나라의 선행지표가 될 것이라 판단했다. 그래서 시마노는 시장 개척 및 동태 파악을 목적으로 미국에 진출하게 된다. 미국 시장에서 쇼조가 얻은

결론은 '자전거는 플레이 밸류(Play Value)가 있는 제품으로 살아남는다는 것' 이었다.[7]

② 6,000여 개에 달하는 전미(全美) 자전거 딜러 방문

시마노는 1970년대 후반 미국에서 캐러밴대를 편성해 6,000여 개에 달하는 미국 전역의 자전거 딜러를 방문했을 때,[8] 딜러가 자전거부품을 취급함에 있어 느끼는 문제점과 같이 일반 소비자로부터 멀리 떨어져 있는 자전거부품 메이커로서는 알기 힘든 정보를 철저히 수집했다. 이와 같은 정확도가 높고 방대한 자전거에 관한 정보는 시마노 외에는 그 누구도 가지고 있지 않은 자료다. 그 결과, 미국의 자전거 메이커, 도매상, 딜러들도 시마노가 보유한 정보에 감탄할 정도가 되었다. 또 보유하고 있는 정보 덕분에 고객과의 관계가 돈독해졌고 그로 인해 또 다른 정보를 얻게 되는 선순환이 이루어져 시마노는 미국 자전거업계 최고의 정보통이 되었다.

그리고 이러한 노력의 결과가 미국에서 폭발적인 판매를 기록한 외장 10단 변속기와 MTB용 부품 사업 등에서의 성공으로 나타났다. 시마노가 1970년대 전반에 캐러밴대가 수집한 정보를 토대로 개발해 큰 성공을 거둔 외장 10단 변속기는 원래 유럽 메이커가 로드 레이스용으로 개발한 것으로, 당시 미국은 유럽에서 수입하고 있었다. 시마노의 캐러밴대는 미국 여러 곳에서 외장 10단 변속기 수요에 대한 정보를 보내왔고, 그런 보고를 통해 외장 10단 변속기의 수요가 확대될 것으로 판단한 미국 시마노 사장인 요시조(喜三)는 일본 본사에 증산을 위한 설비를 갖추도록 요청했다.[9] 유럽 메이커보다 먼저 이런 붐에 대응한 시마노의 매출은 대폭적으로 늘어났고, 그로 인해 미국 시장에서 도약의 발판을 마련하게 됐다.

1970년대 후반 당시 본사 사장인 쇼조가 반대했음에도 불구하고 미국

시마노 사장인 동생 요시조는 그를 설득해 MTB용 부품 시장에 진입하기로 결정했다. 요시조는 미국 전역의 자전거 딜러를 방문하는 활동 외에도 기회가 있을 때마다 시장의 동향 등에 관한 정보를 수집했다. 그러한 정보 중에는 캘리포니아의 산중에서 굵은 타이어를 단 자전거로 산을 내려오는 놀이가 유행하고 있다는 정보도 있었고, 후에 친하게 된 게리 피셔 같은 MTB 창시자들과의 교류를 통해 얻은 정보도 있었다. 요시조는 단순히 게리 피셔 같은 사람들이 MTB를 즐긴다는 사실 때문만이 아니라 그때까지 미국에서 수집한 방대한 정보, 그리고 자신이 직접 체험한 미국인들의 자전거에 대한 인식 등을 통해 MTB의 장래성에 대해 확신하게 됐다.[10]

③ 냉간단조 사업 투자를 위해 일찌감치 해외 시장을 조사

냉간단조는 시마노의 오랜 역사에 걸쳐 아주 중요한 역할을 한 기술이다. 이 기술은 복잡한 형상의 금속부품을 상온에서 프레스 가공함으로써 높은 정밀도를 유지하면서도 저비용으로 일체성형을 할 수 있는 기술로, 시마노의 자전거부품과 낚시도구의 핵심 기술이 되어왔다. 시마노가 미국의 자전거부품 시장에 진출하기로 결단을 내린 배경에는 이 냉간단조 기술로 제조한 내장 3단변속기에 대한 자신감이 있었다.

2대 사장인 쇼조는 1960년에 미국을 방문하고 나서 생산설비의 기계화에 대한 필요성을 느꼈다. 같은 해 시마노는 입사 6년차인 대졸 사원을 냉간단조 기술의 발상지인 독일의 대학에 파견했다. 그곳에서 냉간단조부품을 본 직원은 시마노의 부품에도 적용할 수 있다는 확신을 하게 됐다.[11] 그래서 시마노는 당시 자사 영업이익의 배에 가까운 자금을 냉간단조 설비에 투자하고, 1962년에는 냉간단조 기술을 완전히 습득하게 됐다. 그 후에도 투자를 계속하고 도요타자동차와 같은 다른 기업들과의 연구회나

공동연구 등을 통한 부단한 노력으로 세계 최고의 냉간단조 기술을 보유하게 됐다.

④ 유럽 프로 레이스팀의 서포트

시마노는 독일에 유럽 시장 거점을 설립한 다음 해인 1973년에 유럽의 프로 레이스팀과 스폰서 계약을 맺었다. 그러고는 곧장 전 일본선수권에서 우승한 경험이 있는 미캐닉(정비기술자)을 현지에 파견해 본토의 로드 레이스 지원 현장을 체험시켰다. 이 직원은 매주 레이스 현장에서 발생하는 여러 가지 문제점이나 레이스를 지원하는 사람들의 업무 내용, 그리고 경쟁 메이커의 평가 등에 관한 자세한 보고서를 작성해 본사로 보내고, 개발 담당자들은 그 보고서에 있는 모든 내용을 활용했다.[12]

이처럼 시마노는 시장 또는 기술에 관한 사소한 정보라도 철저하고 집요하게 수집했고, 그런 방대한 정보 속에서 시장의 큰 흐름이나 니즈를 발견하는 데 많은 시간과 노력을 투입해왔다. 그리고 그 정보를 자사의 제품을 기획할 때뿐만 아니라 회사의 전략적인 판단을 내릴 때도 유효하게 활용해왔다.

요인 Ⅲ 잠재 니즈와 예리한 통찰력에 기초한 제품기획력

시마노의 제품기획자는 고객의 직접적인 의견을 그대로 받아들이는 것이 아니라 고객의 의견을 참고로 하면서도 고객이 원하는 '본질적인 기능'을 구명하는 것을 중요하게 여겼다. 이 '기능'을 중시하는 발상에서 탄생한 것이 '시스템 컴포넌트' 제품으로 불리는 SIS(Shimano Index System)나 STI(Shimano Total Integration)이다. SIS는 어린이용 스포츠 자전거에

서 개발된 조작이 간단한 변속기 시스템을 프로 선수용에도 적용할 수 있을까 하는 발상에서 만들어진 제품이다. 처음에는 어린이용으로 개발된 제품을 사용하는 것을 부끄럽게 여긴 프로 선수나 관련 사람들의 강한 반대가 있었다. 하지만 시마노는 간단한 조작성은 프로 선수들이 본질적으로 원하는 '기능' 이라는 확신을 가지고 고정밀도라는 기술적인 장벽을 극복한 새로운 제품개발에 착수했다.[13] STI는 그때까지 프레임에 붙어 있던 변속 레버를 브레이크와 일체화시켜 조작성을 크게 향상시킨 제품이다.

시마노가 시스템 컴포넌트라는 단어를 사용한 데에는 나름대로의 이유가 있었다. 원래 자전거부품업계는 변속기는 변속기 메이커가, 브레이크는 브레이크 메이커가 생산하듯 개별 부품에 특화된 기업이 서로 상대방의 영역을 침범하지 않는다는 암묵적인 양해 속에서 분업 체제로 제품을 생산하는 특수한 업계였다. 따라서 브레이크와 변속기를 하나로 조합해서 제품으로 만드는 것, 즉 시스템화하는 것은 업계에서는 누구도 생각하지 않던 일이었다. 하지만 시마노는 자전거 이용자가 원하는 본질적인 '기능' 을 규명해나가는 과정에서 여러 부품으로 구성된 제품이 마치 하나의 시스템처럼 움직이는 걸 원하고 있다는 사실을 알 수 있었다. 또 자전거 이용자의 관점에서 본다면 부품 역시 시스템적인 발상에서 개발된 것을 선호할 것이라 판단했다. 시마노가 '시스템 컴포넌트' 제품을 출시한 것은 업계 중심의 발상에서 자전거 이용자 중심의 발상으로 전환했다는 것을 의미한다.

1970년대에 로드 레이스용 부품 사업에 처음 진출했을 때 시마노의 제품은 시장에서 컴파뇰로의 복제품이란 평가를 받았다. 하지만 시마노의 경영진과 사원들에게는 당시 레이스 선수들 사이에서 압도적인 브랜드파워를 지닌 컴파뇰로를 뛰어넘는 획기적인 제품을 출시하겠다는 강한 자세가 있었다. 이러한 상황에서 전술한 시마노의 시스템 컴포넌트 제품은 '조작성'이라는 프로 선수들의 본질적인 니즈를 충족시켜 선수들 사이에서 컴파뇰로에도 없는 발상으로 개발된 획기적인 제품이란 평가를 얻어가게 되었다.

1980년대 후반부터는 세계적인 레이스에서 차례차례 우승하고, 1996년 애틀랜타 올림픽에서는 시마노 제품이 장착된 사이클이 1위부터 12위까지 독점하였으며, 1999년에는 뜨루 드 프랑스(Tour de France)에서 첫 우승을 거두고 그 후로도 몇 번이나 우승하여 경영진과 전 사원의 염원이 었던 명문 컴파뇰로의 벽을 뛰어넘게 됐다.[14]

요인 Ⅳ 일련의 활동이 높은 수익성으로 이어지게 하는 체제구축

시마노는 단지 이러한 활동을 반복만 한 것이 아니라 이러한 활동이 확실하고 높은 수익성으로 이어질 수 있게 하는 체제를 구축해왔다.

① 선도 사용자 대상으로 브랜드파워 구축, 브랜드파워 배경으로 팔로어들에게 높은 가격으로 제품을 판매해 수익을 거두는 체제

시마노는 2001년에 닛케이산업신문이 발표한 '기업 브랜드 스코어 랭킹'에서 20위를 차지한다. 이러한 시마노의 높은 브랜드파워가 자전거 이용자들로 하여금 완성품의 브랜드가 아닌 자전거부품 메이커인 시마노의 브랜드를 보고 자전거를 사게 했다. 시마노가 높은 브랜드 이미지를 구축한 데에는 자전거 이용자 피라미드의 정점에 위치한 유럽의 프로 사이클 팀 선수들을 대상으로 한 혁신적인 제품을 지속적으로 개발해, 그들로 하여금 자사의 제품을 채용하도록 만들고, 최종적으로는 유럽의 유명 사이

클 레이스에서 상위를 석권하는 치밀함이 있었다.

하지만 여기까지는 당시 이 분야에서 선두를 달리던 이탈리아의 명문 자전거부품 회사인 컴파뇰로나 다른 경주용 자전거부품 메이커도 마찬가지였다. 시마노가 이들 기업과 결정적으로 다른 점은 유럽의 프로팀 선수라는 선도 사용자를 대상으로 구축한 브랜드파워를 활용해 피라미드의 하부에 있는 팔로어(Follower : 마케팅 분야에서는 선도 사용자를 추종하는 고객을 일컫는 말)인 자전거 애호가나 일반 자전거 이용자를 집중적으로 공략하고 있다는 점이다. 또 그러한 브랜드파워를 배경으로 팔로어 시장에서 프리미엄 가격대를 설정해 큰 매출액과 높은 수익률을 실현하는 체제를 구축하고 있다는 점이 다른 경주용 자전거부품 메이커와 달랐다.

따라서 시마노가 수익을 지속적으로 늘리기 위해서는 선도 사용자인 유럽의 프로팀을 지원하는 것 외에도 피라미드의 하부에 위치한 고객(팔로어)을 확충할 필요가 있다. 오히려 일단 브랜드를 구축한 후에는 이들 고객을 포섭하는 것이 더 중요할지도 모르겠다. 이 때문에 현재 시마노는 이벤트 개최와 같은 활동 외에도 중국의 일반 자전거 이용자를 타깃으로 한 제품 전개 등의 전략적인 활동을 하고 있다.

② 완성된 자전거의 부가가치를 자사 것으로 만드는 활동

시마노는 '자전거부품업계의 인텔'로 불리고 있다. 잘 알려져 있는 대로 인텔은 직접적인 고객인 PC 메이커가 아닌 최종 사용자를 상대로 자사 CPU의 브랜드이미지를 향상시키는 마케팅 활동을 펼치고 있다. 그 결과, 최종 사용자인 일반 소비자들은 인텔의 팬티엄이 탑재되어 있는지 확인하고 PC 구매를 결정하게 되었다. 인텔의 CPU를 탑재한 PC는 높은 시장점유율을 확보할 수 있었기 때문에 PC본체의 가격이 하락하는 와중에도

CPU만큼은 높은 가격대를 유지했다. 즉, 인텔은 고객사의 제품인 PC의 부가가치를 자사 것으로 만드는 활동을 하고 있다. 인텔의 비즈니스모델은 앞에서 롬과 화낙의 사례를 소개할 때 말한 가마우지낚시모델과 같은 것이다.

이 점은 시마노의 경우도 마찬가지다. 시마노의 창업자인 쇼자부로가 자사의 첫 제품으로 프리호일을 선택한 것도 자전거에서는 높은 부가가치를 차지하는 부품이었기 때문이다. 그 후, 변속기나 브레이크로 사업 영역을 넓힌 것도 이들 제품이 자전거에서 높은 부가가치를 차지하기 때문이었다. 특히 시스템 컴포넌트화는 앞에서 말했듯이 자전거부품업계의 상식을 깨트리는 발상으로 자전거에서 차지하는 시마노의 부가가치 점유율을 높이는 데 크게 기여했다. 현재는 자전거 제조원가의 30%에서 40%를 시마노의 부품이 차지하고 있는 것으로 알려져 있다.

시마노는 자사의 브랜드파워를 강화하는 활동과 함께 새로운 자전거부품을 개발해 완성 자전거에서 차지하는 자사의 부가가치 비율을 확대시키고 있다. 또 브랜드 구축에 소요된 자금을 회수하기 위한 전략으로 앞에서 설명한 팔로어의 수를 늘리는 전략 외에도 팔로어 한 사람당 매출액을 늘리는 전략을 취하고 있다.

③ 부가가치를 창출하지 않는 유통비용 부담 회피

시마노는 자전거라는 완성품으로 하류전개를 하지는 않는다. 시마노의 제품은 이미 자전거 제조원가의 30%에서 40%를 차지하고 있어 완성된 자전거를 팔지 않더라도 실질적으로는 자전거를 파는 것과 마찬가지이기 때문이다. 또 완성 자전거 메이커와 그 아래에 있는 자전거 소매점은 ― 자전거의 부가가치 중에서 상당 부분을 자사 것으로 만든 ― 시마노의 제품을 최종 사용자에게 전달하기 위한 효율적인 경로가 되고 있기 때문에 자사 제품을 팔아주는 유통경로와는 경쟁하지 않는다는 생각을 가지고 있다. 완성된 자전거나 자전거부품의 단가는 대체로 수천 엔에서 수만 엔 정도며, 유통경로의 마지막은 각각 독립된 수많은 소규모 자전거 숍이다. 이렇게 분산된 시장을 상대로 단가가 낮은 제품을 판매하는 데 소요되는 노력과 비용은 막대하다.

또한 유통비용은 필요악과 같아서 어떤 부가가치도 창출하지 않는다. 시마노에게 완성 자전거 메이커나 자전거 숍은 부가가치는 창출하지 않지만 절대적으로 필요한 유통비용을 부담해주는 고마운 존재다. '자전거 부품업계의 인텔' 전략은 자전거 메이커의 부가가치를 자사 것으로 만드는 것 외에도 부가가치를 창출하지 않는 유통비용 부담을 회피하는 데에도 공헌하고 있다.

요인 Ⅴ 뛰어난 조직관리 능력

이상과 같은 시마노의 고수익을 실현하는 활동을 가능케 하는 것은 시마노의 강한 조직력이다. 조직력은 일반적으로 기업의 성장 과정에서 저절로 향상되는 경우가 많지만, 시마노의 경우는 조직력 강화를 중요한 경영과제로 본 경영진에 의해 의도적인 조직관리로 강해진 부분이 많다. 그러면 시마노의 조직력에 관한 3가지 예를 알아보도록 하자.

① 직원의 흥미와 관심을 소중히 여기는 조직 운영
시마노에는 전 일본선수권에서 우승한 사이클경주 선수를 포함한 자전거 애호가나 낚시 애호가와 같이 시마노가 생산하고 있는 제품에 강한 흥

미나 관심을 지닌 사원이 많다. 실제 유럽 프로팀의 미캐닉으로 파견된 직원도 과거에 사이클 선수였기 때문에 금방 팀 멤버들로부터 인정을 받았다. 또 낚시 애호가인 사원들의 경우, 시장을 탐색하기 위해 1개월 이상 어선에 승선하는 일도 자진해서 시행하는 경우가 많다. 이는 일본 국내 사원에 한정된 것이 아니다. 미국에서 BMX에 관한 정보를 수집해온 사람들은 매일같이 BMX 레이스를 보러갔던 3명의 미국인 직원이었다. 이처럼 시마노는 자신들이 취급하는 제품에 강한 흥미를 지닌 인재를 적극적으로 채용해왔다. 그러한 사원들은 자신 나름대로 제품에 대한 생각이나 의견을 지니고 있었고, 그런 생각과 의견이 서로 충돌해가면서 제품을 개발하기 때문에 자전거 팬, 낚시 팬들에게 지지를 받는 제품을 계속해서 만들어낼 수 있었던 것이다(시마노 요시조 회장).[15]

시마노는 해외로 나가는 일이 드물었던 시절부터 사원들을 적극적으로 해외로 보냈다. 젊은 사원들로 캐러밴대를 편성해 미국의 자전거 딜러를 방문하게 한 것은 1970년대의 일이었다. 같은 시기에 유럽의 프로팀에 파견한 사람도 입사한 지 얼마 되지 않은 젊은 사원이었다. 또 시마노의 냉간단조 기술 확립에 크게 공헌한 사람은 1954년 입사 직후 회사에서 '좀 쉬다 오라' 며 미국과 유럽으로 2개월 연수를 보냈을 때, 자전거와는 그다지 관계가 없는 단조공장에서 경험을 쌓은 사원이었다. 당시 시마노는 '동네 공장과 다름없는 가난한 회사' 였고 외화규제가 있던 시기여서 그 사원은 암달러를 지급받았다고 한다.[16]

하지만 이러한 사원들이었기 때문에 해외에 내놓더라도 자신들이 주체적인 사고와 행동을 할 수 있었다. 때문에 그들은 회사에서 생각지도 않았던 경험을 하거나 귀중한 정보를 얻어오곤 했다. 이처럼 사원들의 주체적인 활동이 사내 여러 곳에서 지속적으로 이루어지고 있는 것이 시마노의 조직을 강하게 만들어왔다고 생각한다. 그 증거로 현재 시마노 경영진의 상당수가 고생을 무릅쓰고 미국의 수많은 딜러들을 찾아다녔던 경험이 있는 당시의 젊은 사원들로 구성되어 있다.

② T자형 인재 육성

시마노는 사원에게 한 가지 분야를 깊게 파고들게 하면서도 여러 분야를 경험하게 하는 소위 T자형 인재 육성방식을 취하고 있다. 예를 들면, 시마노는 사이클 선수 출신도 채용하고 있는데, 그런 사원들에게는 유럽 사이클팀의 미캐닉 업무나 제품기획 업무를 맡기고 있다. 또한 캐러밴대가 미국 전역의 자전거 딜러를 방문하러 다닐 때는 딜러들의 자전거 수리 일을 도와주는 멤버도 있었는데 그렇다고 그 사원이 기술자 출신은 아니었다.

③ 영어의 사내 공용화로 외국인 사원의 활성화 도모

시마노는 제품의 85%가 해외에서 판매되고, 세계 여러 나라에 생산 공장과 판매 거점이 있어 사원의 70% 이상이 외국인이다. 그래서 시마노는 1997년에 영어를 사내 공용어로 정하고, 해외든 본사든 한 사람의 외국인 사원이라도 회의에 출석하고 있는 경우에는 회의나 자료를 모두 영어로 하는 것을 원칙으로 삼았다.[17]

해외에 진출한 기업은 본사가 일본에 있어 본사 조직과 직결되어 있는 일본인이 아무래도 좀 더 큰 영향력을 행사하기 쉽다. 그 결과 필연적으로 현지의 외국인 사원들은 소외감이나 차별감을 느끼게 된다. 특히 사원의 활력과 효과적인 정보의 유통을 중시하며 글로벌기업을 지향하는 시마노로서는 이러한 문제를 방치하는 것은 큰 손실이었다. 그래서 시마노는 이 문제를 해결하는 방책의 하나로 영어를 사내 공용어로 정했다. 물론 효율적인 커뮤니케이션의 목적도 있었겠지만 그것보다는 외국인 사원들에게 '일본인 사원들이 불편함을 감수하면서까지 외국인 사원의 의견을 들으려 하고 있다.'는 메시지를 전함으로써 해외 조직의 활성화를 도모하기 위함이 아닐까 한다. 물론 세계의 여러 다국적기업은 애당초 국적으로 사원을 차별하지 않는다는 점을 분명히 밝히고 있으며 공용어도 영어다. 그런 기업에 비하면 아직 멀었지만 블루칼라 사원을 많이 보유한 일본의 메이커로서는 높이 평가할 만한 시도라 할 수 있겠다.

요인 Ⅵ 끊고 맺음이 분명하고 단순한 전략축 설정

한편, 시마노가 고수익 경영에 큰 역할을 한 것은 기업의 방향성을 정하는 전략적 발상이 제대로 이루어지고 있다는 점이다. 이 전략적 발상의 원천이 된 것은 끊고 맺음이 분명한, 단순하면서도 일관성 있는 '전략축'의 존재다.

기업이 자사의 전략을 정의할 때 3가지 축의 관점에서 정의하는 경우가 많은데, 그 3가지 축이란 바로 '고객' 축, '기능' 축 그리고 '기술' 축이다.[18] 여기서 '고객'이란, 자사가 어떤 고객을 대상으로 하는지를 의미한다. 한편 '기능'은, '고객'에서 정의한 고객에 대해 어떤 기능의 실현을 제공할지를 의미한다. 그리고 마지막의 '기술'은, 이렇게 정의한 고객에게 그 기능을 제공하기 위해 어떤 기술을 핵심으로 삼고 전개할지를 의미한다.

이 3가지 축의 관점에서 시마노의 전략을 살펴보면, 각각이 매우 명확하게 정의되어 있으며 각 축을 강화하기 위한 활동이 제대로 이루어지고 있다는 점을 알 수 있다. 많은 기업에서 이 3가지 축 모두가 제대로 정의되어 있지 않고, 각각의 축을 강화하기 위한 활동이 적절히 이루어지지 않는다.

① '고객' 축

우선 시마노 사업의 '고객'에 대해 알아보면, 직접적인 고객은 창업 이래 일관되게 자전거 메이커다. 시마노는 결코 자사가 직접 자전거를 제조하는 하류로의 전개는 일절 하지 않았으며, 자사의 경영진은 앞으로도 그런 일은 없을 것이라고 딱 잘라 말하고 있다.

하지만 마케팅의 대상은 자전거 메이커가 아니다. 시마노는 자사의 마케팅 대상을 자전거 이용자로 정하고 있다. 타깃은 자전거를 타는 모든 사람들이다. 즉, 프로 사이클 선수에서부터 자전거 애호가, 하이앤드 스포츠 자전거 이용자, 그리고 일반 자전거 이용자에 이르기까지 모든 자전거 이용자를 대상으로 한다. 이 점이 컴파뇰로 등과 같은 경쟁사와 다른 점이다. 원래 시마노는 프리호일 메이커였기 때문에 일반 이용자를 주요 타깃 시장으로 삼아 사업을 전개해왔다.

하지만 타깃 시장을 사이클 선수 시장과 기타 이용자 시장으로 확실히 구분해, 사이클 선수를 대상으로 한 시장 세그먼트(기타 이용자 시장, 즉 일반 자전거 이용자 시장)에서 자사 브랜드 가치를 높이고, 그 브랜드 가치를 이용해 다른 시장 세그먼트에서 프리미엄가격으로 판매하는 전략을 취하고 있다. 1965년이라는 아주 이른 시기에 미국에 거점을 마련하는 결단을 내릴 수 있었던 것도 바로 이 고객축이 명확했기 때문이라고 생각한다. 만약 그렇지 않았더라면 일본내에서 자전거 메이커로 하류전개를 하거나, 자전거가 아닌 다른 기계의 부품 메이커가 되는 선택을 했을지도 모른다.

② '기능' 축

자전거 이용자가 원하는 것은 빠르고, 쾌적하고, 안전하게 자전거를 타는 것이다. 시마노에서는 표면적인 고객 니즈가 아닌, 고객이 잠재적이면서도 본질적으로 원하는 '기능'을 충족시키는 것을 중시해 제품기획의 원천으로 삼았다는 점은 앞에서도 언급한 바 있다. 고객의 니즈에 초점을 맞춰 제품을 개발하다 보면 결국 타사와 크게 차이가 없는 평범한 제품기획안밖에 나오지 않는다. 하지만 시마노는 일부러 100% 충족되는 일이 영원히 없을 고객이 원하는 '본질적인 기능'을 사업 대상으로 삼음으로써 SIS나 STI와 같은 혁신적인 제품을 만들어왔다.

③ '기술' 축

마지막으로 '기술'인데, 시마노의 제품은 표준화된 정밀제품이 대량으로 생산되기 때문에 안정적으로 저비용의 정밀부품을 제조하는 기술이 필요하다. 시마노는 이 때문에 냉간단조 기술이 일본에 도입되기 전부터 관심을 가졌고, 리스크를 부담해가면서까지 냉간단조 기술 확립을 위해 자금과 사람을 투입해왔다. 시마노는 지금도 제조관련 기술 강화에 큰 힘을 쏟고 있다. 시마노의 기술과 관련한 활동 중에서 독특한 것은 바로 타류시합(他流試合 : 다른 유파 사람과 벌이는 무술 시합. 승부뿐만 아니라 모든 면에서 맞선다는 의미)이다. 시마노가 소규모이면서도 자동차부품 사업도 전개하고 있는 것은 그다지 알려지지 않은 사실이다. 시마노는 이전부터 도요타자동차 계열의 베어링제조회사인 고요세이코에 냉간단조 기술로 만든 베어링을 납품하거나 닛산자동차와 GM에 트랜스미션부품을 공급해왔다. 자동차부품업계는 비용절감이나 품질에 관한 요구 사항이 많은 업계다. 시마노는 이러한 업계와 타류시합을 함으로써 자사 자전거부품이나 낚시도구를 위한 기술을 연마해왔다.

물론 이상의 3가지 전략축의 내용은 시대의 변천과 함께 다소 바뀐 부분도 있고, 시행착오나 신규사업을 전개해가는 와중에 진화된 부분도 있다. 하지만 이 3가지 전략축의 본질적인 부분은 바뀌지 않았다.

출처

1) 2) 3) 닛케이벤처, 2002년 10월

4) 6) 니혼게이자이신문, 2005년 7월 3일

5) 7) 11) 12) 13) 14) 16) 《시마노 세계를 제패한 자전거부품》, 야마구치 카즈코우, 코분샤

8) 니혼게이자이신문, 2005년 7월 15일

9) 니혼게이자이신문, 2005년 7월 16일

10) 니혼게이자이신문, 2005년 7월 20일

15) 닛케이벤처, 2003년 1월

17) 닛케이벤처, 2002년 12월

18) 《익사이팅한 회사》, 코쿠보 아츠로우, 다이아몬드사

히로세전기는 전자제품용 커넥터 메이커다. 그 밖에도 최근에는 EL(Electro-luminescence) 사업을 시작했다. 매출액은 1,044억 엔(2006년 3월기)으로 최근 4년간 연평균 14%의 성장을 이루고 있으며, 이에 따라 수익도 늘어나 최근에는 37%라는 아주 높은 경상이익률을 기록하고 있다. 또한 최근 해외 매출액이 급증하여 전체 매출의 절반인 46%에 달하고 있다(도표 1-5-1).

히로세전기의 역사

현재 히로세전기의 최고 고문인 사카이 히데키가 히로세전기 고수익 경영의 창시자인데, 히로세전기에서 사카이의 역사가 히로세전기와 자사 고수익 실현의 역사 그 자체라 할 수 있다.

히로세전기의 전신인 히로세상회는 1937년에 히로세에 의해 도쿄 아카사카에서 절연체 등을 취급하는 가게로 출발했다. 전쟁 중이던 1945년에는 가나가와 현의 유가와라에 공장을 설립하여 제조업도 영위하기 시작한다. 사카이가 공업고등학교를 졸업하자마자 입사한 1952년경에는 히로세상회제작소로 사명을 바꾸고 하청을 받아 전기부품을 제조하고 있었다.

사카이는 당초 도시바에 수리서비스공으로 내정이 된 상태였으나 서비스공으로 채용하는 것을 학력차별로 느낀 사카이는 대기업 입사를 포기하고 당시 사원 30명에 불과했던 히로세상회제작소에 공채 1기로 입사한다. 동네 공장과 마찬가지인 히로세상회였지만 사장인 히로세와 면접하고 나서는 ‘단순한 동네 공장 아저씨는 아니다.’ 라는 것을 직감한 것이 입사의 계기였다.[1] 사카이는 학창시절 연극인이 되는 꿈을 꾸기도 했으나 입사한 후에는 히로세상회제작소의 미래를 크게 바꾸게 된다.

도표 1-5-1   히로세전기의 매출액 · 이익 · 이익률 추이

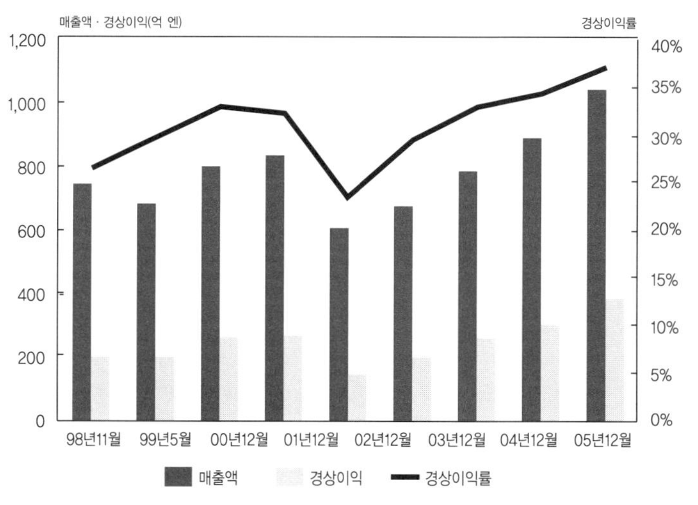

출처 : 유가증권보고서

히로세는 정식 기술교육을 받은 유일한 사원으로 입사한 사카이가 기술자로 성장하기를 기대하며 입사 초기부터 회사에 기술부를 만드는 일부터 맡겼다. 사카이 역시 그런 기대에 부응하기 위해 열심히 일해 히로세의 전폭적인 신뢰를 얻게 된다. 또 공장의 생산 지도나 고객방문 등 기업 경영에 필요한 경험을 쌓아가게 되는데, 그 과정에서 사카이의 능력을 알아본 히로세는 철저히 자신의 경영철학을 가르치게 된다. 그리고 사카이는 스물둘의 젊은 나이에 경영전반에 걸쳐 사장을 보좌하는 일을 맡게 된다.

사카이는 공장에서 생산관리 업무를 하면서 공장의 본질이 작업의 표준화와 단순화라는 점에 답답함을 느끼고 좀 더 창의적인 일을 하고 싶어 커넥터의 기획과 개발 일을 시작했다. 그리고 1962년에는 히로세전기 최초로 세 종류의 커넥터를 출시한다. 당시 일본에서 사용되던 커넥터는 거의가 수입품이었기에 사카이가 개발한 제품은 싸기도 해서 잘 팔렸다. 그 당시 일본은 전자산업의 발흥기였고 그에 따라 커넥터의 수요도 급속히 증가했기 때문에 히로세전기도 큰 성장을 이루게 된다.

하지만 사카이는 1960년대 전반에 미국의 커넥터 메이커인 암페놀이 일본에 진출한다는 이야기를 듣는다. 당시 암페놀의 매출액 규모는 히로세전기보다 100배나 컸기 때문에 사카이는 이것을 큰 위협으로 받아들인다. 당시는 해외로 나가는 것도 쉽지 않은 시기였으나 1965년에 30살의 사카이는 미국으로 건너가 암페놀의 공장을 견학하게 된다. 당시의 미국 기업은 강하고 거대해서, 비록 경쟁사이기는 하나 작은 규모에 불과한 일본 기업에 공장을 견학시켜주는 여유가 있었다. 사카이가 암페놀의 공장에서 본 것은 금형의 제작에서부터 고무의 성형까지 커넥터제조에 필요한 모든 것을 자체적으로 하고 있는 모습이었다.[2] 공장을 견학한 사카이는, 자신들의 방식으로는 암페놀을 절대 이길 수 없다고 확신하게 된다. 그래서 히로세전기와 같이 규모가 작은 기업은 중요한 기능에만 특화하고 다른 기능은 외주에 의존하는 것, 즉 팹리스밖에 없다고 확신한다. 팹리스라는 말이 일반적으로 사용되기 30년 전의 일이었다.

사카이는 1966년에는 31살의 나이에 임원급 기술부장을 맡고, 히로세 사장이 병으로 쓰러진 1968년부터는 실질적으로 사장의 업무를 수행하게 된다. 그리고 1971년에 초대 사장인 히로세가 세상을 떠난 뒤 37살에 정식으로 사장에 취임한다.

히로세전기는 다음 해인 1972년 12월에 도쿄증시 2부에 상장한다. 하지만 그다음 해인 1973년 10월에는 1차 오일쇼크가 일본을 엄습해 히로세전기의 매출액도 60%나 줄어들어 매월 2,000만 엔씩 적자를 기록하기에 이른다. 하지만 이때의 경험이 히로세전기가 고수익률을 지향하는 계기가 된다. 사카이는 상시적으로 충분한 이익을 확보할 수 있는 전략과 체제를 구축할 필요성을 강하게 느껴 목표 손익분기점을 50%로 잡는다.[3] 이러한 문제의식을 지닌 사카이는 다음 해인 1974년에 외부 컨설팅회사에 5개년 계획 책정을 의뢰한다. 히로세전기는 이 5개년 계획을 토대로 제품기획 강화를 중심으로 한 사업을 전개하기로 하고, 당시 월 4억 엔이었던 매출액을 10억 엔으로 늘리고 무차입(無借入) 경영을 실현하는 전략을 세우게 되는데, 히로세전기의 팹리스를 핵심으로 한 전략은 이때 명문화된 듯하다. 참고로 히로세전기의 매출 계획은 1년 앞당겨 실현하게 된다.

한편, 5개년 계획을 만든 1974년에는 팹리스의 거점인 도호쿠히로세전기를 설립하고 1975년 그 산하에 미야코공장, 1981년에 고오리야마 공장을 건설한다. 비록 이름은 공장이었지만 기본적으로 팹리스 체제였기 때문에 이들 '공장'은 주변의 외주거래처를 관리하기 위한 거점 역할을 했다.

그 후, 일본 전자산업의 성장과 전자기기의 소형화 및 경량화의 니즈를 배경으로 히로세전기의 매출액은 순조롭게 늘어갔다. 그리고 1984년에는 도쿄증시 1부로 승격되고, 1988년에는 말레이시아에 자사의 첫 해외 공장인 '히로세일렉트릭 말레이시아'를 설립하게 된다. 이런 과정 속에서 회사 경영은 고수익 체제로 바뀌어가고, 해외의 유력 기업을 고객으로 포섭함으로써 해외 매출액도 늘어나 명실상부한 글로벌기업으로 성장하게 된다. 1980년대 전반에 10% 이하에 불과했던 해외 매출액 비중은 그 후 점진적으로 증가해 현재는 전체 매출의 약 50%를 해외부문에서 벌어들이고 있다. 최근 히로세전기의 주력 사업인 휴대폰용 커넥터는 노키아, 삼성전자, 모토로라 등과 같은 휴대폰부문 세계 3강에 납품하고 있으며, 2000년에는 모토로라의 요청에 따라 중국에 공장을 설립할 정도로 국제적인 기업으로 성장했다.

히로세전기의 고수익화 프레임워크

히로세전기는 다른 회사들이 대응이 어렵다는 이유로 경원시하던 다품종 소량 생산, 빠른 납품기간, 심한 수요변동을 특징으로 하는 (고객사의) 신제품용 커넥터를 주력 사업으로 전개하고 있다. 이 분야의 제품은 표준화된 커넥터보다 단가가 몇 배나 높기 때문이다(Ⅰ. 신제품용 시장으로의 특화전략).

하지만 이 신제품용 시장을 공략하는 것은 경쟁사들이 경원시하고 있는 점이 시사하듯 쉽지 않다. 하지만 히로세전기는 이 시장에서 고수익을 올리기 위해 여러 가지 궁리를 해왔다. 즉, 고객이 신제품을 개발할 경우, 반

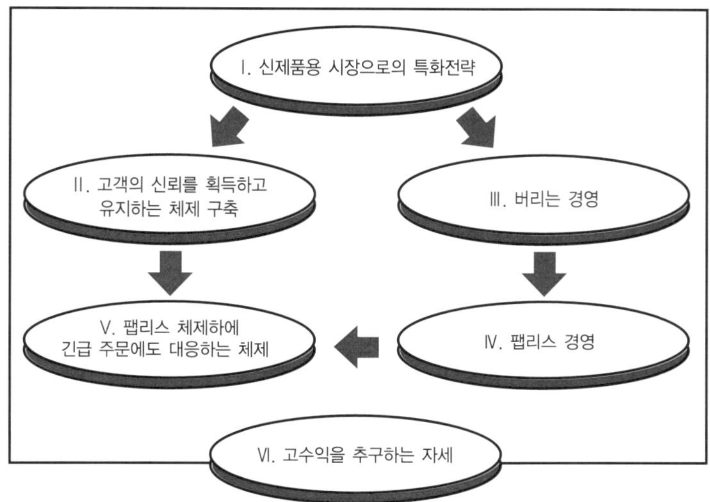

드시 히로세전기에만 부품 제작을 의뢰하도록 하는 체제를 구축(II. 고객의 신뢰를 획득하고 유지하는 체제 구축)하고, 신제품용 시장에 특화하기 위해 수익률이 일정 수준 이하인 제품에서는 철수(III. 버리는 경영)했다. 또 언제라도 수익률이 떨어지는 제품을 철수할 수 있도록 고정비가 많이 드는 제품의 생산은 외부에 맡기는 체제를 구축(IV. 팹리스 경영)했다. 또 고객의 긴급 주문에도 대응할 수 있는 생산 체제를 구축(V. 팹리스 체제하에서 긴급 주문에도 대응하는 체제)하고, 마지막으로 철저히 고수익을 추구하는 자세를 견지(VI. 고수익을 추구하는 자세)해왔다. 특히 마지막의 이 '고수익을 추구하는 자세'는 히로세전기의 모든 경영 활동의 원천이 되고 있다.

그렇다면 이 고수익화의 프레임워크에 따라 히로세전기가 고수익을 실현한 요인에 대해 자세히 알아보도록 하자.

히로세전기의 초고수익 실현 요인

요인 Ⅰ 신제품용 시장으로의 특화전략

히로세전기는 제품의 라이프사이클 단계별로 시장을 나누고 성장기 전기까지의 신제품을 자사의 대상으로 삼고 있다. 히로세전기가 이 시장을 선택한 가장 큰 이유는 그곳에 상당한 규모의 시장이 있다고 느꼈기 때문이다.

히로세전기가 생산하는 제품인 커넥터는 주로 각종 전자제품을 만드는 세트 메이커업계에서 사용되는 것이다. 이 업계는 경쟁이 매우 치열하며 많은 신제품이 쏟아지고 있기 때문에 제품의 라이프사이클도 점점 짧아지고 있는 추세다. 또한 고객사가 점점 작아지고 가벼워진 신제품을 출시하면 그것에 대응해서 좀 더 작고 가벼운 커넥터의 수요가 발생한다.

전자제품의 라이프사이클에서 성장기 중반을 지나서도 수요가 이어지는 제품은 출시된 전체 제품 중 일부에 지나지 않는다. 그리고 제품 라이프사이클의 전 단계에 있는 신제품과 그 후의 단계에 있는 제품을 품목 수로 비교하면 반드시 전자가 많다. 이러한 이유로 히로세전기는 고객사의 신제품용 커넥터 시장은 크다고 봤다. 또 한 가지, 히로세전기는 같은 커넥터라도 신제품용과 기존 제품용은 고객의 니즈가 서로 다르며, 제품 제공에 필요한 커넥터 메이커의 능력, 경쟁 상황에도 차이가 있으며, 또한 그 결과로 제품 단가도 크게 달라진다는 점에 주목했다. 그렇다면 두 제품 사이에는 구체적으로 어떤 차이점이 있는지 알아보도록 하자.

① 개발대응

신제품용 시장을 대상으로 하다 보면, 고객사는 제품이 작고 가벼워져감에 따라 좀 더 작고 얇은 커넥터를 원하게 되고, 그때마다 커넥터 메이커는 고객사의 신제품에 맞춘 제품개발이 필요하다. 하지만 고객사는 일반적으로 신제품을 개발할 때 전자회로 설계에만 관심을 가지고 커넥터 설계는 나중으로 미루는 경향이 있다. 그 결과, 커넥터 메이커에는 고객사 제품 설계과정의 끝 무렵에 상담 제의가 들어오게 되고, 그러한 요구를 충족시키기에는 시간이 매우 촉박하다.

한편, 고객사 제품이 라이프사이클상에서 성장기 중반에 다다르게 되면 비슷한 커넥터를 만드는 경쟁사가 출현한다. 고객사가 대기업일 경우에는 부품의 안정공급과 원가절감을 목적으로 다른 커넥터 메이커에도 같은 제품을 만들게 하는 경우도 있다. 이 단계에 진입하는 기업은 이미 존재하는 제품을 복제하기만 하면 되기 때문에 커넥터 설계는 정형적이면서도 최소한으로 대응할 수 있다. 또한 개발비용도 거의 들지 않는다.

② 주문 로트 · 납기 · 수주의 변동

기본적으로 고객사인 세트 메이커는 신제품을 처음 출시할 때 자사의 신제품이 어느 정도 팔릴지 알 수 없기 때문에 부품 메이커에 소량의 부품을 발주한다. 그리고 고객사 제품이 큰 히트를 칠 경우 커넥터의 수요도 따라서 증가하지만, 그렇지 못할 경우는 커넥터 생산을 중지해야 하는 경우도 있다. 또한 최근에는 마츠시타전기와 같이 신제품을 출시할 때 대대적인 물량공세를 펼쳐 단기간에 매출을 올린 다음, 해당 제품을 시장에서 철수시키고 새로운 제품을 투입하는 고객사도 있다. 이처럼 고객사의 전략에 대응하다 보면 새로운 커넥터의 개발과 생산에 들어가는 투자자금이 회수되지 않을 가능성도 있다. 따라서 신제품용 커넥터 메이커는 이러한 리스크를 전제로 자사의 개발 및 생산 체제를 구축할 필요가 있다.

하지만 성장기 중반 이후에는 고객사의 제품 판매도 비교적 안정되어 수요 예측도 어느 정도 가능하기 때문에 리스크는 줄어들게 된다. 또한 이 단계에서는 고객사의 주문에 세세하게 대응하는 능력보다는 대량의 커넥터를 얼마나 저가의 비용으로 생산할 수 있는지가 중시된다. 따라서 커넥터 메이커도 개발능력보다는 생산능력, 그것도 비교적 대량의 로트를 저가의 비용으로 생산하는 능력이 필요하게 된다.

③ 경쟁사

이처럼 커넥터 메이커가 고객사의 첨단 신제품에 대응하기에는 신경 써야 할 것도 많고 리스크도 크다. 또한 커넥터의 수익성은 신제품뿐만 아니라 전체적으로도 꽤 높다. 때문에 경쟁사도 일부러 성가시고 리스크가 큰 시장에 뛰어들지 않더라도 어느 정도 높은 수익성을 확보할 수 있는 상황이다. 따라서 굳이 히로세전기와 경쟁하면서까지 신제품용 시장에 진출할 필요가 없다고 생각할 수도 있다.

한편, 성장기 중반 이후는 대부분의 커넥터 메이커가 표준제품·대량생산의 강점을 살릴 수 있다. 따라서 수요 예측이 어느 정도 가능하게 되는 시기까지 기다리다가 앞으로도 수요가 크다고 생각하면 당연히 진입하기 때문에 그 단계에서는 경쟁사가 생긴다.

④ 제품단가

신제품용 시장은 경쟁이 그다지 심하지 않다. 또한 고객사에도 첨단 신제품에 대한 대응은 그만큼 비용이 많이 소요된다는 점이 인정되어 신제품용 커넥터의 가격은 높게 책정된다. 이 때문에 일반적인 커넥터의 단가가 100엔에서 150엔 정도 하는 것에 비해 신제품용 커넥터는 1,000엔 이상 하는 경우도 적지 않다. 하지만 성장기 중반 이후에는 경쟁사가 생기고, 생산비용은 줄어든다. 고객사 역시 그러한 점을 잘 알고 있기 때문에 가격 인하를 요구해 커넥터의 단가는 떨어지게 된다.

이상과 같이, 같은 커넥터라도 신제품용이냐 아니냐에 따라 시장 특성은 크게 다르다. 히로세전기는 원래 산업용 커넥터 메이커로 출발했기 때문에 소량 주문생산품에 대한 나름대로의 노하우가 있었고, 당시는 회사 규모가 작았기 때문에 타사와의 경쟁은 피하고 싶은 게 당연했을 것이다. 때문에 타사가 경원시하던 신제품용 시장에 특화시켜나가기로 한 것이 아닐까 생각한다.

한편, 히로세전기가 취급하는 5만여 점의 제품 중에서 약 30%는 최근 3년 이내에 개발된 것으로 수익의 대부분은 여기에서 창출되고 있다. 나머지 70%는 원래는 생산을 중지하고 싶은 제품이나 고객사와의 관계로 인해 어쩔 수 없이 생산을 계속하고 있는 제품이다. 하지만 이 70%는 대부분 주문이 있을 때만 생산하는 제품이어서 실제 판매량은 매우 적은 것으로 알려져 있다.

요인 Ⅱ 고객의 신뢰를 획득하고 유지하는 체제 구축

이러한 신제품 특화전략은 고객사가 신제품을 개발하는 단계에서 부품 메이커로 요청해와야 가능한 전략이다. 또 오직 히로세전기로만 요청해오는 체제를 구축하지 않으면 가격은 고객가치 베이스의 결정에서 경쟁 베이스의 결정(자세한 내용은 제2장에서 다시 설명하겠음)으로 바뀌게 되고, 수익성은 크게 떨어지게 된다. 이러한 '고객의 신뢰'를 획득하고 유지하는 궁리가 '잠복', '소형(小型)·박형화(薄型化) 기술 보유', 그리고 '철저한 고객대응력'이다.

① '잠복'

앞에서 언급했듯이 고객사의 세트제품 설계에서는 전자회로 설계와 전자부품에 대한 검토가 우선시되고 커넥터와 같은 부품은 뒤로 미루어지는 경향이 있어 커넥터 주변부의 설계에 할애할 수 있는 시간은 얼마 되지 않는다. 하지만 제품의 소형화와 경량화를 위해서는 커넥터 역시 무시할 수 없는 것이 사실이다. 따라서 고객사의 개발 담당자로서는 한정된 기간 내에 자사의 설계에 가장 맞는 커넥터를 제안해오는 메이커가 고마울 따름이다. 그러한 메이커가 있으면 고객사의 개발 담당자는 또 다른 새로운 커넥터가 필요하게 된 경우에도 반드시 그 메이커에게 상담하게 된다.

이 고객사 개발 담당자의 니즈에 대응하는 것이 히로세전기의 '잠복(潛伏)'이다. '잠복'은 히로세전기 내에서 통용되는 말로, 고객사로부터 요청을 받기 전에 미리 2~3년 후의 수요를 예측해 제품을 개발해두었다가 적당한 시점에 고객사에게 제안하는 것을 말한다. 히로세전기에서는 개발 인원의 약 절반이 이 '잠복'을 위한 제품개발을 담당하고 있다.

히로세전기의 개발방침은 '고객이 원하는 제품은 손대지 않는다.', '고객만족(CS)만을 추구해서는 경쟁력이 생기지 않는다.'[4]라는 것으로, 고객이 원하는 것이라면 이미 세상에 나온 것이고 고객의 요구사항에 따라가는 것만으로는 경쟁력이 생기지 않는다는 의미다. 그래서 미래에 고객에게 필요할 거라고 생각되는 것, 즉 고객의 '잠재 니즈'에 기초한 개발을 중시하고 있다.

이러한 콘셉트는 키엔스나 롬의 그것과 비슷한 점이 있다. 유망한 장래 제품을 예측하기 위한 히로세전기의 활동은 구체적으로 공개되지 않고 있어 단

114

편적인 정보를 종합해서 예측할 수밖에 없지만, 과거에서 현재까지의 제품 매출액이나 수익률 등과 같은 정량적인 데이터로부터 현재 고객의 기술동향에 관한 징후를 파악하고, 아울러 '잠복' 담당 외의 나머지 절반의 개발기술자가 담당하고 있는 고객 요망사항 대응 업무를 통해 얻어진 '고객의 목소리'와 같은 정보를 더해 미래의 동향을 예측하고 있는 게 아닐까 한다.

타사에는 없는 히로세전기만의 우위성은 항상 최첨단 제품을 취급하고, 복수의 고객사와 거래하면서 업계의 전반적인 동향을 관찰할 수 있는 위치에 있다는 점이다. 예를 들어 히로세전기는 휴대폰업계에 대해서는 첨단 기술을 필요로 하는 라이트하우스 커스터머인 일본의 휴대폰 메이커뿐만 아니라 노키아, 모토로라, 삼성전자와 같은 세계 톱 메이커와의 거래도 하고 있어 고객정보 수집 측면에서는 아주 유리한 위치를 점하고 있다. 히로세전기는 매월 이러한 정보와 예측에 근거해 유망 제품에 관한 아이디어 회의를 열고 있는데, 이때에는 제품분야별로 개발 담당자뿐만 아니라 영업부문이나 제조부문 과장급 직원들이 모여 함께 논의한다. 또한 직접 커넥터 개발을 시작했고 오랜 기간 동안 히로세전기의 커넥터 개발을 이끌어온 사카이 사장(당시)도 직접 모든 개발안건에 관여해 조언을 하는 등 유망제품 개발을 중요 업무 중 하나로 생각하며 임했다.

② 소형화 · 박형화 기술 보유

하지만 단순한 아이디어만으로는 고객사가 히로세전기에만 상담을 요청해오는 상황을 연출하긴 어렵다. '잠복'이 성과를 맺기 위해서는 고객으로 하여금 '히로세전기라면 어떻게든 해결해줄 수 있을 것'으로 생각하게 만들 수 있는 자사만의 기술이 필요한데, 히로세전기 커넥터의 소형화 · 박형화 기술이 바로 그러한 기술이다. 이 소형화 · 박형화 기술의 핵심은 미세가공 기술이다. 히로세전기의 미세가공 기술은 상당히 높은 수준인데, "0.2mm 이하의 핀 간격을 가진 다극(多極) 커넥터를 만들 수 있는 회사는 히로세전기를 포함해 세계적으로 네댓 개 회사밖에 없다(히로세전기의 구시다 이사)."[5]고 말할 정도다.

한편 이러한 미세가공기술은 뛰어난 정밀금형기술이 있었기에 가능했다. 일본 국내에는 높은 정밀도를 지닌 금형을 제작할 수 있는 기업은 몇몇 개 회사에 불과하기 때문에,[6] 히로세전기는 팹리스 방침을 취하고 있음에도 불구하고 금형만큼은 자사에 금형센터를 설립해 직접 생산하고 있다. 하지만 전량을 생산하는 것은 아니고 외부금형 메이커에 외주도 주고 있다.

소형화·박형화기술에서 중요한 것이 높은 신뢰성을 유지하면서 그것을 실현하는 것이다. 누구나 전자기기가 고장 났을 때, 기기를 손으로 치다 보면 저절로 고쳐지는 경험을 한 번쯤은 한 적이 있을 것이다. 그 원인은 대부분 커넥터의 접촉 불량에 있다. 아폴로계획에서도 우주인의 매뉴얼에 원인불명의 접촉 불량인 경우 '손으로 쳐라' 고 적혀 있다고 한다. 커넥터는 최근에는 많이 줄었다고는 하나, 진동과 하중 그리고 열화(劣化) 등에 약해서 자주 기기 고장의 원인이 된다. 비록 커넥터는 접속이라는 단순한 기능을 하는 부품이지만 제품의 신뢰성 확보를 위해서는 여러 가지 기술과 노하우가 필요하다. 최근에는 휴대폰처럼 접을 수도 있는 커넥터가 출시되는 등, 커넥터도 점점 복잡해져가는 경향이 있어, 높은 신뢰성을 지닌 기술 및 노하우는 매우 중요한 요소가 되고 있다.

기기의 소형화로 전자부품이 IC·LSI화 되면 회로부분의 면적과 부피는 점점 줄어들게 되지만, 물리적인 접촉으로 부품끼리 접속시키려면 아무래도 커넥터가 필요해진다. 따라서 커넥터 메이커에도 소형화·박형화

기술이 요구된다. 히로세전기처럼 첨단 신제품용 부품을 사업 대상으로 삼는 전략을 취하는 이상, 미세가공기술은 앞으로도 소형화·박형화를 위한 핵심 기술로서의 역할을 할 것으로 기대되며, 히로세전기는 앞에서도 언급했듯이 끊임없는 노력을 하고 있다.

③ 철저한 고객대응력

기존 고객이 종래와 같이 히로세전기와 거래를 계속하더라도 개발단계에서 다른 경쟁사가 출현하면 제품 단가는 떨어지고 강력한 비용절감 수단이 없는 히로세전기로서는 고수익률 달성은 어렵게 된다. 히로세전기로서는 이러한 사태를 절대로 피해야 하기 때문에 평소 고객과의 관계를 최상의 상태로 유지하는 것은 매우 중요하다.

고객과의 관계를 좋게도 나쁘게도 만드는 것은 문제가 발생했을 때의 대응 방식이며, 그것은 고객에 대한 기업의 자세를 엿볼 수 있는 부분이기도 하다. 어떻게 대처하느냐에 따라 고객의 신뢰는 향상될 수도 있고 크게 손상될 수도 있다. 또한 문제 발생은 그 기업에 고객관계를 향상시킬 수 있는 좋은 기회가 되기도 하며, 반대로 크게 손상시키는 위협이기도 하다는 의미에서 매우 중요하다.

이 점에 관한 히로세전기의 대처 방식은 철저하다. 납품 실수 등과 같은 문제는 사카이 사장(당시)이 장소를 불문하고 부하직원도 대동하지 않은 채 홀로 고객사를 찾아가 사죄함과 동시에 직접 원인규명에 나섰다. '부하를 줄줄이 데리고 가는 것은 고객에게 실례'[7]라는 이유에서였다.

사카이 사장은 부하나 회사 조직의 실수가 아니라 자신의 실수로 인정하고 사죄했다. 이렇게 한 것은 사장인 자신이 직접 원인규명에 나서고 재발을 방지하겠다는 것을 고객에게 약속한다는 취지에서다. 히로세전기 정도 되는 규모의 회사 중에서 사장이 나서서 이렇게까지 하는 기업은 없다. 때문에 고객은 "이 정도로까지 할 필요는……." 하며 놀라면서도 히로세전기라는 기업에 대해 존경심마저 갖게 된다. 또한 문제에 대처하는 방식도 철저하다. 심야에 납품 오류로 인한 고객의 불만이 접수되면 아무리 먼 곳이라도 다음날 아침까지는 납품을 마칠 정도다.[8]

이러한 노력 덕분에 히로세전기에 대한 고객의 신뢰는 상당하다. 고객의 높은 신뢰가 히로세전기의 자산이며 고수익의 밑거름이 되고 있다고 해도 과언이 아닐 정도다. 때문에 고비용인 사장의 시간을 고객에 대한 사죄에 할애하더라도 장기적으로는 그만한 가치가 있다. 이처럼 히로세전기는 '부가가치가 없는 기능은 보유하지 않는다.' 또는 '이익이 나지 않는 제품은 철수한다.' 와 같은 경영방식을 지킬 뿐만 아니라, 그것이 고수익을 확보하는 데 중요한 것이라면 아무리 사소한 것이라도 철저를 기하는 기업이라 할 수 있다.

요인 Ⅲ 버리는 경영

커넥터의 구조는 단순하기 때문에 노하우를 숨기기 어려워 실물을 보면 비교적 쉽게 모방할 수 있다. 즉, 신제품은 그 제품의 시장이 커져 경쟁사의 관심권 안에 들어오게 되면 복제품이 출현하고 가격이 하락한다. 이 때문에 히로세전기는 수익률이 30% 이하로 떨어지는 제품은 기본적으로 버리고 있다.

실은 이 '버리는 경영' 의 전제(前提)가 '요인 Ⅰ 신제품용 시장으로의 특화전략' 이라 할 수 있다. 1996년 당시의 이야기여서 지금은 다른 경영진이 담당하고 있을 것으로 생각되지만, 그 당시 사카이는 5만 점에 달하는 자사 제품의 수익성을 매일같이 체크하고 수익률이 떨어지는 제품을 추출하는 작업을 했다. 추출된 제품에 대해서는 담당자에게 제조방법 변경 등에 의한 비용절감 혹은 용도는 같더라도 재료 등의 변경으로 타사 제품과 차별화할 수 있는 가능성을 검토하도록 지시를 내렸다. 만약 2가지 다 불가능하다면 그때는 그 제품을 더 이상 생산하지 않는다는 결단을 내렸다. 사카이는 소정의 수익률에 이르지 못하는 제품을 계속 만들어 파는 것은 2가지 측면에서 손해라고 생각했다.

첫째는 그 자체의 손해다. 둘째는 그 제품을 생산하는 데 소요되는 경영자원을 좀 더 높은 수익성이 보장되는 제품 생산으로 돌려 이익을 거둘 기회를 잃게 되는 손해다.[9] 히로세전기는 이 때문에 매년 5천 품목을 제품생산에서 철수하고, 같은 수의 신제품을 시장에 투입하고 있는데, 최근 3년간 출시된 제품이 전체 품목의 약 30%에 달하고 있다.

이처럼 히로세전기의 고수익률 실현 전략은 매우 단순명쾌하다. 수익률이 떨어진 제품을 철수하는 대신에 높은 수익을 기대할 수 있는 제품을 개발해 '잠복' 해 있다가 시기를 봐서 출시하는 것이다. 납품가격은 최종적으로는 고객이 정하기 때문에 자사에는 결정권이 없다. 하지만 수익률이 낮은 제품에서 철수하는 것은 공급자의 판단만으로도 가능하다. 자사에서 할 수 있는 것과 할 수 없는 것을 명확히 구분하고, 할 수 있는 것이라면 확실하면서도 철저하게 하는 것이 바로 히로세전기의 경영 방식이다.

요인 Ⅳ 팹리스 경영

버리는 경영은 간단하지 않다. 인력이나 제조설비에 대한 부담을 자사에서 지게 되면 제품 단가가 떨어졌다고 해서 쉽게 직원을 해고하거나 해당 설비를 폐기할 수는 없다. 이러한 문제에 대처하기 위한 효과적인 방책이 바로 팹리스다. 팹리스는 생산설비나 생산인원을 보유하지 않은 채 이런 리스크를 외부 위탁처에 전가시킴으로써 고정비용을 변동비용화할 수 있다. 하지만 사카이가 팹리스 경영을 선택한 것이 이러한 이유 때문만은 아니며 다른 몇 가지 이유가 더 있었다.

두 번째 이유는, 이미 히로세전기의 역사 부분에서 소개했듯이 공장 작업과 같이 인간의 지혜와 지식을 사용하지 않는 일은 재미없는 것으로 여겼기 때문이다. 사카이가 입사한 당시의 히로세전기는 다른 회사의 하청 일을 하고 있었고, 사카이는 공장에서 생산관리 업무를 맡았는데, '공장의 본질은 작업의 표준화와 단순화'[10]에 있다는 것을 간파하고 공장 작업과 같이 인간의 지혜와 지식을 사용하지 않는 일은 재미없는 것으로 여겼다. 지금도 히로세전기의 경영이념에 들어 있는 '영지(英知)를 잇는다'는 그 당시부터 이어진 사카이의 생각을 표현한 것이다.

세 번째 이유는, 암페놀 공장을 방문하고 나서 얻게 된 확신 때문이다. 1965년에 사카이가 미국으로 건너가 방문한 암페놀 공장에서는 금형의 제작에서부터 고무의 성형까지 모든 것을 직접 하고 있었다. 하지만 한편으로는 쓸데없는 부분도 많다고 느꼈다. 일본으로 돌아온 후 사카이는 여러 모로 대항책을 강구했다. 그리고 자본력이 있는 암페놀을 따라갈 수 없기에 같은 방식으로는 힘들지만, 일본에 있는 우수한 외주처를 활용해 저부가가치 생산은 외부에 맡기는 것이 자사가 나아가야 할 방향이라고 생각하게 된다.[11] 그 후 1971년에 창업자인 히로세로부터 사장직을 물려받고 정말로 강한 기업이 되기 위해 필요한 것은 무엇인지 고심한 끝에 마케팅과 기술개발 외에 없다는 결론에 다다르게 된다.[12]

네 번째 이유는, 자사의 주력 상품인 커넥터라는 부품이 팹리스에 적합하다는 생각 때문이다. 커넥터 제조 공정은 도금, 프레스, 수지성형, 조립과 같이, 비록 종류는 달라도 기본적인 공정은 같기 때문에 동일 외주처에 계속해서 발주할 수 있고, 그렇게 되면 그 외주처의 생산 숙련도도 높아지기 때문이다.

요인 Ⅴ 팹리스 체제하에서 긴급 주문에도 대응하는 체제

하지만 신제품용 시장을 공략함에 있어 팹리스에도 나름대로의 큰 문제점이 있다. 신제품용 커넥터는 수요 변동이 크고 미리 예측하기 어려워 긴급 주문이 들어오기 일쑤다. 사내에 생산설비를 보유하고 있다면 수요변동이나 긴급 주문에 대응하는 것이 비교적 용이하겠지만 생산을 외부에 의존하고 있을 때는 상황이 다르다. 신제품용 시장을 대상으로 한다면 이러한 사업 특성은 어쩔 수 없는 것이고 그렇기 때문에 높은 단가로 책정되어 히로세전기로서는 어떻게 해서든 이 문제를 반드시 해결해야 했다.

히로세전기는 이 문제의 해결방법을 외주처에 대한 철저한 경쟁원리의 도입에서 찾았다. 예를 들어 제품가공 위탁처를 납기와 품질 그리고 비용의 3가지 측면에서 평가하고, 그러한 평가를 바탕으로 순위를 정해, 불황기에는 철저히 순위가 높은 위탁처에 주문을 집중해왔다.[13] 이러한 경쟁원리를 도입함으로써 부품가공 위탁처는 높은 순위를 차지하고자 항상 QCD(Quality, Cost, Delivery) 향상을 도모하는 한편, 갑작스런 잔업이나 긴급 주문에 휴일을 반납해서라도 응하게 되었다. 한편, 히로세전기는 미야고(宮古), 고오리야마(郡山), 이치노세키(一關) 등 세 지역에 생산총괄회사를 설립하고 그 주변부에 외주처를 확보해 근거리에서 생산과 물류를 원활히 전개하는 체제를 구축해왔다. 참고로 도호쿠히로세전기가 있는 미야

고 시의 경우, 지금은 커넥터가 미야고 시의 최대 생산품목이 되었다.

이처럼 히로세전기는 팹리스를 기본 방침으로 회사를 경영하고 있으나, 최근 신속한 납품과 좀 더 작고 얇은 커넥터를 원하는 고객의 니즈가 증가함에 따라 그만큼 생산의 중요성이 커지는 새로운 국면에 직면하게 되어, 2006년에는 대규모 로트로 공급되는 휴대폰용 커넥터에 한해서는 자사에서 직접 생산하게 되었다.[14]

한편 히로세전기는 철저한 팹리스 원칙으로 전체 부품의 80%를 외주에 맡기고 있으나 나머지 20%는 직접 생산하고 있다. 이는 최적 생산을 위한 설계나 외주처 관리를 위해서는 직접적인 생산 활동을 통해 노하우를 축적할 필요가 있다고 판단했기 때문인데, 히로세전기는 이런 목적의 생산은 부가가치가 높다는 생각을 가지고 있다.

히로세전기가 특히 중시하는 것은 금형 생산이다. 커넥터는 소형화와 박형화 추세로 인해 단자 간의 치수가 사업의 승패를 판가름하는데, 이것은 금형 기술과 직결되는 부분이다. 또 가장 납기가 긴 것이 바로 금형이다. 이 때문에 앞에서 말했듯이 히로세전기는 금형의 일부를 자체적으로 제작하고 있다. 이러한 점은 전체 생산의 10% 정도를 자체적으로 하는 키엔스의 팹리스에 대한 생각과 전적으로 같은 것이다.

요인 Ⅵ 고수익을 추구하는 자세

히로세전기는 오일쇼크로 인해 고수익을 추구하고 체제를 구축하는 계기를 마련했으며, 오늘날 높은 수익성을 확보할 수 있었다. 히로세전기는 1973년에서 1974년에 걸친 제1차 오일쇼크 때 매출액이 60%나 감소하는 경험을 했다. 매달 2,000만 엔에 달하는 적자를 기록했기 때문에 사카이는 해결책을 찾지 않으면 큰일 날 것이라는 강한 위기감을 느꼈다. 그래서 손익분기점 비율을 50%로 잡으면 매출액이 오일쇼크 때처럼 60% 감소해 적자를 기록하더라도 직원은 해고하지 않아도 된다고 생각해 이 비율을 목표로 설정했다. 동시에 이 기간 중에 외부 컨설팅회사의 도움을 얻어 회사의 5개년 계획을 수립했다. 그 당시 4억 엔이던 연간 매출액을 5년 내로 10억 엔으로 늘리고 생산보다는 제품기획을 사업의 핵심으로 삼아 실질적인 무차입 경영을 실현한다는 계획이었다. 참고로 히로세전기는 당초 계획보다 1년 빠른 4년 만에 매출액 148억 엔을 달성했다.[15]

사카이는 "커넥터는 최종 제품이 아니라서 눈에 잘 띄지 않는다. 또한 같은 부품이라 하더라도 반도체와 같이 세상의 관심이 집중되는 제품이 아닌 아주 평범한 제품이다. 그런 커넥터에도 '관심' 을 대신하는 것이 있는데 그것이 높은 수익률이다."라고 말한다.[16] 사카이의 이러한 높은 수익률에 대한 남다른 생각이 완성도가 높은 고수익창출 비즈니스모델을 만들어낸 원동력이 되어왔다고 할 수 있다.

출처

1) 16) 닛케이산업신문, 1998년 10월 30일

2) 11) 닛케이벤처, 2003년 9월 1일

3) 15) 닛케이비즈니스, 2004년 4월 19일

4) 닛케이산업신문, 1998년 8월 20일

5) 닛케이산업신문, 2003년 11월 27일

6) 닛케이비즈니스, 2003년 4월 14

7) 8) 닛케이비즈니스, 1996년 5월 13일

9) 닛케이비즈니스, 1996년 10월 7일

10) 13) 닛케이산업신문, 2003년 7월 8일

12) 닛케이비즈니스, 2001년 11월 12일

14) 닛케이비즈니스온라인, 2006년 6월 16일, 「히로세전기, 도요타를 능가하는
    고수익 기업의 결단」

06 마부치모터 MABUCHI MOTOR
위기에서 배우는 경영

　마부치모터는 소형 모터 중에서도 '브러시 부착 직류모터'에 특화해, 현재 이 분야에서 약 50%의 세계 시장점유율을 자랑하는 기업이다. 주요 제품은 전동밀러 등과 같은 자동차전장품용 모터(매출액 비중은 35%), DVD, CD플레이어 등과 같은 음향 및 영상기기용 모터(매출액 배중은 25%), 디지털카메라와 잉크젯프린터 등과 같은 정보통신기기용 모터(매출액 비중은 17%), 기타 전기면도와 같은 가전기기·완구·공구용 모터(매출액 비중은 24%) 등이다. 최근에는 음향 및 영상기기용 모터의 매출이 크게 떨어지고 있는 반면, 자동차전장품용 모터의 매출이 순조롭게 늘고 있다(도표 1-6-1). 또한 전체 매출액 중에서 해외 매출액이 88%를 차지할 정도로 해외 매출 비중이 큰 기업이기도 하다. 2005년 12월 결산기 기준 매출액은 939억 엔이며, 경상이익률은 14%이다. 근년에 들어 매출액과 수익률이 모두 저하되는 경향이 있기는 하나 여전히 경상이익률이 10% 중반으로 일반기업에 비해 매우 높은 수준이다(도표 1-6-2).

　마부치모터의 매출액과 수익률이 감소한 직접적인 원인은 전체적인 모

도표 1-6-1   마부치모터의 제품별 매출액 비중 추이

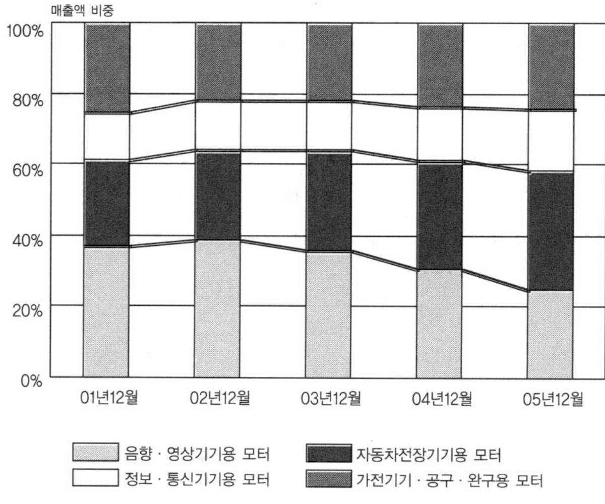
매출액 비중
100%
80%
60%
40%
20%
0%
01년12월   02년12월   03년12월   04년12월   05년12월
음향 · 영상기기용 모터
정보 · 통신기기용 모터
자동차전장기기용 모터
가전기기 · 공구 · 완구용 모터
출처 : 유가증권보고서

도표 1-6-2   마부치모터의 매출액 · 이익 · 이익률 추이

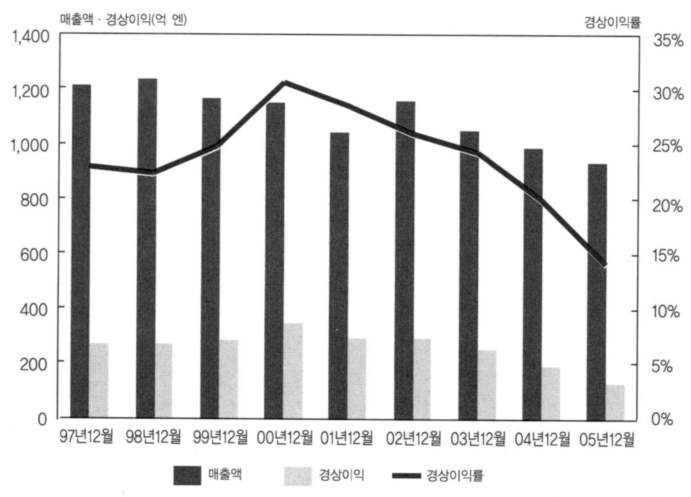
매출액 · 경상이익(억 엔)
경상이익률
1,400
1,200
1,000
800
600
400
200
0
35%
30%
25%
20%
15%
10%
5%
0%
97년12월   98년12월   99년12월   00년12월   01년12월   02년12월   03년12월   04년12월   05년12월
매출액   경상이익   경상이익률
출처 : 유가증권보고서

터 단가의 하락과 음향 및 영상기기용 모터의 실적 부진 때문이다. 음향기
기용 모터는 기록 매체의 플래시 메모리화 때문이며, 영상기기용 모터는
대상 시장인 디지털가전업계의 치열한 경쟁 때문에 실적이 나빠진 것으로
파악된다.

마부치모터의 역사

  다카마츠의 함석공장집 장남이었던 창업자 마부치 켄이치는 어릴 적부
터 모형 만들기를 무척 좋아하는 소년이었다. 전쟁 전에는 모형비행기의
체공시간(滯空時間)을 겨루는 지역대회에서 최연소로 우승한 적도 있다. 켄
이치는 그때부터 모형비행기를 모터로 날려보고 싶다는 꿈을 가지게 되었
고, 직접 모터에 대해서 연구하기 시작했다.
  그 후, 모터 연구는 병역으로 중단되기도 했으나 병역을 마친 후, 학교교
재용 모터로 결실을 맺게 되어 1946년에는 친구와 함께 다카마츠에 간사
이이과연구소라는 회사를 설립해 교재용 모터 사업에 착수했다. 여러 학
교를 돌며 직접 시연함으로써 교사나 학생들의 높은 관심을 얻게 되고 사
업은 순조롭게 시작되었다. 하지만 얼마 지나지 않아 대형 모형회사에서
복제품이 출시돼 도산 위기를 맞게 됐다. 이 시기에 켄이치의 다섯 째 남동
생인 류이치가 입사해 형을 도왔다. 켄이치가 천재 기질이 있었다면, 류이
치는 형과 마찬가지로 기계 다루기를 좋아하면서도 무슨 일에나 빈틈이
없는 성격의 소유자여서 두 사람은 사업을 하는 데 있어 절묘한 동반자가
되었다.
  복제품 출시로 인해 도산 위기에 처한 마부치 형제는 기술적인 면으로

이 문제의 돌파구를 찾으려 했다. 켄이치는 당시 모터의 최대 결점인 빠른 전지소모 문제를 해결하고자 고심했고, 마침내 자계코일 대신에 전지가 닳지 않는 영구자석을 사용하는 새로운 발상의 모터, 즉 마제형(馬蹄形) 마그넷모터를 세계 최초로 개발했다. 이 마제형 마그넷모터는 후에 교재용으로뿐만 아니라 당시 그 수가 점점 늘어가던 모형 애호가들 사이에서도 큰 화제를 불러일으켜 마부치 형제는 궁지에서 벗어날 수 있었다.

창업 후 얼마 되지 않은 시기에 마부치모터에 2가지 면에서 큰 영향을 미치는 일이 벌어졌다. 첫째는 마제형 마그넷모터가 오늘날 마부치모터 기술의 출발점이 된 것이고, 둘째는 도산 위기의 쓴 경험을 통해 마부치모터가 '무차입 경영'을 하는 동기가 된 것이다.

당시는 전후 일본의 산업부흥이 시작된 지 얼마 되지 않던 시기로, 완구 산업의 대미수출이 일본의 산업부흥에 일익을 담당하던 시기였다. 마부치 형제는 이 완구에 사용되는 프릭션(Friction : 마찰을 일으키는 둥근 판의 회전 운동을 미끄럼판의 직선 운동으로 바꾸는 장치)이나 태엽을 대신해 자사의 모터를 사용할 것을 완구회사들에 제안한다. 이에 당시 완구 분야에서 대기업이던 노무라토이 등이 깊은 관심을 표명하게 되고, 1954년 마부치모터는 완구용 모터 사업의 확대를 위해 완구 메이커들이 모여 있는 도쿄의 가츠시카구로 회사를 옮겨 사명도 도쿄과학공업으로 바꾸어 새롭게 출발하게 된다.

이 시기의 마부치모터의 주요 고객은 완구 메이커였는데, 완구 메이커의 생산이 크리스마스 시즌 전에 집중되고, 완구용 모터의 사양이 하나같이 달라 특별 제작이 필요한 제품이라는 문제가 있었다. 또한 완구업계용 모터의 매출이 늘어남에 따라 이러한 고객 시장의 특수 사정 때문에 사내에서는 생산의 혼란과 비용증대와 같은 문제가 발생하고 있었다. 이 문제에 대해 마부치모터는 업계의 관행을 바꾸어 개별 주문품을 표준화된 제품으로 바꾸는 데 성공해 품질을 향상시키면서도 비용을 대폭 줄일 수 있게 됐다.[1]

그 후 완구 및 모형용 모터의 매출은 늘어가지만 마부치 형제에게는 계속해서 모터만을 만들지, 아니면 다른 분야로 사업을 다각화해야 할지 고민이 생기게 된다. 바로 그때, 구체적으로 말하면 1957년에 미국에서 일제 완구에 유해성분의 도료가 사용되고 있다는 의혹이 제기되며 수입이 전면 중지되는 사건이 발생했다. 비록 무혐의로 밝혀졌지만 이 사건으로 인해 많은 완구업체가 도산했다. 이러한 경험 때문에 마부치모터는 완구나 모형용에 그치지 않고 소형 모터의 '다용도화'를 추진하기로 결심하게 됐다.

하지만 여전히 완구나 모형용 모터의 매출 비중이 높았고, 모터만 생산하고 있어도 될지 회의가 들기도 했다. 1959년 동생인 류이치는 미국의 풍요로운 사회를 시찰하고 나서 일본 시장만을 상대로 해서는 사업이 언젠가 한계에 도달할 것이라는 확신을 가졌다. 또 미국을 포함한 세계 시장으로 눈을 돌리면 장기적으로 매출을 신장시켜나갈 수 있다고 판단해, 소형 모터 분야에 집중하되 세계를 상대로 사업을 전개해 기업의 활로를 찾기로 결심했다. 이 때문에 이후에도 마부치모터는 일관되게 소형 브러시 부착 직류모터에만 집중하는 '단품 경영'에 매진했다.[3] 또한 생활수준 향상과 공업화의 진전, 그리고 기술의 발전이라는 당사의 시대적인 배경을 바탕으로 완구뿐만 아니라 테이프레코드 등과 같은 가전 분야를 중심으로 모터의 수요를 개척해 매출을 증대시켜갔다.

마부치모터의 사업 확대를 이야기할 때 꼭 짚고 넘어가야 할 것이 있는데, 바로 해외 생산이다. 1964년은 도쿄올림픽이 개최된 해이기도 한데,

마부치모터는 그해에 홍콩에 공장을 건설하고 있었다. 해외 사업 전개가 비교적 빨랐다고 하는 마츠시타전기조차도 자사의 첫 해외 공장인 태국 전지생산 공장을 1961년에야 설립했을 정도니, 당시 소규모 완구용 모터 제조회사에 불과했던 마부치모터로서는 '사운을 걸고'[4] 홍콩에 진출한 것이다. 그 후에도 1969년에 대만의 타이베이, 1979년에는 대만의 가오슝, 1986년에는 중국의 광둥, 그리고 1987년에는 중국의 다롄, 1993년에는 중국 장쑤, 1996년에는 베트남에 생산기지를 구축했다. 특히 마부치모터의 다롄 진출은 전기·전자기기 기업으로서는 처음으로 중국 정부로부터 단독 투자 승인을 받은 것으로, 중국으로 진출한 일본 기업의 현지 노무관리 등에 있어 좋은 표본이 되고 있다.

마부치모터의 고수익화 프레임워크(도표 1-6-3)

마부치모터는 일관된 코스트리더십 전략으로 높은 수익률을 유지해왔다. 제품 표준화를 통한 비용절감으로 모터의 판매 단가를 대폭 낮추고, 그로 인해 소형 모터의 새로운 시장을 창출(IV. 모터의 수요 및 용도의 확대)하는 동시에 고객들로부터 마부치모터에 맡기면 가격면으로나 품질면에서 최상의 제품을 조달할 수 있다는 신뢰를 얻는다(V. 고객의 포섭). 또한 압도적으로 경쟁력이 있는 제품 가격을 설정해 기존의 경쟁사를 시장에서 축출하고 신규 진입을 저지시켜왔다(VI. 경쟁의 회피). 또한 철저한 제품 표준화(I. 철저한 표준화)로 비용을 절감하고, 그로 인해 인건비가 싼 해외로 사업을 전개(II. 적극적인 해외 진출)할 수 있게 되고, 설비나 부품을 자체적으로 조달(III. 설비·부품·재료의 내제화)함으로써, 압도적인 시장점유율(현재 마부

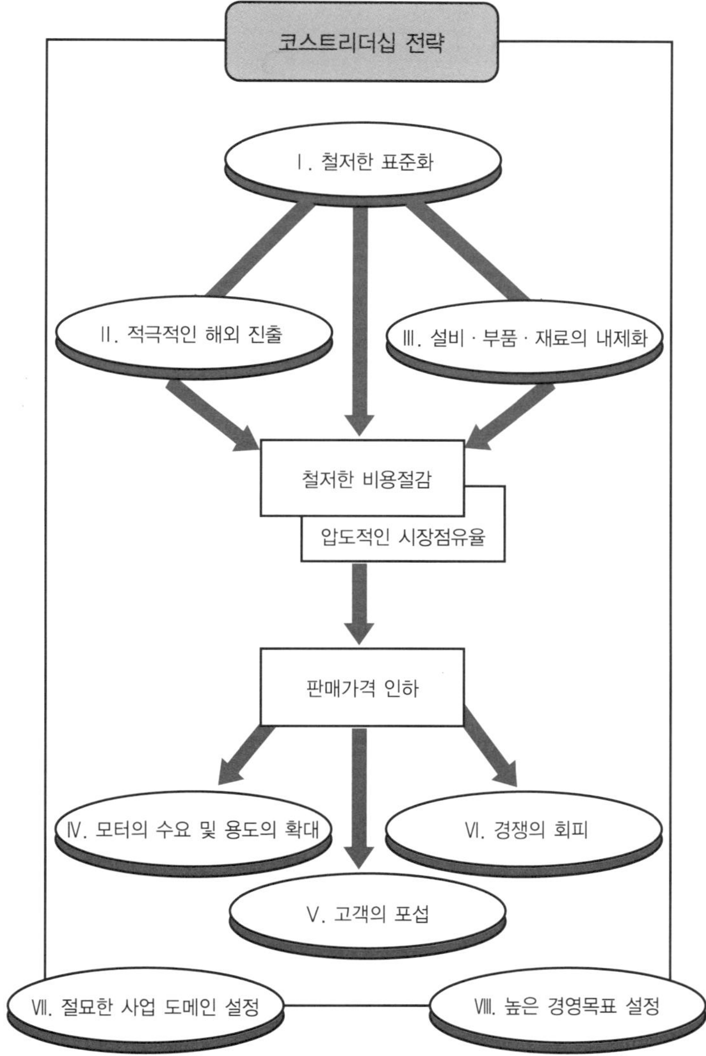

코스트리더십 전략
Ⅰ. 철저한 표준화
Ⅱ. 적극적인 해외 진출
Ⅲ. 설비·부품·재료의 내제화
철저한 비용절감
압도적인 시장점유율
판매가격 인하
Ⅳ. 모터의 수요 및 용도의 확대
Ⅵ. 경쟁의 회피
Ⅴ. 고객의 포섭
Ⅶ. 절묘한 사업 도메인 설정
Ⅷ. 높은 경영목표 설정

치모터의 주력 제품인 소형 브러시 부착 직류모터의 세계 시장점유율은 50%를 넘고 있음)을 유지해왔다.

또한 이상과 같은 사업 전개의 장(場), 즉 사업도메인의 정의에 있어 소형 브러시 부착 직류모터라는 장기적으로 시장 확대가 기대되는 분야에서 '단품 경영' 과 '다용도화' 를 추구해 세계를 상대로 사업을 해온 점(Ⅶ. 절묘한 사업 도메인 설정)과 마지막으로 이와 같은 일련의 경영 활동을 견인한 '세상에 없어서는 안 될 기업이 된다' 는 높은 경영목표와 그것을 가능케 한 '적정 이윤을 추구하는 자세' (Ⅷ. 높은 경영목표 설정)가 오늘날의 마부치모터를 있게 했다.

그러면 이상과 같은 프레임워크에 기초해서 마부치모터가 고수익을 실현한 요인에 대해 하나씩 알아보자.

🗂 마부치모터의 초고수익 실현 요인

Ⅰ. 철저한 표준화

① 철저한 표준화 : 고객과 자사 모두 이점을 창출하는 전략

마부치모터가 설립 당시부터 오랫동안 주요 시장으로 삼았던 완구업계에서 모터는 개별 고객의 요구에 맞게 별도로 제작하는 개별 주문품이 일반적이었다. 게다가 완구업계는 모든 생산 활동이 크리스마스 시즌을 축으로 전개되어 생산도 크리스마스 시즌 전인 4월에서 10월 사이에 집중되는 문제점이 있었다. 때문에 이 시기에는 사원들이 쉴 겨를도 없이 잔업을 하거나 휴일에 출근하는 날이 이어졌고, 그 결과 불량률이 높아져 고객으

로부터의 클레임이 빈번해지고 비용도 증가하는 문제를 초래했다.

마부치 형제는 이러한 문제를 타개하기 위해 제품의 표준화에 관심을 기울였다. 하지만 고객의 주문에 악영향을 미칠 것을 우려한 영업부서의 저항도 컸다. 그러나 여태까지의 주문을 철저히 분석해본 결과, 대여섯 종류의 모터로 표준화하면 전체 주문의 70%는 커버할 수 있다는 사실을 알게 된다. 그래서 영업 담당자를 설득해 표준화를 추진했다.

이 표준화 생산은 1년 내내 평준화되고, 피크 때는 임시직까지 고용하여 생산해왔던 것을 정사원만으로도 생산할 수 있게 되었다. 이로 인해 직원들의 숙련도가 높아져 생산성도 향상되었다. 또한 제품의 표준화로 원재료 구입비용도 줄일 수 있게 되었다. 그리고 표준화로 절감한 비용의 일부를 고객에게 환원하는 차원에서 제품 단가를 과거보다 30%나 낮추었다. 그 결과 고객들도 싸면서도 품질이 좀 더 안정된 모터의 조달이 가능하고, 자사의 생산량 변동도 단기간에 대응해준다는 점에서 마부치모터에 대해 좋은 평가를 해주었다. 다시 말해 표준화로 인해 고객과 마부치모터가 이점을 동시에 누릴 수 있게 된 것이다.[5]

② 제품기획, 특히 잠재 니즈에 기초한 제품기획의 중시

마부치모터의 영업 담당자는 국내외 다 합쳐 80명 정도밖에 없다. 왜냐하면 마부치모터의 영업 담당자는 무턱대고 회사로 찾아가 제품을 파는 게 아니기 때문이다. 마부치모터는 제품을 팔러 다니는 영업은 비용만 들지 고객만족으로는 이어지지 않는다고 본다. 반대로 고객이 진정으로 원하는 제품을 만들면 굳이 팔러 다니지 않더라도 주문은 들어온다고 생각했다. 그래서 마부치 류이치 사장(당시)은 어느 잡지와의 인터뷰에서 영업 담당자가 해야 할 역할에 대해 다음과 같이 말했다.

"영업 담당자의 중요한 역할은 시장을 조사해서, 시장이 원하고 있는 것이 무엇인지를 구체적이면서도 정확하게 피드백하는 것이지, 제품을 팔러 다니는 것이 아닙니다. 고객이 원하는, 정말로 매력 있는 모터라면 판매활동에 주력하지 않더라도 주문은 들어옵니다."[6]

그렇다면 80명의 영업 담당자는 무슨 일을 하고 있을까? 그들은 팔러 다니지 않더라도 팔리는 제품을 기획하는 일을 하고 있다. 즉, 마부치모터의 영업 담당자는 실질적으로는 제품기획 담당자로서의 임무를 수행하고 있는 것이다.

마부치모터에서 영업 담당자(제품기획 담당자)들은 자신이 담당하고 있는 업계 회사들의 개발기술자와 만나 그들의 구체적인 니즈를 파악하고 그 정보에 기초해 제품을 기획한다. 영업사원은 특히 이러한 활동 속에서 고객의 잠재 니즈를 파악할 것을 주문받고 있다.

마부치모터의 영업사원은 업계별로, 구체적으로는 자동차, 정보기기, AV, 가전·공구, 그리고 자동차모듈(자동차와는 별개)별로 정해져 있으며, 소형 모터 분야에서 높은 시장점유율을 확보하고 있기 때문에 세계의 여러 기업들과 폭넓게 접촉해가며 시장 전체를 내다볼 수 있다. 또한 업계의 트렌드나 구체적인 고객 니즈를 전 업계에 걸쳐 횡단적(橫斷的)이면서도 다면적으로 이해함으로써 잠재 니즈를 파악할 수 있는 아주 좋은 위치에 있다. 그래서 영업 담당자는 그러한 제품기획에 기초한 개발사양서를 작성해 기술개발부서로 피드백하는 역할까지 맡고 있다.

또한 해당업계 고객사의 모터 이용에 관한 장기적인 트렌드를 파악해 시장 규모나 기대(期待) 시장점유율을 상정(想定)하고, 그것을 바탕으로 매출 계획을 책정하고 달성하는 책임까지 맡고 있기 때문에 제품기획에 신중을 기하고 있다.

③ 개별적인 제품개발에 관한 최고경영자의 적극적인 관여

하지만 제품기획이나 제품의 표준화가 말처럼 그리 쉬운 일은 아니다. 이 표준화 전략이 마부치모터의 근간 전략으로 정착되어 오랫동안 실천되어온 요즘에도 문제는 발생하고 있다. 류이치는 사사(社史) 〈마부치모터의 반세기〉에서 다음과 같이 말하고 있다.

"제가 사장으로 취임한 후부터는 기술에 관한 것은 담당 관리자에 맡겼기 때문에 특정 고객사의 요구에 따른 개별적인 주문품만을 떠안는 상황이 이어졌고, 그러한 개별적인 주문품을 위한 개발 건수가 너무 많아 제대로 된 기술 개발이 불가능했습니다. 또한 종래의 기술을 응용하기만 하다 보니 기본적인 기술력도 점점 떨어졌습니다. '기술의 마부치'로 평가받아온 저희 회사로서는 일종의 위기적인 상황이 된 셈이죠. 결국, 제대로 된 전략에 근거해 기술 개발과 제품 개량이 이루어지지 않았기 때문에 이러한 사태를 초래했다고 봅니다. 제가 사장으로 취임하고 기술에서 손을 뗀 후부터 전략적 개발이 제대로 이루어지지 못하고 있는 것은 결국 그러한 생각이 제대로 된 체제로 제도화되지 못하고 제 머릿속 생각으로 그쳤기 때문이라고도 할 수 있습니다."[7]

(마부치모터는 개별주문품 사업도 하고 있는데, 전체 매출액의 30%를 차지하고 있다.)

이 말은 곧, 마부치모터가 표준화전략을 내건 1960년 중반부터 류이치가 사장으로 취임한 1985년까지의 20년간은 이 표준제품 하나하나의 기획과 개발에 경영자인 류이치가 깊이 관여해왔다는 것을 의미한다. 사실 사장으로 취임하기 전까지 류이치의 손에는 늘 모터의 부품이나 완성품이 쥐여 있었고 자나 깨나 비용절감이나 품질향상으로 고민했다고 한다. 또 제품을 기획하는 단계에서도 고객의 니즈나 경쟁사 제품에 관한 자세한

정보까지 머릿속에 담아두고 스스로 판단했다고 한다.

이처럼 경영진이 직접 개별적인 개발 안건에 관여하는 것은 어느 정도의 규모로 성장한 기업에는 비효율적으로 비쳐질 수도 있으며, 이 점에 대해서는 찬반양론이 있다고 본다. 하지만 이것은 이번에 고수익 기업의 사례로 든 키엔스, 히로세전기, 시마노 등의 경영에서도 공통적으로 볼 수 있는 점으로, 기업이 크게 성장하더라도 자사의 핵심 기능인 제품기획에 경영진이 적극적으로 관여하는 것이 고수익 실현의 매우 중요한 요소가 되고 있다는 것을 의미한다.

Ⅱ. 적극적인 해외 진출

마부치모터는 1964년이라는 상당히 빠른 시기에 해외로 진출했다. 마부치모터가 홍콩에 진출한 것은 생산비용을 낮추기 위한 이유 외에도 다른 이유가 있었다. 당시 홍콩은 완구에 관해서는 세계적인 생산거점이었고 종주국인 영국으로 수출할 때는 특혜관세가 적용되기 때문에 영국을 경유해 유럽의 다른 나라로 수출할 수 있었다. 때문에 유럽 완구업체에 공급하는 모터의 가격을 낮추기 위해서라도 홍콩에서 생산할 필요가 있었다.

마부치모터가 홍콩에 공장을 설립한 것은 지금은 없어진 가츠시카 구의 구(舊) 공장과 군마 현의 다테바야 시에 분(分) 공장만 있었던 시절이었다. 당시는 해외로 나가는 일본인도 그리 많지 않았던 시기라 언어적인 문제 등으로 마부치모터와 같이 조그마한 회사에서는 해외로 파견할 마땅한 인재도 없었을 것으로 생각한다. 그럼에도 불구하고 이처럼 빠른 시기에 홍콩에 공장을 세운 것은 켄이치의 말처럼 '회사의 사운을 건' [8] 대담한 결단이었다.

또한 그 후 대만, 광둥, 다롄, 장쑤, 베트남 등지에 생산거점을 마련한 것도 그러한 목적 때문이었다. 특히 중국의 다롄에는 세계의 어떤 전자기기 메이커도 단독으로는 진출하지 못하던 시기에 솔선해서 전액 출자회사를 설립했다. 이와 같이 적극적인 해외 진출로 현재 마부치모터는 제품의 대부분을 해외에서 생산하고 있다. 그리고 이 정도로까지 철저히 해외로 진출하고 더 싼 인건비를 찾아 새로운 나라에 공장을 설립하는 본질적인 이유는, 고수익화의 프레임워크를 설명할 때 언급했듯이 표준화와 함께 동사 경영의 근간이 되는 코스트리더십 전략을 실행하기 위한 중요한 수단이기 때문이다. "마부치는 인건비가 싸다면 아프리카에라도 진출할 것이다."[9]라는 당시 산와은행 다롄 지점장의 말처럼, 타사를 앞질러 얼마나 인건비가 싼 지역에서 안정된 품질의 제품을 대량으로 생산할 수 있느냐가 마부치모터가 추구하는 사업의 룰인 셈이다.

한편, 앞에서 언급한 제품의 표준화는 해외 생산의 대전제가 되고 있다. 제품이 표준화되면 생산 공정도 표준화시킬 수 있고 숙련공도 필요 없게 되어 해외 생산이 훨씬 쉬워지기 때문이다.

Ⅲ. 설비·부품·재료의 내제화

마부치모터는 상류기능의 통합을 추진해왔는데, 그 이유는 자사에서 직접 처리하는 공정이 많아지면 자사에서 가능한 비용절감의 대상 범위가 넓어지고, 노하우가 응축된 부품이나 재료를 '내제화(內製化:자체적으로 생산)' 함으로써 자사의 생산 공정이나 조달품의 블랙박스화가 가능해 경쟁사의 복제를 막는 효과도 있기 때문이다.

부품의 내제화와 관련해서 마부치모터는 1974년에 샤프트(軸, 축)생산을 위해 마부치정공을 설립한다. 그전까지 샤프트나 베어링은 외부의 전문 메이커에 생산을 의뢰하는 것이 더 싸다는 생각에서 외주를 주었다. 하지만 외주처가 같은 부품을, 그것도 마부치모터에 납품하는 가격보다 더 싼 가격으로 경쟁사에도 공급하고 있다는 사실을 나중에 알게 되었다. 또 일부 부품의 경우, 사내에서 시험삼아 제작해보니 외부에서 들여오는 가격의 5분의 1의 비용만으로도 가능하다는 것을 알게 되었다. 이러한 교훈을 통해 마부치모터는 부품의 내제화에도 힘을 쏟아야 한다고 생각하게 됐다.

현재 다롄 마부치에서는 일부 자석이나 베어링까지 자체적으로 조달하고 있다. 아울러 마부치모터는 '제품'의 표준화 외에도 이러한 '부품·재료'의 내제화로 비용 통제의 범위를 확대시킨 후, 비용을 최대한으로 절감하기 위해 '부품·재료'의 표준화도 추진하고 있다.

생산설비의 내제화에 관해서는 애당초 마부치모터의 니즈에 맞는 설비가 없기 때문에 상당수 설비를 자체적으로 제작하고 있는데, 현재 대만의 두 거점인 대만 마부치와 가오슝 마부치는 양산 설비 및 기기의 생산에 특화되어 있다. 소형 모터업계에서는 복제품과의 경쟁이 치열해 제품 복제를 막기 위한 대책이 회사 경영의 중요한 부분을 차지하고 있다. 그래서 생산 노하우가 집약되어 있는 생산설비의 자체 생산은 그만큼 중요해지고 있다.

Ⅳ. 모터의 수요 및 용도의 확대

마부치모터는 앞에서 설명한 요인 Ⅰ에서 요인 Ⅲ까지의 시책으로 절감할 수 있게 된 비용의 일부를 자사 제품의 판매가격에 환원시킴으로써 소형 모터의 시장 확대와 신규 시장 개척을 추진해왔다. 이 전략을 잘 나타내는 유명한 일화가 있다.

어느 날 마부치모터에 전기면도기 분야에서 높은 품질로 유명한 독일의 브라운사로부터 전기면도기용 모터 생산에 관한 상담이 들어왔다. 여태까지 브라운이 사용하던 독일제 코어리스모터의 단가가 비싸기 때문에 마부치모터에 좀 더 싼 가격, 구체적으로 한 개에 1,000엔 정도로 생산할 수 있는지 문의하는 내용이었다. 이러한 의뢰를 받은 마부치모터는 코어리스모터가 아닌 자사가 강점으로 하는 브러시 부착 모터로 같은 성능을 발휘하는 제품을 개발하는 데 성공한다. 게다가 단가도 브라운이 제시한 1,000엔보다 훨씬 싼 100엔대로 제시했다.[10]

고객사로서는 모터의 조달비용이 낮아지면 그만큼 자사 제품의 가격을 낮출 수 있고, 그로 인해 제품의 시장도 확대될 수 있다. 또한 그 결과로 마부치모터의 모터에 대한 수요도 증가하게 되는 선순환이 일어난다. 또한 여태껏 수동으로 하던 것을 가격이 싼 모터를 이용해 자동으로 바꿀 수 있으며, 동력(動力)이 되는 모터를 싸게 조달할 수 있다면 그것을 이용한 전혀 새로운 개념의 제품도 탄생할 수 있게 된다.

이처럼 마부치모터는 모터의 원가절감을 통해 가격을 인하함으로써 새로운 수요를 창출해왔다. 이러한 전략으로 마부치모터는 완구에 사용되던 태엽이나 프릭션을 모터로 대체시키는 데 성공했고, 그 후 드라이어 등과 같은 가전제품, AV관련 제품, 정보기기, 자동차전장품 등 소형 모터의 용도를 여러 분야로 넓혀나갔다.

V. 고객의 포섭

이러한 가격인하는 고객에게 마부치모터의 제품은 세계에서 가장 싸다고 각인시키는 효과도 있다. "마부치의 제품은 다른 회사보다 20% 정도나 싸서 가격 면에서 압도적으로 강하다. 예전에는 두 회사에 가격 경쟁을 붙이지만 지금은 그럴 필요가 없다."[11]는 어느 가전 메이커 구매 담당자의 말처럼 많은 고객들이 새로운 모터가 필요할 때마다 마부치모터에만 의뢰하게 되었다. 또 카메라를 생산하는 코닥처럼, 처음에는 카메라의 중요부품 중 하나인 모터에 대한 가격협상을 유리하게 전개하기 위해 일부 모터를 자체적으로 생산했지만, 자사가 요구하지 않더라도 마부치모터가 항상 최저가격을 제시하는 것에 신뢰감이 생겨 자체 생산을 포기하고 전량을 마부치모터에서 구매하게 되는 경우도 있었다. 이처럼 마부치모터는 고객들에게 여러 모터 메이커를 찾아다닐 필요 없이 자사에 맡겨주면 항상 시장에서 가장 싸고 신뢰성 높은 모터를 조달할 수 있다는 인식을 심어주었다.

이러한 고객 포섭의 부차적인 효과로는 영업비용의 절감이 있다. 앞에서 마부치모터에는 영업사원이 80명밖에 없다고 했는데, 고객과 깊은 신뢰관계가 구축되어 있기에 가능한 일이다.

VI. 경쟁의 회피

마부치모터의 기본적인 전략인 코스트리더십 전략은 판매가격을 낮춤으로써 경쟁사가 이득을 볼 기회를 주지 않고, 한계 기업의 시장 퇴출을 촉진시키고, 신규 진입 의지를 꺾어버리기 위한 전략이다. 마부치모터도 당연히 이러한 전개를 자사 전략의 기본으로 삼고 있다. 너무나도 기본적인 전략이기 때문에 언론이나 학계에서 연구테마로 다루지는 않지만 소형 브러시 부착 직류모터 시장에서 50%가 넘는 점유율은 바로 이 기본전략이 효과를 발휘했기에 가능했다.

Ⅶ. 절묘한 사업 도메인 설정

① 소형 모터 : 사외의 본질적인 니즈에 대응하는 제품

창업시에 의도했는지는 분명하지 않지만, 마부치모터가 사업의 대상으로 삼는 소형 브러시 부착 직류 모터라는 '사업 도메인'이 실은 사회에 영속성 있는 니즈를 충족시키기 위한 제품이었다는 점이 고수익 경영의 밑바탕이 되고 있다.

소형 모터가 제공하는 '주위의 물건을 움직이게 할 수 있는 기능'은 사람의 본질적인 니즈다. 사람은 누구나 좀 더 즐거워지고 싶고, 좀 더 쾌적하게 살고 싶은 욕구를 지녔기 때문에 이 동력에 대한 니즈는 앞으로 계속 증가하는 경우는 있어도 감소하는 경우는 없을 것이라 생각한다. 물론 종래의 기억매체가 테이프나 디스크의 경우처럼 기계적인 구동기기를 필요로 했던 것에서 플래시메모리 등과 같은 전자부품으로 대체되는 경향도 있다. 마부치모터는 기억매체용 모터에 많이 의존해왔기 때문에 이러한 대체는 매출에 큰 영향을 미쳤다. 하지만 어차피 동력은 데이터 축적의 본질적인 니즈는 아니었으며, 본질적으로 동력을 필요로 하는 분야에서의 모터 수요는 앞으로도 늘어날 것이다.

한편, 동력을 제공하는 것이 소형 브러시 부착 직류모터가 아닌 다른 모터, 혹은 아예 모터가 아닌 다른 어떤 것으로 대체되는 상황이 벌어질 수도 있을 것이다. 그러면 그때 가서 여태까지 소형 브러시 부착 직류모터 사업

을 통해 배양한 고객시장에 대한 이해와 대량생산 기술을 활용해 그 사업에 진출하면 되는 것이다. 왜냐하면 마부치모터는 이미 고객 시장과 대량생산기술에 상당한 강점을 지니고 있으며, 사업을 계속한다면 다른 선택의 여지가 없기 때문이다.

실은, '사회의 본질적인 니즈에 대응하는 제품'이라고 하는 사업 도메인의 특징은 앞에서 언급한 저가격화로 시장을 확대한다는 기본 전략의 전제가 되고 있다. 왜냐하면, 사회 전반에 걸쳐 본질적으로 존재하지만 미처 개척되지 못한 니즈의 제품이 아니라면 아무리 가격을 낮추더라도 그 제품의 용도는 한정적일 수밖에 없기 때문이다.

② 분명하고도 단순한 사업의 정의

시마노의 전략을 설명할 때, 사업을 정의하는 3가지 축(고객축, 기능축, 기술축)에 대한 설명을 했다. 마부치모터의 전략을 이 3가지 축으로 정의해 보면, '고객' 축은 마부치모터가 '단품 경영'으로, 일본뿐만 아니라 세계 시장을 상대로 한 소형 모터의 '다용도화'를 중요 전략으로 삼고 있다는 것이 의미하듯 '모터에 대한 니즈를 지닌 세계 여러 나라의 고객'이다. '기능' 축은 마부치모터의 경우, 어떤 기능을 한정시키지 않고 '여러 가지 기능으로 소형 모터를 이용할 기회'를 대상으로 하고 있다. 마지막의 '기술' 축은 소형 모터인데, 마부치모터는 그중에서도 오로지 '브러시 부착 직류모터'만을 대상으로 하고 있다.

그리고 마부치모터는 이러한 전략축의 관점에서 경영 자원을 집중시켜 사업을 전개해오고 있다. 즉, 소형 브러시 부착 직류모터라고 하는 다른 종류의 모터에 비해 가격경쟁력이 뛰어난 기술에 집중해 큰 시장, 다시 말해 전 세계 소형 모터의 모든 니즈를 대상으로 하는 사업의 정의는 상당히 분명하면서도 이해하기 쉽고, 단순하면서도 실효성이 높은 사업의 정의라 할 수 있다. 마부치모터의 고수익 실현은 이러한 전략이 효과적으로 기능해온 결과라는 점은 분명한 사실이다.

단, 한 가지 마부치모터의 이러한 전개에 사각(死角)이 있는데, 그것은 바로 기술축의 정의다. 현재 마부치모터는 오로지 '브러시 부착' 모터만을 고집하고 있는데, 적어도 이 정의만큼은 앞으로 위기에 처할 수도 있다고 본다. 왜냐하면 고객으로서는 브러시가 부착되어 있든 아니든 원하는 동력만 얻을 수 있다면 어떤 모터라도 상관없기 때문이다.

마부치모터가 브러시 부착 모터에 집착하는 이유는, 브러시가 없는 모터를 만들기 위해서는 고가의 전자회로가 필요하기 때문에 코스트리더십 전략을 취하고 있는 마부치모터의 전략과 맞지 않다는 점에서였겠지만, 규모의 경제성이 기계부품 분야 이상으로 작용하는 전자회로 분야의 논의와 맞아떨어질지 의문이다. 따라서 이 기술축의 정의에 대해서는 마부치모터도 다시 생각해볼 필요가 있지 않을까 한다.

VIII. 높은 경영목표설정

① 사업 비전의 존재 : 소형 모터 분야에서 세계 최고가 된다

소형 모터 분야에서 세계 최고의 기업이 되겠다는 마부치모터의 사업비전은 경영진을 포함한 전 조직원이 고수익 경영을 추구하는 데 큰 역할을 했다. 마부치모터가 이런 사업비전을 설정한 배경에는 2가지 사건이 있다.

첫 번째 사건은, 마부치모터가 다카마츠에서 간사이이과연구소라는 사명으로 사업을 시작한 지 얼마 되지 않았을 때, 복제품의 출현으로 도산 위

기에 직면했던 사건이다. 그 후 마부치모터는 도쿄로 회사를 옮기고 사명도 도쿄화학공업으로 바꾸며 '절대로 망하지 않는 회사로 만들자. 그를 위해서는 인류에게 없어서는 안 될 회사가 되어야 한다.' 고 결심한다.[12] 하지만 그 당시에는 인류에게 꼭 필요한 회사가 되기 위해서 어떻게 해야 할지 명확한 해결책은 없었다.

두 번째 사건은 1959년에 류이치가 풍요로운 미국 사회를 시찰하고 나서, 소형 브러시 부착 직류모터라는 단일 품목으로 세계 시장에서 승부를 거는 결심을 하게 되는 사건인데, 이에 대해서는 앞에서도 언급했다.

마부치모터는 큰 위기에서 교훈을 얻고, 회사가 나아가야 할 방향에 대해 고심하는 과정을 거쳐 정말로 조직의 피와 살이 되는 사업 비전을 정했는데, 이는 제대로 정착되어 효과를 발휘할 수 있는 비전은 '위기 상황을 거친 후'에 만들어진다는 것을 상징적으로 보여주는 사례라 할 수 있다.

② 고수익률 추구의 강한 자세

도산의 위기에 직면했던 경험이 마부치모터로 하여금 이익을 추구하는 강한 자세를 가지게 했다. 그 후 마부치모터는 도산하지 않기 위해서는 돈을 빌리지 않는 게 좋을 것이라는 생각에서 무차입 경영을 추구했고 결국엔 그것을 달성했다. 이 점에 대해 마부치모터의 경리담당 임원은 사사(社史)를 통해 다음과 같이 말하고 있다.

"상당한 설비투자를 하면서도 가능한 한 돈을 빌리지 않기 위해서는 비용을 절감해 고수익을 창출하는 체제로 바꾸면 된다는 것이 최고경영자의 생각이었습니다. 그래서 회사의 성장과 발전에 필요한 자금을 축적하기 위해 일정 수준의 수익률을 유지해가야만 했습니다."[13]

마부치모터는 여태껏 적어도 외부에는 자사의 이러한 이익추구 의지를 나타내는 발표나 발언을 한 적이 없고, 언론들도 이 부분에 대해서는 다룬 적이 없다. 하지만 실제로는 위와 같은 경리담당 임원의 말처럼 고수익을 추구하는 강한 자세가 있었으며, 그것이 높은 수익률을 유지하는 데 큰 힘이 되어왔다고 할 수 있다.

🗂 마부치모터의 경영 과제

마부치모터는 이처럼 고수익을 향한 절묘한 경영으로 성공을 거두어왔으며, 여전히 다른 기업에 비해 높은 수익률을 기록하고는 있지만, 앞에서 언급했듯이 최근 3년간 연속해서 매출액과 이익이 큰 폭으로 줄어들어, 현재 큰 경영상의 문제점에 직면해 있다.

현 상황에서의 경영상 문제점은 크게 볼 때 다음과 같은 점이 아닐까 한다.

① 과거 반세기에 걸쳐 브러시 부착 직류모터라는 한 분야에서 지속적이면서도 철저하게 비용절감에 대한 노력을 해왔기에 더 이상 비용을 절감할 여지가 많지 않다.

② 브러시 부착 직류모터 분야에서의 코스트리더십을 기본으로 하는 마부치모터의 전략이 한계에 도달하고 있다.

③ 마부치 형제가 그렸던 사업 비전을 이미 달성했지만, 그다음 목표가 없어 조직의 구심력이 약해지고 있다.

④ 경영자로서 류이치의 높은 전략성을 이어갈 인재가 육성되고 있지 않다.

지금의 마부치모터 경영진이 이러한 문제점을 해결해 회사를 새로운 성장궤도에 올려놓아 계속해서 고수익 기업으로 남게 될지, 아니면 근본적인 해결책을 내놓지 못해 평범한 기업으로 전락할지 상당히 귀추가 주목된다.

출처

1) 5) 닛케이벤처, 2000년 10월

2) 3) 닛케이벤처, 2000년 9월

4) 6) 7) 8) 13) 사사, 《마부치모터의 반세기》, 상 · 하권, 히야시 요시노리

9) 닛케이비즈니스, 1995년 1월 2일

10) 《일본의 우수기업 연구》, 니시하라 히로아키, 일본경제신문사

11) 닛케이비즈니스, 1992년 3월 16일

12) 닛케이벤처, 2000년 9월

프로피트 피라미드란?

이 책에서 제안하는 프로피트 피라미드는 앞에서 언급한 고객제공가치를 극대화하거나 경쟁을 회피한다는 핵심적인 콘셉트에 기초해서 자사 제품·서비스의 판매에서 높은 수익률을 기록하고, 그 결과로 고수익 경영을 실현하기 위한 사업전략과 일상 활동을 고려할 때의 프레임워크를 말한다.

PROFIT
PYRAMID

02

왜 사막에서는
물 한 잔이
1만 엔에 팔리는가?

여러분들이 사막을 헤매고 있다고 가정해보자. 엄청난 갈증을 느끼는데도 물통에는 한 방울의 물도 남아 있지 않다. 그런데 다행스럽게도 그때 병에 물을 담아 낙타에 싣고 가는 한 남자가 여러분들 곁을 지나간다. 그리고 그 사람은 물 한 잔을 1만 엔에 팔겠다고 한다. 여러분들은 1만 엔을 내고 그 물을 사 마실 것인가?

틀림없이 모두 그 물을 사 마실 것이다.

그 남자는 어딘가의 오아시스에서 물을 퍼왔으니 물의 조달가격은 거의 제로에 가까울 것이다. 설령 수송비가 소요되었다고 하더라도 기껏해야 물 한 잔의 비용은 10엔 정도일 것이다. 그런데도 왜 여러분은 물 한 잔에 1만 엔이나 지급할 수 있는 것일까?

그 이유는 2가지다. 너무 목이 말라 물을 마시고 싶어 미칠 지경이라 물을 마시지 않으면 얼마 안 있어 쓰러져 죽을 수도 있기 때문이다. 따라서 물을 마시고자 하는 니즈가 상당히 크다. 이것이 첫 번째 이유다.

두 번째 이유는 그곳에서 물을 가지고 있는 사람이 오직 그 남자뿐이기 때문이다. 그 남자가 아닌 다른 사람에게서 물을 조달할 방법은 없다. 즉, 그 남자에게는 경쟁 상대가 없는 셈이다.

여기에서 한 가지 중요한 사실은 물 한 잔의 가격 1만 엔은 원가와 전혀 관계가 없다는 점이다. 물론 가격을 교섭할 때는 '왜 원가가 10엔인 물을 1만 엔에 파는가? 좀 더 싸게 해달라' 고 할 수 있을지도 모르겠다. 하지만 그 남자가 한 푼도 깎아줄 수 없다고 하면 1만 엔을 지급할 수밖에 없다. 그 결과, 그 남자는 물 한 잔의 원가가 10엔이라고 했을 때 99.9%의 수익률을 올리는 거래를 한 셈이 된다.

이상과 같이 물건이나 서비스의 판매에 있어서 높은 수익률을 확보하기 위해서는 ① 여러분 모두가 물 한 잔에 1만 엔을 지불해도 좋다고 생각했던 것처럼 고객이 큰 가치가 있다고 생각하는 것을 제공하는 것, ② 그 남자 한 사람만이 공급자였던 것처럼 경쟁이 존재하지 않는 상황을 연출하는 것, ③ 비용을 억제하는 것 등 이 3가지를 만족시킴으로써 가능하게 된다는 것을 알 수 있다. 단, 중요도 순으로 말하면 ①과 ②가 매우 중요한 요

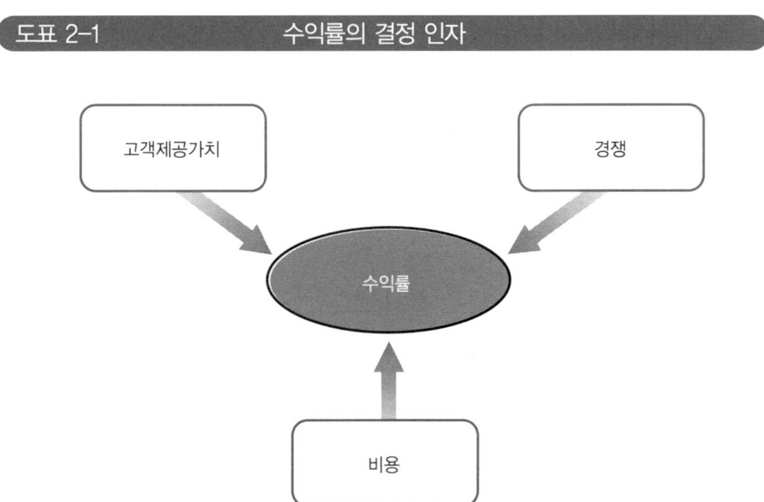

도표 2-1 수익률의 결정 인자

건이고, ③은 제공가치가 확대됨에 따라 비용이 커지지 않도록 통제하면 된다는 의미에서 부가적인 것으로 생각해도 좋을 것이다(도표 2-1).

사례로 든 고수익 기업의 상황

이번에 사례로 든 고수익 기업은 이러한 관점에서 보면 어떤 상황에 처해 있는 것일까?

키엔스는 사막에서 물의 가격이 정해지는 룰을 제대로 인식하고 있는 기업이다. '최소의 비용으로 최대의 부가가치를 창출한다.' 는 것을 경영이념으로 삼고, 상대적으로 비용은 적게 들지만 생산성 확대라는 큰 가치를 실현할 수 있는 센서라는 제품을 사업 영역으로 정하고, 아울러 컨설팅영업을 통해 항상 고객제공가치의 극대화를 도모하고 있다. 또한 경쟁업체나 고객이 미처 느끼지 못하고 있는 잠재 니즈에 기초해 제품을 기획하고, 경쟁자가 나타났을 때는 그 제품을 포기함으로써 경쟁을 하지 않는 사업 전개상의 궁리를 하고 있다.

롬은 고객사보다 더 고객사의 제품에 대해서 잘 알고, 그것에 기초하여 기획·개발된 제품들을 제공함으로써 고객사 개발 담당자의 개발활동 효과를 높이는 개발지원서비스를 제공함으로써 단순히 부품 공급 차원을 넘어선 큰 가치를 창출하고 있다. 동시에 고객사 개발 담당자와 함께 사업을 전개함으로써 타사와의 경쟁을 피하고 있다.

화낙은 자사 NC장치에 대한 충성도가 높은 공작기계 사용자를 늘려 자사 NC장치의 사양이 업계표준이 되도록 함으로써 타사와의 경쟁을 피하는 체제를 구축했다. 또한 타사보다 먼저 좀 더 높은 가치를 제공하는 제품을 개발하려고 노력해왔다.

시마노는 마케팅활동의 초점을 직접적인 고객인 자전거 메이커가 아니라 최종 사용자인 일반 자전거 이용자에 맞추고, 획기적인 제품을 출시해 유럽의 사이클 선수들의 수많은 우승의 밑거름이 되어 자전거 이용자들 사이에서 압도적인 브랜드파워를 구축했다. 그 결과 시마노의 제품을 탑재한 자전거는 비싸게 팔리고, 자전거 메이커는 너나 할 것 없이 시마노가 제공하는 부품을 장착하게 되었다. 이로 인해 시마노는 높은 브랜드파워로 직접적인 고객인 자전거 메이커에 큰 가치를 창출함과 동시에 다른 자전거부품 메이커와 경쟁해야 할 마케팅 포지션을 향유하고 있다.

히로세전기는 범용 커넥터가 아니라 소형·경량화가 끊임없이 이루어지고 있는 고객사의 새로운 제품에 대응하는 최첨단 커넥터에 초점을 맞추어 사업을 전개해왔다. 이 분야는 개발기간이 짧은 데다, 소량 다품목이고, 높은 기술력이 필요하며, 수요를 미리 예측하기 어렵고, 재고를 비축해두기 어려운 반면에 신속한 납품이 요구되는 아주 성가신 시장이다. 이러한 이유 때문에 이미 범용 커넥터 사업으로 어느 정도의 수익을 거두고 있는 다른 커넥터 메이커들은 이 시장을 경원시했고, 그로 인해 히로세전기는 타사와 경쟁하는 것을 피할 수 있었다. 한편, 히로세전기가 이러한 고객사의 니즈에 대응함으로써 고객사가 자사의 커넥터 조달을 통해 누리는 가치도 당연히 커지게 되었다.

마부치모터는 철저한 표준화로 압도적인 경쟁력을 갖춘 낮은 가격, 안정된 품질, 그리고 신속한 납품을 실현하여 그때까지 높은 가격, 불안정한 품질, 긴 납품기간을 감수해왔던 고객에게 큰 고객가치를 제공하는 데 성공했다. 또한 항상 타사를 앞질러 낮은 가격을 제시함으로써 고객에게 '마부치모터에서 사면 언제나 가장 싼 모터를 구입할 수 있기 때문에 일일이

다른 회사 제품과 비교할 필요가 없다'는 신뢰를 얻게 되어 타사와 경쟁해 가격 경쟁을 벌이는 상황을 피해왔다.

이상과 같이 이들 기업은 모두 고객에게 높은 가치 제공을 매우 중시하면서도 타사와의 경쟁은 회피하는데, 그러한 활동이 바로 높은 수익률 실현의 원동력이 되고 있다.

프로피트 피라미드란?

이 책에서 제안하는 프로피트 피라미드(Profit Pyramid)는 고객제공가치를 극대화하거나 경쟁을 회피한다는 핵심적인 콘셉트에 기초해서 자사

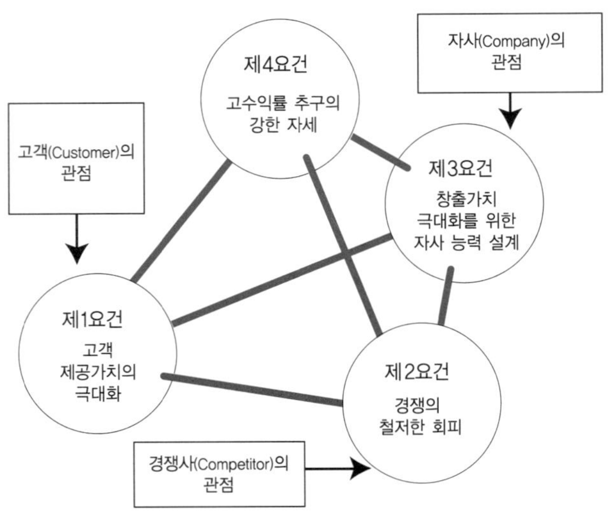

제품 · 서비스의 판매에서 높은 수익률을 기록하고, 그 결과로 고수익 경영을 실현하기 위한 사업전략과 일상 활동을 고려할 때의 프레임워크를 말한다. 프로피트 피라미드라고 한 이유는, 이 고수익을 실현하기 위한 프레임워크를 하나의 구조체로 봤을 때 골격이 4가지의 요건으로 구성되어 있는데, 이 네 개의 컴포넌트를 정점으로 하는 피라미드 구조를 이루고 있기 때문이다. 또 한편으로는 이들 고수익 기업이 피라미드라는 구조적으로 매우 안정된 기반을 바탕으로 계속해서 높은 수익률을 기록하고 있다는 의미도 내포되어 있다(도표 2-2).

프로피트 피라미드를 구성하는 4가지 요건

프로피트 피라미드의 4가지 요건이란 다음과 같다.

제1요건은 '고객제공가치의 극대화' 다. 이것은 앞에서 소개한 가치결정 메커니즘에서 고객이 누리는 가치를 극대화함으로써 공급자가 얻게 되는 가치도 증대시키기 위한 요건이다.

제2요건은 '경쟁의 철저한 회피' 다. 이 요건은 타사와의 경쟁을 배제시키고, 고객가치에 근거해 가격을 결정하기 위한 전제가 되는 것이다.

제3요건은 '창출가치 극대화를 위한 자사 능력 설계' 다. 이 요건은 제1요건에서 논의한 고객이 누리는 가치를 극대화시키는 것과 함께 자사가 거두어들이는 부가가치를 늘리고, 제1요건 및 제3요건의 원칙(자세한 내용은 제3장에서 설명하겠음)을 효과적으로 실행하기 위해 자사의 능력을 강화하는 것이다.

제4요건은 '고수익률 추구의 강한 자세' 다. 극단적으로 말하면 제1요건에서 제3요건은 방법론에 지나지 않고 이런 방법론은 아무리 추구하더라도 고수익을 달성할 수는 없다. 왜냐하면 고수익을 실현하는 과정 속에는 여러 가지 저항이나 장해요인이 존재하고, 그러한 것들을 극복하고 고수익을 실현하기 위해서는 개별 제품이 일관되게 높은 수익률을 유지할 수 있도록 하는 자세가 필요하기 때문이다.

이러한 프로피트 피라미드의 골격을 구성하는 요건 중, 제1요건인 '고객제공가치의 극대화'는 고객에 관한 것이고, 제2요건인 '경쟁의 철저한 회피'는 경쟁사에 관한 것이며, 제3요인인 '창출가지 극대화를 위한 자사능력 설계'는 자사에 관한 것으로 경영전략에서 흔히 말하는 3C에 해당하며, 마지막의 제4요건인 '고수익률 추구의 강한 자세'는 이러한 3C보다 상위의 개념인 경영이념·비전에 해당하는 것으로 볼 수 있다.

그렇다면 다음 장에서는 이들 4가지의 요건을 실현하기 위해 필요한 14가지의 개별적인 원칙에 대해 알아보도록 하자.

고수익을 실현하는 14가지 단순한 원칙

01 제품기획은 모든 활동의 원점이다 02 고객보다 먼저 고객의 문제점을 발견한다 03제대로 된 솔루션을 제공한다 04 가마우지낚시모델을 추구한다 05 누구도 파악하지 못한 니즈에 기초한 제품을 기획한다 06 경쟁에 처해지면 버린다 07 교두보를 확보하여 경쟁을 회피한다 08 최종 사용자에 직접 접근함으로써 업계표준을 획득한다 09 서비스로 경쟁을 회피한다 10 상류로 수직 통합한다 11 생산을 하지 않는다 12 백캐스팅한다 13 영업을 개혁한다 14 고수익률에 집착한다

PROFIT
PYRAMID

03

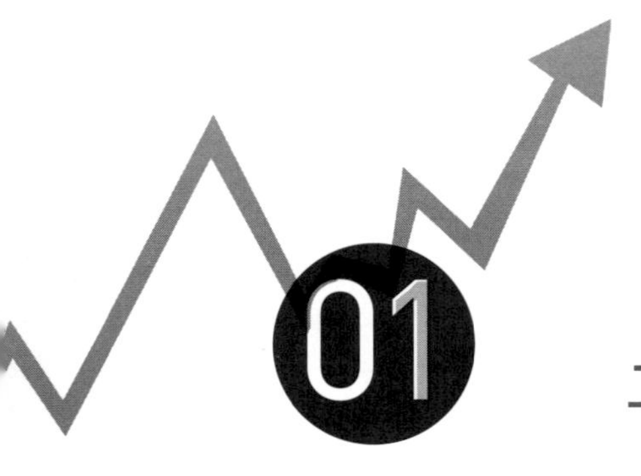

제1요건
고객제공가치의 극대화

　제1요건은 제2장에서 소개한 가격결정 메커니즘에서 고객이 누리는 가치를 극대화시킴으로써 공급자가 얻게 되는 부가가치를 증대시키기 위한 요건이다. 제2요건인 '경쟁의 철저한 회피'로 타사와 경쟁하지 않아도 되는 상황을 연출할 수 있다면 가격 설정의 기준이 되는 것은 고객이 누리는 가치뿐이기 때문에 공급자는 고객이 누리는 가치, 즉 고객제공가치에 근거해서 자사의 제품이나 서비스의 가격을 설정할 수 있다.

　고객 제공가치를 극대화시키기 위해서는 ① 기존 제품이나 서비스의 가치를 증대시키거나, ② 제품이나 서비스의 제공 범위를 넓히는 2가지 방법이 있다. 그러면 지금부터 이 2가지 방법이 제대로 이루어지게 하는 4가지 원칙은 다음과 같다.

원칙 1 : 제품기획은 모든 활동의 원점이다(①에 해당).

원칙 2 : 고객보다 먼저 고객의 문제점을 발견한다(①).

원칙 3 : 제대로 된 솔루션을 제공한다(②에 해당).

원칙 4 : 가마우지낚시모델(고객의 부가가치를 자사의 것으로 만드는 것)을
　　　　추구한다(②).

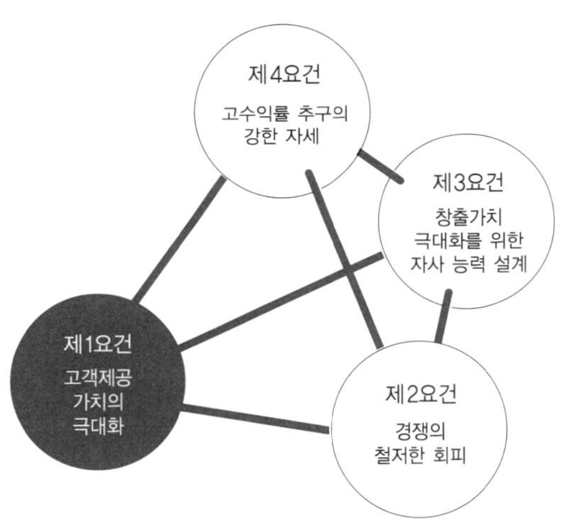

원칙 1 : 제품기획은 모든 활동의 원점이다

• 제품기획력이 약한 일본 기업

2004년도 닛케이 베스트셀러 1위를 차지한 후지모토 다카히로 도쿄대
학교 교수의 저서《일본의 모노츠쿠리 철학》에서는 수익력의 원천을 겉으
로 드러나는 '표면적인 경쟁력' 과 겉으로 드러나지 않는 '배후의 경쟁력'
으로 나누어 설명하고 있다. 후지모토 교수는 표면적인 경쟁력을 시장에

서의 평가에 의한 성과로 정의하고, 구체적으로는 가격, 품질, 브랜드, 서비스 등 제품기획력과 유사한 개념으로 다루고 있으며, 배후의 경쟁력을 생산과 관련된 능력으로 정의하고 있다. 후지모토 교수는 일본과 유럽의 자동차기업의 비교분석을 통해, 일본 메이커는 표면적인 경쟁력은 강하지만 배후의 경쟁력은 약해 이익 측면에서 유럽의 기업에 뒤처진다고 했다. 세계에서도 우량 자동차기업으로 평가받고 있는 도요타나 혼다가 제품기획 능력이 약하다는 주장은 매우 흥미롭다.

영어로 'Garbage in, Garbage out' 이란 말이 있다. 원래 이 말은 컴퓨터에 잘못된 수치를 입력하면 엉뚱한 결과밖에 출력되지 않는다는 말이다. 이와 마찬가지로 개발에서 판매까지의 기업 가치사슬에 있어서 제품기획을 잘못하면 아무리 우수한 기술진이나 훌륭한 생산설비를 보유하고 있더라도 좋은 제품(팔리는 제품)은 나오지 않는다. 즉, 제품기획은 그만큼 모든 기업 활동의 원점이 되는 아주 중요한 기능이다.

하지만 20년 가까이 여러 기업을 컨설팅하면서 느낀 점인데, 일본에서는 마케팅이란 말조차 제대로 이해되고 있지 못하다. 이는 일본 기업의 제품기획 경시 풍조를 반영하는 것이라 생각한다. 상당수 일본 기업은 마케팅을 판매촉진활동으로 이해하고 있는데, 이는 곧 제품기획의 개념이 없다는 것을 의미한다. 이러한 상황은 20년 전이나 지금이나 크게 다를 바 없다고 생각한다. 마케팅 분야에서 세계적인 명성을 얻고 있는 미국 노스웨스턴대학의 코틀러 교수가 말하고 있는 것처럼 제품기획은 마케팅의 4P, 즉 Product(제품), Promotion(판매촉진), Place(판매채널), Price(가격) 중에서 제일 먼저 나오는 P란 점은 굳이 설명하지 않아도 될 것이다.

• 고수익 기업은 제품기획 기능을 중시

제1장에서도 언급했듯이 이번에 사례로 든 6개 고수익 기업은 모두 제품기획을 중시하고 있으며, 경영자가 적극적으로 제품기획에 관여하고 있다. 이러한 사실을 통해, 이 '제품기획 중시'가 고수익 실현의 대전제, 즉 제1원칙이 되어야 한다는 것을 알 수 있다.

키엔스에서는 아직 초기 단계의 제품기획 아이디어에 관한 회의에도 다키자키 회장이나 사사키 사장이 회사 경영에 필요한 주요 과제 중 하나로 보고 적극적으로 참여하고 있다. 키엔스의 경영자는 오픈도어(Open door) 정책을 취하고 있는데, 제품기획 담당자는 언제라도 회장이나 사장과 제품기획에 관해 의논할 수 있다. 또한 키엔스에서는 경영자뿐만 아니라 조직 전체가 이 '제품기획' 기능을 축으로 움직이고 있다고 해도 과언이 아니다. 사원의 대부분을 차지하는 영업 담당자는 제품판매와 마찬가지로 고객의 니즈 수입을 중요하게 생각하고 있다. 개발 담당자 역시 고객 니즈의 검증을 위해 수시로 고객사의 현장을 방문하고 있다.

미국의 해병대에는 '모든 해병대원은 사격수'라는 해병대원의 기본 이념을 나타내는 말이 있다.[1] 해병대는 육군과 해군 그리고 공군의 기능을 함께 갖춘 군대 조직으로, 해병대원 중에는 전투기 조종사나 물류를 담당하는 사무관도 있다. 그들은 자신의 역할상 실제로 총을 들고 싸우는 경우는 없지만 모든 해병대원은 '일격에 적을 쓰러트린다'는 기본을 철저히 교육받고 있다. 그것은 해병대원이 적과 싸우는 자세와 정신을 상징하고 있기 때문이다. 이와 마찬가지로 키엔스에서는 모든 경영자와 사원이 '제품기획자'라 해도 좋을 정도로 제품기획을 중시하고 있다.

롬은 개발조직을 휴대폰담당개발부와 같은 고객 시장의 제품별로 나누고 있다. 이는 롬이 중립적인 부품 메이커라는 이점을 살려 여러 고객과 거래관계를 유지함으로써 고객을 업계횡단적(業界橫斷的)으로 이해하고, 고객사 및 고객 업계의 동향이나 니즈를 정확히 파악해 제품을 기획하려는 의도에서다. 이러한 조직형태에서 모든 개발 담당자는 자신이 담당하고 있는 제품분야에 대해 제대로 이해하고, 고객사보다 더 많이 그들의 시장에 대해 아는 것이 요구된다.

화낙은 NC장치 사업을 시작한 초기에는 적자를 기록했다. 사업 책임자였던 이나바 세이에몬이 관리부서에 그 원인을 분석하도록 했더니 모든 수주가 개별 주문품이고 그 때문에 모든 제품이 적자였다는 것을 알게 되었다. 그 후 화낙은 개별 주문품 사업을 접고 표준화를 추진해 높은 수익률을 확보하게 된다. 이러한 경험을 토대로 화낙에서는 제품기획을 표준화를 위한 중요 기능으로 보고 있다.

시마노는 처음부터 획기적인 제품기획으로 성장한 기업이다. 회사 창립 초기부터 창업자인 시마노 쇼자부로는 기술에만 관심을 갖는 기술자에 대해 '고객의 목소리를 잘 들으려는 노력을 하지 않고 자기만족만 하는 자는 어리석기 그지없는 사람'[2] 이라고 훈계하며 마케팅활동에 힘을 쏟았다. 이러한 전통은 지금도 시마노의 경영이나 조직 속에 이어져 내려오고 있으며, 그 결과로 오늘날과 같은 고수익 기업이 될 수 있었다.

히로세전기의 사카이는 자사의 중요 기능은 제품기획과 개발뿐이라고 단언하고 있다. 또한 자신이 사장이었을 때 직접 신제품의 아이디어를 내고 연간 5천 건이 넘는 제품 개발안건 전부를 직접 결제했다.

마부치모터의 영업 담당자는 실질적으로 제품기획 담당자의 일을 한다. 마부치 류이치 사장(당시)은 한 잡지와의 인터뷰에서 영업사원이 해야 할 역할에 대해 다음과 같이 말하고 있다.

"영업 담당자의 중요한 역할은 시장을 조사해서 시장이 원하는 것이 무엇인지를 구체적이면서도 정확하게 피드백하는 것이지 제품을 팔러 다니는 것이 아닙니다. 고객이 원하는 정말로 매력 있는 모터라면 판매활동에 주력하지 않더라도 주문은 들어옵니다."[3]

이처럼 마부치모터에서는 제품기획 기능을 매우 중시하고 있다.

이상과 같이 제품기획 기능을 매우 중시하는 것이 이들 고수익 기업의 공통점이다.

• 제품기획력이 강한 기업의 '독주' 시대

마츠시타전기는 한때 '마네시타전기'라는 야유를 받았던 기업이다(마네(マ ネ)'는 일본어로 '모방'을 뜻함). 최대 경쟁사인 소니가 획기적인 아이디어 제품을 출시하면, 압도적으로 강한 생산능력과 판매망 그리고 브랜드파워를 이용해 비슷한 제품으로 소니를 추월하는 전략을 취하는 것으로 유명했다. 마츠시타 전기의 경영철학에는 '수도철학(水道哲學)'이 있다. 길가의 수돗가에서 물을 마시는 것에 대해서는 아무도 나무라지 않는다. 왜냐하면 수돗물은 싸기 때문이다. 즉, 수돗물처럼 그것을 원하는 사람이라면 누구에게나 싼 가격으로 가전제품을 공급하는 것이 마츠시타전기의 임무라는 것이다. 그런 점에서 마츠시타전기의 전략은 어떤 의미에서 이 수도철학에 합치하는 것이다. 마츠시타전기의 예에서 알 수 있듯이 지금까지는 제품기획을 그다지 중요시하지 않더라도 시장에서 이길 수 있는 전략이 존재했다.

하지만 이 환경은 크게 바뀌고 있다. 마츠시타전기는 수년 전부터 신규 투입 제품의 '수직론칭전략'이라고 해서, 신제품을 시장에 투입한 직후 해당 제품의 판매가 일거에 피크에 달하도록 하는 전략을 취하고 있다. 구체적으로는, 개발 스케줄에 맞추어 생산과 판촉면에서 주도면밀히 준비하고 타사의 시장진입 시기를 예측해, 설령 기존 제품의 판매가 계속 이루어지고 있더라도 카니발리즘

(자사의 기존 제품이 계속 팔리고·있더라도 신제품 발매로 대체시켜버리는 것)을 단행하고 있다. 이렇게 함으로써 신제품 투입 직후에 높은 가격으로 대량의 제품을 판매하여 단기간에 투자자금을 회수하고 그 결과, 높은 수익률을 실현하게 되는 것이다.

요즘은 이러한 마츠시타전기의 수직론칭전략이 상징하듯 제품의 라이프사이클이 점점 짧아지고 있다. 이러한 환경에서는 타사를 모방하는 전략은 더 이상 통용되지 않는다. 타사 제품을 모방하더라도 시장에 투입하는 시점에는 이미 판매 기회가 사라지기 때문이다. 즉, 최초로 새로운 콘셉트의 제품을 출시한 기업만이 '독주' 하는 시대가 되고 있는데, 제품기획 기능이 떨어지는 기업은 높은 수익을 획득할 수 없어 시장에서 도태될 가능성도 있다. 일본의 제조업을 둘러싸고 있는 생태계가 그만큼 크게 달라지고 있는 셈이다.

하지만 실제적으로는 역방향, 즉 '모노츠쿠리(物作り: 물건을 만든다는 뜻)' 의 원점으로 회귀하는, 나쁘게 말하면 도피하는 방향으로 진행되고 있는 듯하다. 그 배경에는 도요타나 캐논의 경우처럼 생산기능 강점이나 일부 중소기업의 높은 모노츠쿠리 기술력, 그리고 일본 기업이 지닌 '스리아와세(擦り合わせ : 조정통합을 뜻하는 일본어로 '서로 부딪치며 세밀하게 맞춰간다' 는 의미다. 따라서 스리아와세 능력은 조정을 통해 세밀한 필요나 용도에 따라 조금씩 다른 제품을 생산할 수 있는 능력을 뜻함)' 능력의 강점을 활용한다는, 얼핏 들으면 납득성이 있고 듣기에도 좋은 논의가 있다. 하지만 '모노츠쿠리' 는 새로운 생태계에서는 보편적인 전략이 될 수 없다. 최근 경기가 회복해 '모노츠쿠리' 의 원점으로 회귀하는 것이 설득력을 얻어가고 있지만 그것은 매우 걱정스럽다. 중요한 것은 '모노츠쿠리' 의 원점으로 회귀하는 것과 같이 한 세대 전의 생태계에서의 경영이 아니라, 변천하고 있는 새로운 생태

계 내에서의 '게임의 룰'을 잘 간파해 제품기획 기능을 강화하는 것이다.

출처

1)《아메리카해병대》, 노나카 이쿠지로, 추코신서

2) 니혼게이자이신문, 2005년 7월 3일, 「나의 이력서」, 시마노 요시조

3) 사사《마부치모터의 반세기》(하권), 하야시요시노리

📂 원칙 2 : 고객보다 먼저 고객의 문제점을 발견한다

● 고객사의 최대 경영과제는 '문제점의 발견'

인텔의 전임 CEO였던 앤드류 그로브는 1995년에《편집광만이 살아남는다(Only the Paranoid Survive)》라는 유명한 저서를 집필했다. 인텔이 일본 반도체기업의 DRAM 분야 공격으로 맞이하게 된 '전략적 전환점'을 어떻게 극복해왔는지를 쓴 책인데, 인텔 재건의 배경에는 그로브가 말하는 편집광처럼 어디엔가 문제점이 없는지 경영의 여러 측면에서 항상 주의를 기울이는 자세가 있었다고 기술하고 있다. 어떤 기업에서나 이같이는 아니더라도 최대의 경영과제는 잠재적인 문제를 발견하는 것이 아닐까 생각한다. 문제점을 발견할 수 있다면 6할에서 7할은 해결된 것이나 마찬가지라는 말이 있듯이 문제점을 해결하는 것보다 오히려 문제점을 발견하는 것이 더 중요하다.

● 고객보다 먼저 고객의 문제점을 발견함으로써 가치를 창출

이러한 고객이 처한 환경하에서는, 공급자가 자사 제품이나 서비스를 제공

하는 과정 속에서 고객에게 해결해야 할 문제점과 해결법을 제시하는 것은 고객의 처지에서 보면 큰 가치를 창출하는 것이다. 요즘 솔루션이란 말이 흔히 사용되고 있는데, 솔루션이란 기본적으로 이미 고객이 인식하고 있는 문제점을 해결하기 위해 필요한 제품이나 서비스를 하나의 패키지로 제공하는 비즈니스모델이다. 하지만 앞에서 말했듯이 고객에게는 문제점 해결보다 더 중요한 것이 그러한 문제점을 발견하는 것이다. 따라서 솔루션을 제공하는 것보다 한 발 더 나아가서 솔루션(해결)을 해야 할 ‘대상’, 즉 고객의 잠재적인 문제점을 솔루션과 함께 제공하는 것은 고객에게 아주 큰 가치가 된다(도표 3-2-1).

이번에 사례로 든 고수익 기업은 제품기획을 할 때 고객이 제대로 인식하지 못하고 있는 문제점, 다시 말해 잠재 니즈를 발견하는 것을 매우 중시하고 있다.

키엔스의 경영이념 중에 ‘고객의 니즈는 안 듣는다.’ 는 말이 있다. 키엔스는 이미 고객이 문제점이라고 인식하고 있는 니즈에 대응하는 것은 늦었다고 생각하며, 그보다는 고객이 느끼지 못하고 있는 잠재 니즈를 찾아 그것에 기초한 제품을 기획하는 것을 자사 사업 활동의 근간으로 삼고 있다.

롬은 동일한 제품(세트)의 업계에서 다수의 기업(세트 메이커)과 거래함으로써 고객 업계 전체의 제품개발과 관련된 동향을 파악하여 장래 니즈를 예측할 수 있는 위치를 점해, 장래에 필요한 제품이나 기술을 예상하여 미리부터 그에 대한 준비를 하고 있다.

화낙은 공작기계 메이커와의 공동개발 과정에서 고객의 가공 노하우를 습득한다는, 고객의 잠재 니즈를 파악하는 절호의 기회를 자사의 비즈니스모델 속에 가지고 있다.

시마노는 고객의 잠재 니즈를 파악하기 위해 직접적인 고객인 자전거 메이커를 제쳐두고 6,000여 개에 달하는 미국 전역의 자전거 딜러를 직접

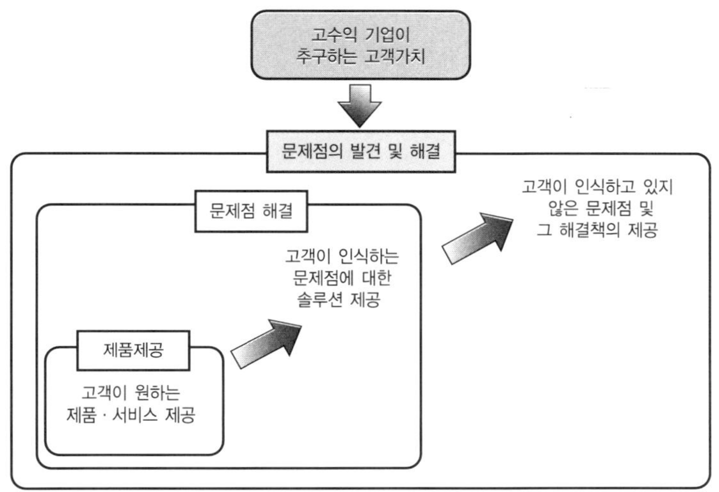

방문해, 현장에서 자전거가 어떤 식으로 이용되고 있는지, 부품이 어떤 식으로 망가지는지, 부품 취급에 어떤 문제점이 없는지 등을 직접 보고 듣는 대장정을 실시했다. 또한 자전거의 최첨단 니즈를 파악하기 위해 유럽의 프로 사이클팀으로 하여금 자사 제품을 채용토록 하고, 그에 대응하기 위해 지원팀을 구성해 기술적으로 지원 활동을 했다. 아울러 사원의 상당수가 자전거나 낚시를 좋아하는 사람들이며, 그들이 자사 제품의 사용자이기도 하다.

히로세전기는 고객사의 장래 제품에 필요한 커넥터를 미리 상정하여 개발하는 '잠복' 개발에 전체 개발인원의 절반을 투입하고 있다.

마부치모터의 영업사원은 '영업 담당자'가 아니라 실질적으로는 제품기획 담당자다. 자신이 담당하는 제품업계의 고객사를 방문하여 니즈를 파악하러 다닌다. 이때 영업사원에게 기대되는 것은 단순히 고객의 개별적인 니즈를 파악하는 것이 아니라, 시장 전체를 내다보고, 동시에 고객 니즈의 기술적인 배경을 이해함으로써 잠재 니즈를 파악하는 것이다.

• 공급자는 고객의 문제점이 가장 잘 보이는 위치에 있다

그런데 한 공급자가 고객사보다 먼저 고객사가 느끼지 못하고 있는 문제점을 발견하는 것이 가당키나 하겠냐며 회의적으로 생각하는 독자도 있을 것이다. 하지만 실은, 공급자는 고객사가 느끼지 못하는 문제점을 발견하는 절호의 위치에 있다.

① 공급자는 수시로 드나드는 술장수

옛날 술장수는 술뿐만 아니라 된장이나 간장 같은 식품도 취급했고, 각 가정의 부엌으로 통하는 뒷문을 수시로 드나들며 주문을 받고, 주문받은 제품을 배달하기도 했다. 공급자는 바로 이런 옛날 술장수와 같다.

요즘은 벤치마킹이라고 해서 경쟁사의 제품이나 활동을 분석하고 조사하는 것이 유행이다. 그러나 일반적으로는 타사의 내부 사정을 아는 것은 쉬운 일이 아니다. 하지만 공급자는 고객사의 뒷문을 드나들 수 있다. 뒷문을 통해 내부 상황을 엿볼 수 있고, 경우에 따라서는 집(회사) 안으로 들여보내 주기도 한다. 또한 공급자는 같은 고객사 내에서도 개발, 제조, 구매 등 여러 부문과 접점을 가지고 있기 때문에 그 기업을 다면적인 관점에서 바라볼 수 있다. 이 점은 매우 중요하다. 왜냐하면 상당수 기업의 경우, 조직 간의 벽이 높아 같은 회사 내에서조차 부문 간의 정보 유통이 잘 이루어지지 않고 있어 회사 전체 사정을 모르는 경우가 있기 때문이다. 게다가 공급자는 여러 기업의 뒷문을 드나들고 있기 때문에 술장수와 같이 동네, 즉 고객업계의 정보통이 될 수 있다.

롬의 고객인 세트 메이커의 기술자에게 경쟁사를 포함한 업계 전반의 동향을 파악하는 것은 쉬운 일이 아니다. 하지만 부품 공급자인 롬은 중립적인 시스템IC 메이커라는 이점을 살려 동일 제품 분야의 여러 고객과 깊은 관계를 유지하고 있어 고객의 과제 그리고 고객의 업계나 고객 제품의 동향을 내다볼 수 있는 절호의 위치에 있다. 그 결과, 고객사를 포함한 그 어느 누구보다도 업계의 제품동향을 잘 파악할 수 있다. 키엔스는 10만 개에 달하는 기업과 거래를 하고 있고, 화낙도 일본 국내에서 70%의 높은 점유율을 기록하고 있으며, 직접적인 고객뿐만 아니라 최종 고객인 공작기계 사용자와도 접촉하고 있다. 히로세전기도 휴대폰 분야에서 일본의 휴대폰 메이커 외에도 세계 3대 메이커인 노키아, 모토로라, 삼성전자 등과 거래하고 있다. 시마노는 미국의 6,000여 개에 달하는 자전거 딜러를 방문하고 있다. 마부치모터도 시장에서 높은 점유율을 유지해, 자사가 시장을 내려다볼 수 있는 위치에 있는 점을 제품기획에 최대한 활용하고 있다.

② 고객의 가장 큰 관심사는 공급자의 제품이 아닌 자사의 제품

당연한 말이겠지만, 고객은 자사의 제품이나 서비스가 창출하는 최종적인 가치에 가장 큰 관심을 가진다. 한 공급자가 공급하는 제품은 수백 혹은 수천 가지에 달하는 구성부품이나 재료의 하나일 뿐이다. 따라서 공급자의 제품에 대한 고객의 관심도는 상대적으로 낮고, 그것에 할애할 수 있는 시간도 한정되어 있다. 한편, 공급자는 자사가 제공하는 제품 영역에서는 연구, 개발, 생산, 구매, 애프터서비스 등에 관한 프로 집단이며, 해당 제품에 관해서는 고객보다 훨씬 더 많은 지식이나 정보를 가지고 있다. 또한 새로운 정보도 쉽게 입수할 수 있는 환경에 있다. 고객이 그런 공급자로부터

제품을 구매하는 것은 바로 이러한 이유 때문이다.

③ 자신의 결점은 잘 보이지 않는 법이다

세 번째로, 기업은 저마다 문화와 가치관이 달라 스스로를 객관적으로 바라보기 어렵다. 이는 사람이 자신의 장단점을 파악하기 어려운 것과 마찬가지다. 왜냐하면 기업도 사람과 마찬가지로 독자적인 가치관으로 운영되고 있으며 자사의 가치관과 부합된다면, 객관적으로 봤을 때 문제가 있어도 문제점으로 인식하지 않는다.

• 고객의 보이지 않는 문제점을 파악

하지만 앞에서 한 설명은 공급자가 잠재 니즈를 파악하는 데 이점이 있다는 것뿐이다. 단순히 고객과 밀착되어 있다고 해서 고객도 미처 인식하지 못하고 있는 문제점이 보이는 것은 아니기 때문에, 나름대로의 방책이 필요하다. 그래서 잠재 니즈를 알아내고 그것에 근거하여 효율적으로 제품기획을 할 수 있는 6가지 방법을 소개하고자 한다.

잠재 니즈에 기초한 제품기획 방법 ① : 라이트하우스 커스터머의 활용

현재화(顯在化)되어 있지 않은 문제점을 발견하기 위한 효과적인 방법이 있는데, 그것은 바로 업계에서 첨단적인 제품을 내놓고 있는 고객에 밀착해서 그 고객의 니즈를 파헤쳐가는 것이다. 이러한 고객이 업계의 장래를 비춰주고 있다는 의미에서 '라이트하우스 커스터머'라고 한다.

일반적으로 어떤 신제품이 시장에 출시되면 최초에 '선도 사용자'로 불리는 새로운 것을 좋아하는 고객층이 구매하고, 그 제품의 유효성이 증명되고 평판이 좋아진 단계에서 팔로어로 불리는 고객층이 구입한다. 일반적인

마케팅 원칙에서는 최초에 구입하는 선도 사용자에 대해 적절한 마케팅하는 것을 중요하게 여기고 있다. 하지만 라이트하우스 커스터머는 선도 사용자보다 더 선진적인 고객으로, 기존에 없던 새로운 제품을 개발하고 있으며, 그 제품에 들어갈 부품이나 재료에 대한 선진적인 니즈를 지닌 고객이다. 타사(B2B 고객의 경우)나 다른 사람들(B2C 고객)보다 먼저 자사의 문제점이나 자신의 니즈를 인식하는 능력과 그런 의사를 가지고 있기 때문에, 공급자에게는 미래의 동향을 먼저 예상하여 선도하고 있는 이들 기업, 조직, 혹은 개인의 활동은 잠재 니즈를 수집하는 데 매우 효과적인 대상이 된다.

어떤 측면에서 보면 이번에 사례로 든 6개 기업이 고수익 경영을 실현할 수 있었던 것도 바로 이러한 라이트하우스 커스터머가 큰 역할을 했기 때문이다. **키엔스**의 경우에는 평소부터 어떤 기업보다도 먼저 혁신적인 제품을 출시하고 있었기 때문에, 기존에 없던 새로운 제품을 원하는 고객이 이런 것은 할 수 없냐며 자연스럽게 키엔스로 문의해오게 되었다. **롬**은 사토 사장이 '최첨단 세트제품을 생산하는 고객들 덕분에 회사가 성장하고 있다.'[1]고 말했듯이 첨단 세트 메이커를 라이트하우스 커스터머로 삼고 있다. **화낙**이 NC장치를 개발하게 된 계기는 마키노플라이스라는 라이트하우스 커스터머와의 공동개발이다.[2] **시마노**가 MTB를 개발할 때는 게리 피셔라는 MTB 창시자를, 경주용 자전거부품을 개발할 때는 유럽의 프로 사이클팀을 라이트하우스 커스터머로 삼았다. 또한 배스용 릴 세트부품을 개발할 때는 어느 날 아무런 사전 예약도 없이 사카이 시에 있는 본사로 찾아온 미국의 배스 낚시인들이 배스 낚시를 위한 전용 릴 개발을 의뢰한 것이 발단이 되었다.[3]

그렇다면 라이트하우스 커스터머와 거래를 하기 위해서는 어떻게 하면 될까? 라이트하우스 커스터머들은 각기 자신들의 업계에서 첨단을 달리는 기업들이기 때문에 높은 기술력을 지닌 공급자를 찾고 있다. 때문에 공급자로서는 자사의 높은 기술력을 적극적으로 어필하는 기회를 가지는 것이 중요하다. 최근, 기술홍보 활동이 주목을 받고 있는데, 기술홍보란 자사의 기술력을 외부에 PR해서 공동개발과 제휴 또는 IP의 판매를 촉진하기 위한 활동이다.

이번에 사례로 든 고수익 기업들이 라이트하우스 커스터머와 관계를 구축하게 된 계기는, 앞에서 언급했듯이 직접 찾아나섰다기보다는 라이트하우스 커스터머 쪽에서 먼저 각 분야 공급자의 활약상을 알아보고 찾아온 경우가 대부분이다. 따라서 공급자들은 자신들의 개발활동이나 제품을 세상에 널리 어필하는 것이 중요하다.

구체적인 기술홍보 방법으로는 업계 전시회에 출품하는 것 외에도, 자사의 홈페이지를 통한 기술PR, 기술시연회, 학회에서의 발표, 자사 연구소나 쇼룸에서의 기술소개 등이 있다. 예를 들어 화낙의 NC장치는 개발한 지 얼마 되지도 않은 시제품을 외부에 공개한 것이 마키노프라이스와 공동으로 개발을 하는 계기가 되었다. 최근에는 자사 연구소에 기술홍보를 위한 공간을 마련하거나, 쇼룸을 기술홍보에 활용하는 기업들이 늘고 있다. 이러한 시설은 단순히 활동소개나 제품PR을 목적으로 한 것이 아니라, 고객사의 개발 담당자에게 특정 기술을 PR하고, 그곳에서 구체적인 논의를 해 공동개발로 이어질 수 있도록 의도한 시설이다. 이 방법의 좋은 점은 다른 매체의 경우는 공급자가 일방적으로 고객에게 정보를 제공하고 있는 것에 반해, 서로 간의 커뮤니케이션이 가능하기 때문에 상대방의 반응을 보면서 고객의 니즈를 파악하는 활동을 할 수 있다는 점이다. 최근에는 후지필름의 '후지필름선진연구소', 아지노모토의 '식품연구개발신동', 마츠시타전공의 쇼룸과 나쇼날센터도쿄의 '비즈니스 Co·La·Bo

플로어’ 등, 이 방법을 채용하는 기업이 늘고 있다.[4]

잠재 니즈에 기초한 제품기획 방법 ② : 에스노그라피의 활용

에스노그라피(Ethnography)란 말은 수년 전부터 미국에서 자주 사용되고 있는 마케팅 용어로 ‘고객의 관찰’을 의미하는데, 원래는 인류학의 용어로, 필드리서치로 인간을 관찰하는 것을 일컫는 말이다. 참고로 고객을 관찰하는 담당자를 에스노그라퍼(Ethnographer)라고 한다. 현재 미국의 대형 소매품 메이커의 대부분이 이 방법을 통해 제품기획을 하고 있다고 해도 과언이 아니다.

시마노는 이 에스노그라피를 매우 중요시해온 기업이다. 이미 40년 전에 대대적으로 6,000개에 달하는 미국 전역의 자전거 딜러를 방문했고, 경주용 자전거부품 개발도 이 에스노그라피를 많이 활용했다. 낚시도구 개발도 개발 담당자가 직접 1개월 이상씩 어선에 탑승해 물고기를 철저히 관찰하는 활동도 해왔다.

잠재 니즈에 기초한 제품기획 방법 ③ : 고객과의 공동개발

화낙은 고객이 개발 중인 공작기계에 맞추어 관련 소프트웨어를 그 고객과 함께 개발하고 있다. 화낙은 이러한 공동개발 과정 속에서 고객과 고객의 제품에 관한 정보를 얻을 수 있었고, 그 속에서 잠재 니즈 혹은 그에 관한 정보도 수집할 수 있었다. 화낙은 일본 시장의 약 70%, 세계 시장의 약 50%를 점유하고 있기 때문에 일상적으로 여러 공작기계 메이커나 기기 메이커와 공동개발 프로젝트를 진행하고 있는데, 그 과정에서 수집된 정보를 집약 · 통합하면 고객사도 미처 느끼지 못하고 있는 잠재 니즈로 활용할 수 있다.

롬도 화낙과 마찬가지다. 롬의 개발조직은 세트제품별로 편성되어 있는데, 같은 제품군을 여러 세트 메이커용으로 개발·제공하고 있다. 이런 과정에서 여러 고객들에 대한 정보가 모아지고, 그 속에서 잠재 니즈를 찾아내고 있다.

잠재 니즈에 기초한 제품기획 방법 ④ : 고객의 본질적인 니즈에 착안

시마노가 제품을 기획할 때 철저한 고객관찰과 함께 중요시하는 것은 고객이 본질적으로 원하는 '기능'에 기초해 제품을 기획하는 것이다. 따라서 그러한 본질적인 '기능'을 충족시키기 위해서는 어떤 제품이 필요한지부터 생각하게 된다. 여기서 본질적인 기능이란 자전거를 예로 들면, 빠르고 쾌적하며 안전하게 자전거를 타는 것이다. '빠르고'나 '쾌적하게'라는 기능을 추구해서 탄생한 것이 간단하게 변속조작을 할 수 있는 SIS나 STI다. 이러한 제품은 시마노가 유럽의 사이클경기용 부품에서 큰 성공을 거두는 원동력이 되었다. 이처럼 니즈 수집이라는 수동적인 자세뿐만 아니라, 고객의 본질적인 니즈나 자사가 제공해야 할 가치를 주체적이면서도 철저하게 고려함으로써 잠재 니즈를 찾아내야 한다.

잠재 니즈에 기초한 제품기획 방법 ⑤ : 가설과 검증의 반복

잠재 니즈는 그 시점에서는 분명하지 않은 니즈이기 때문에 잠재 니즈에 기초한 제품 아이디어는 처음에는 문득 떠오르는 착상과 같이 불확실한 아이디어에서 시작된다. 이 가설을 잘 조정함으로써 구체적인 제품기획안으로 진화시킬 수 있다.

도표 3-2-2는 잠재 니즈에 기초한 제품 아이디어(가설)가 고객과의 상호작용으로 서서히 진화되고 명확해지는 과정을 나타낸 것이다. 여기서 우선

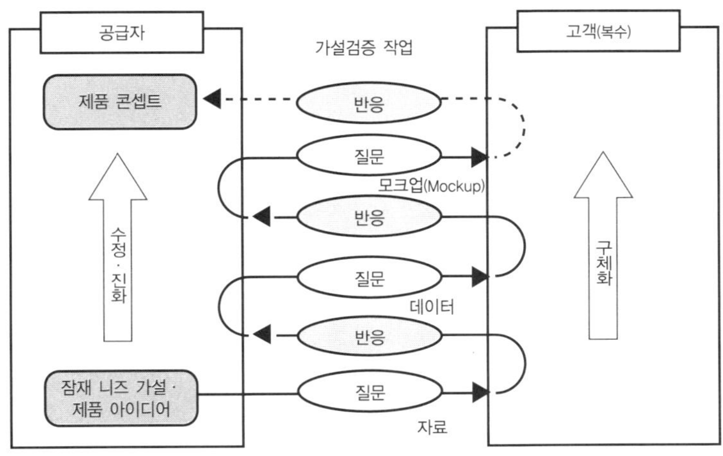

적으로 해야 할 것은, 가설 수준인 잠재 니즈에 기초한 제품 아이디어를 고객에게 시험하는 것이다. 이때 중요한 점은, 가능한 한 아이디어를 가시화해서 고객에게 제공하는 것이다. 처음 단계에서는 고객도 미처 인식하지 못한 잠재 니즈에 기초한 제품 아이디어기 때문에 말이나 문장뿐만 아니라 제품 개념도 등을 준비해 고객이 이해하기 쉽도록 한다. 만약 고객에게 어떤 반응이 있다면 사내에서 그 제품 아이디어를 진화시켜 다음 번에 고객에게 제공할 때는 좀 더 구체적인 형태로 제시할 필요가 있다. 이러한 제품 아이디어의 '질문', '반응', '제품 아이디어 수정' 의 순환작업을 반복함으로써 최종적인 제품 아이디어로 완성되어간다.

실제로 잠재 니즈의 제품기획을 매우 중요하게 여기는 **키엔스**에서는 '키엔스의 제품기획 담당자는 직접 고객사의 현장으로 나가 현재 상황을 조사하는 기본 동작을 반복한다. 적어도 10개 회사, 많을 경우에는 100개 회사의 생산 라인을 직접 찾아가 고객의 진정한 목소리를 듣고 온다.'[5]라는 말처럼 가설의 검증 작업을 철저하게 반복하고 있다.

(모크업(Mockup)이란, 비행기나 자동차 따위를 개발할 때, 각 부분의 배치를 보다 실제적으로 검토하기 위하여 제작하는 실물 크기의 모형을 말함)

잠재 니즈에 기초한 제품기획 방법 ⑥ : 사내의 구루를 활용

구루(Guru)란 원래는 힌두교의 수도사를 일컫는 말인데, 존경받는 사람 또는 인도자 등의 의미도 있다. IT업계에서는 첨단기술 분야에서 높은 존경을 받고 있는 중심적인 인물이란 의미로 사용되고 있다. 이번에 고수익 기업의 사례로 든 기업들은 경영진 스스로가 제품기획을 경영상의 중요한 기능으로 생각하고 제품기획 과정에 적극적으로 관여하고 있으며, 아이디어 창출자로서도 중요한 역할을 하고 있다. 즉, 이들 경영자는 제품기획에 관한 사내의 구루와 같은 존재인 셈이다.

여기서 중요한 점은 이들 경영진은 업계 상황을 잘 알고 있으며, 혁신적인 제품창출에 크게 공헌할 수 있는 사람들이라는 점이다. **키엔스**에서는 다키자키 회장과 사사키 사장 모두가 제품기획 과정에 깊이 관여하고 있다. **히로세전기**의 사카이도 사장 시절에 제품 아이디어 창출자로서의 역할을 담당했었다. **시마노**의 경영진도 직접 혁신적인 제품 아이디어를 제시해왔다.

이번에 사례로 든 고수익 기업의 구루는 모두 경영진인데, 반드시 제품기획의 구루 기능을 경영자가 맡아야 한다는 법은 없다. 오히려 경영자가 아닌 사내 인재 중에서 이러한 구루를 의식적으로 육성해가는 것이 중요하다.

출처

1) 닛케이비즈니스, 2000년 10월 30일

2) 니혼게이자이신문, 1982년 10월 24일

3) 니혼게이자이신문, 2005년 7월 17일

4) 니혼게이자이신문, 2006년 4월 17일

5) 닛케이비즈니스, 2003년 10월 27일

원칙 3 : 제대로 된 솔루션을 제공한다

• 또 다른 부가가치 실현의 관점 : 고객의 본질적인 니즈를 충족시키는 수단으로서의 솔루션

원칙 2에서는 잠재 니즈에 기초한 제품기획의 중요성에 대해 설명했다. 그런데 잠재 니즈는 어떤 특정한 것에 초점을 맞추는 것이 아니라 여러 수단을 이용해서 폭넓게 수집할 필요가 있다. 또한 그렇게 해서 수집한 잠재 니즈가 시장에서 큰 호응을 얻는 제품이나 서비스 개발로 이어지게 하기 위해서는 여러 가지 분석과 검증 과정이 필요하다.

고부가가치 실현을 위해 대상 범위를 넓히지 않고서도 효율적이면서 효과적으로 사업을 전개하는 방법으로, 고객의 본질적인 니즈에 대치해서 그 니즈에 집중적으로 대응하는 접근법이 있다. 고객의 본질적인 니즈는 그 성격상 단품의 상품이나 한 종류의 서비스만으로 충족시키기 어렵다. 왜냐하면 본질적인 니즈는 단순하면서도 여러 개의 옵션이 존재하는 제반 활동을 거듭함으로써 충족되기 때문이다. 이러한 고객의 본질적인 니즈에 대한 최적 옵션의 채용으로 최고의 해를 제공하려는 활동을 솔루션이라고 정의할 수 있다.

10여 년 전부터 솔루션이라는 단어가 빈번히 사용되고 있는데, 대부분의 경우 자사 제품이 제공하는 기능이 고객의 처지에서 보면 솔루션이라는 의미로 해석하여 사용되고 있는 듯하다. 하지만 이때의 솔루션은 자사 제품이 제공할 수 있는 해결책이지 반드시 고객의 본질적인 니즈에 부응하는 것이라 할 수 없으며, 또한 그 말 속에는 최고의 해결책을 제공하려는 활동은 포함되어 있지 않은 것이 일반적이다.

• 솔루션 제공을 핵심으로 고수익을 실현하는 도시바기계

솔루션 제공을 자사의 핵심 사업비전으로 삼고 있는 기업으로는 도시바기계가 있다. 도시바기계는 1938년에 설립된 공작기계 메이커로, 특히 대형 공작기계에 강점을 지닌 회사로 알려져 있다. 도시바기계는 공작기계 외에도 1953년에 다이캐스트머신을, 1956년에는 사출성형기를 출시했으며, 그 후 압출성형기, 반도체제조장비 등과 같은 사업도 전개하고 있다.

도시바기계는 기업들의 설비투자 저조로 1990년 후반에는 중대한 경영 위기에 봉착한다. 이 경영 위기 속에서 당시 사장이었던 이노구마는 '(공작기계 사업과) 동반 자살할 수는 없다'[1]며, 공작기계 메이커에서 성형기 메이커로 탈바꿈하는 결단을 내린다. 이런 결단을 내리게 된 배경에는 공작기계업계가 경기변동에 그대로 노출되어 있어 기업의 실적이 들쑥날쑥하는 업계인 데다가, 일본에는 이미 많은 공작기계 메이커가 있어 경쟁이 치열해 도산하는 기업도 있었기 때문이다. 하지만 가장 큰 이유는 고객사가 제품의 경량화를 위해 재료를 강재(鋼材)에서 수지(樹脂)나 알루미늄으로 바꾸는 것과 비용절감을 위해 한번에 최종 부품으로 성형하는 것이 시대적인 흐름이라는 판단 때문이었다.

도시바기계는 동시에 '성형을 축으로 최고의 가치사슬로 솔루션을 제

공하는 기업이 된다' 는 것을 핵심 사업비전으로 삼는 결단을 내린다. 도시바기계에서는 가치사슬을 '어느 특정 업계의 고객에 대해 솔루션을 제공하는 데 필요한 서로 관련된 일련의 제품·서비스군(群)' 으로 정의하고 있다. 따라서 솔루션과 가치사슬의 관계는 '솔루션을 제공하기 위한 제품구색으로서의 가치사슬' 이 된다.

도표 3-3-1은 도시바기계 그룹의 제품군을 필자의 생각을 덧붙여 고객업계를 가로축으로, 제품종류를 세로축으로 삼아 매트릭스로 나타낸 표다. 도표 3-3-2는 도시바기계가 제공하는 솔루션을 좀 더 명확히 이해하기위해 도표 3-3-1을 구조화한 것인데, 도시바기계의 솔루션은 표에서 나타낸 것처럼 4개의 축으로 나눌 수 있다.

제1축은 고객이 원하는 부품을 실현하기 위한 수단의 옵션 축이다. 도시바기계는 세계적으로도 흔치 않은 종합 성형기 메이커로 수지부품을 성형하는 사출성형기와 압출성형기, 알루미늄 및 마그네슘부품을 성형하는 다이캐스트머신, 유리렌즈 등을 성형하는 유리성형기, 그리고 최근에는 나노(Nano) 수준의 패턴을 성형하는 미세전사장치(微細傳寫裝置) 등을 생산하고 있으며, 절삭기술을 이용해서 부품을 만드는 종래의 공작기계 및 초정밀가공기 생산기술도 보유하고 있다.

도시바기계 고객들의 본질적인 니즈란 어떤 사양을 충족시키는 부품, 예를 들면 휴대폰 케이스 같은 것을 특정 QCD(Quality, Cost, Delivery)에 맞게 제작하는 것이다. 따라서 고객으로서는 그 부품이 수지든 마그네슘이든, 또 부품가공 방법이 사출성형이든 절삭이든 원하는 사양과 QCD만 잘 충족시켜준다면 전혀 상관이 없다. 이러한 점에서 도시바기계는 여러 가지 부품가공기술을 보유하고 있기 때문에 최적의 부품을 실현하는 솔루션 제공이 가능하다고 할 수 있다.

도표 3-3-1 도시바기계의 시장·제공제품형태 매트릭스

고객업계 / 성형 메이커 = (자동차부품 · 디지털가전 · 광학정밀부품 · 기타일반부품) · 성형 메이커(금형메이커 포함)

제품형태	분류	제품	금형메이커	자동차부품	디지털가전	광학정밀부품	기타일반부품	세트(어셈브리형)메이커	바이오칩등	반도체메이커	액정메이커	필름메이커	공작기계메이커	산업기계메이커	건설기계메이커
부재료·부품		주물가공품											○	○	
모듈		정밀금형			○	○		○	○						
모듈		CNC · PLC											○	○	
모듈		모터(서보, 리니어)											○	○	
모듈		유압기기													○
기기·장치	공작기계	일반 공작기계	○	○	○		○						○	○	○
기기·장치	공작기계	초정밀가공기	○			○		○					○	○	
기기·장치	성형기	성형기		○	○	○	○								
기기·장치	성형기	다이캐스트머신		○	○	○	○								
기기·장치	성형기	압출성형기		○	○	○						○			
기기·장치	성형기	유리성형기				○	○	○							
기기·장치	성형기	미세전사장치				○			○						
기기·장치	성형기	반도체제조장치								○					
기기·장치	성형품가공기	그라비아 윤전기							○			○			
기기·장치	성형품가공기	코터(coater)		○	○	○						○			
기기·장치	성형품가공기	라미네이터					○					○			
기기·장치	성형품가공기	도장로봇		○	○	○	○	○							
기기·장치	반송기	로봇		○	○	○	○	○	○	○	○			○	
서비스		고객맞춤대응	○	○	○	○	○			○	○	○	○	○	○
서비스		공작기계 레트로피트(retrofit)	○	○	○		○						○	○	○

—— 이 부분을 더욱 구조화하면……

출처 : 도시바기계의 공표 자료 및 인터뷰 내용을 참고로 저자가 작성

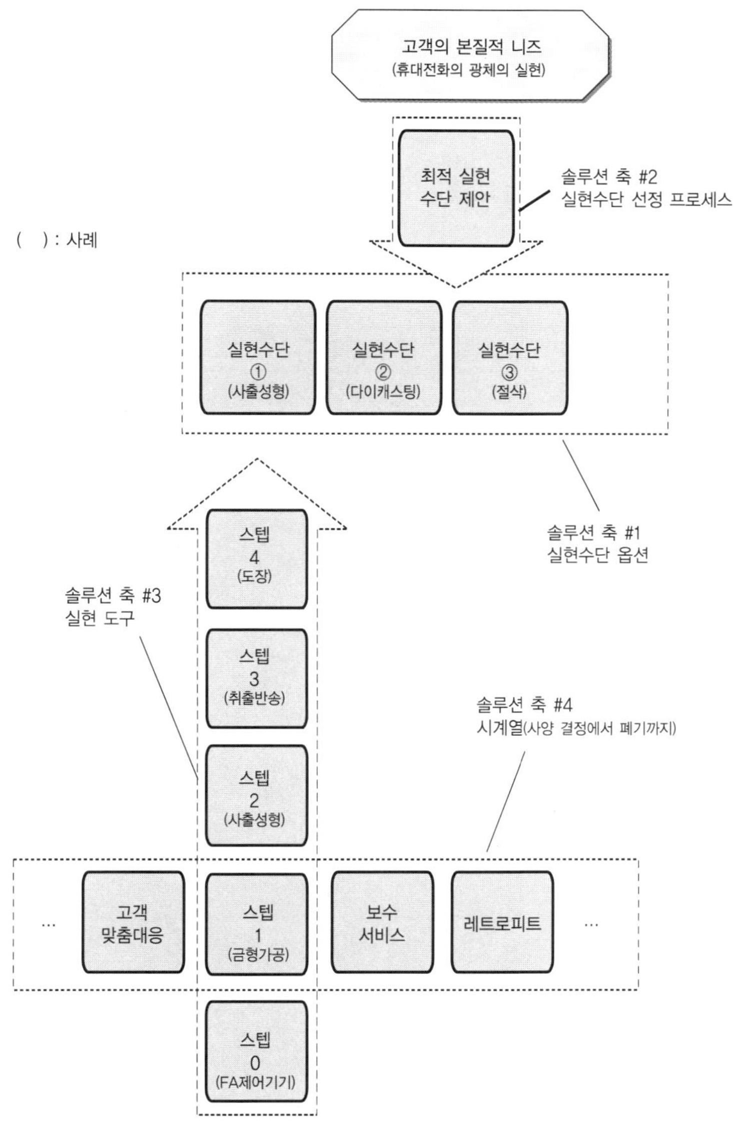
고객의 본질적 니즈
(휴대전화의 광체의 실현)
최적 실현
수단 제안
솔루션 축 #2
실현수단 선정 프로세스
( ) : 사례
실현수단
①
(사출성형)
실현수단
②
(다이캐스팅)
실현수단
③
(절삭)
솔루션 축 #1
실현수단 옵션
솔루션 축 #3
실현 도구
스텝
4
(도장)
스텝
3
(취출반송)
솔루션 축 #4
시계열(사양 결정에서 폐기까지)
스텝
2
(사출성형)
고객
맞춤대응
스텝
1
(금형가공)
보수
서비스
레트로피트
스텝
0
(FA제어기기)

제2축은 실현수단을 선정하는 솔루션의 축이다. 어떤 부품가공법이 가장 좋은지에 대해서는 대부분의 경우 고객의 지견(知見)은 한정되어 있기 때문에 도시바기계가 여러 가지 가공기술을 보유하고 강점을 고객제공가치로 바꾸기 위해서는 고객의 제품에 가장 적합한 가공법은 어떤 것인지를 제안하고 설명할 필요가 있다.

공작기계나 사출성형기 전업(專業) 메이커는 자사의 제품이나 가공법에 관한 부분에서만 솔루션을 제공할 수 있다. 하지만 종합 가공기계 메이커인 도시바기계의 경우는 여러 가공수단 중에서 고객에게 가장 적합한 것을 제공하는 한 단계 높은 수준의 솔루션을 제공할 수 있다. 이 점은 도시바기계가 솔루션을 제공함에 있어 타사에 대한 효과적인 차별화 요인으로 작용한다.

제3축은 사출성형으로 결정한 후, 그 가공법으로 고객이 원하는 부품을 실현하기 위한 모든 도구를 제공하는 솔루션의 축이다. 도시바기계는 성형기 메이커로의 변신을 도모할 때 공작기계는 주로 성형에 이용하는 금형제조용 기계로 자리매김하고 공작기계를 부품성형 솔루션을 위한 '가치사슬' 중의 한 제품으로 삼았다. 그렇게 함으로써 성형에 필요한 금형을 가공하는 공작기계, 그 금형을 사용해 성형하는 성형기, 성형한 부품을 꺼내 다음 공정으로 옮기는 취출·반송로봇, 성형품을 도장(塗裝)하는 도장로봇 등과 같은 일련의 기기를 제공하고 있다.

제4축은 기기의 구입검토에서 폐기에 이르기까지의 제품 라이프에 따른 서비스·기기의 제공이다. 도시바기계는 고객의 제품에 맞는 성형조건의 조언에서 표준 제품으로는 대응할 수 없는 경우에는 맞춤 대응, 그리고 고객이 보유한 기기의 기능이 오래되었을 경우에는 정밀도를 향상하고 기능을 개선하는 정밀도나 기능을 향상시키기 위한 레트로피트(Retrofit : 장비를 개장하는 것) 사업도 적극적으로 전개하고 있다. 물론 도시바기계의 솔루션 제공 체제는 아직은 정비 과정에 있지만 솔루션 제공을 위한 강한 자세, 그리고 도시바기계가 제공하고 있는 솔루션이 솔루션의 전체상(4가지 솔루션 축을 포함. 특히 제1축과 제2축의 구비)을 나타내고 있다는 의미에서 좋은 참고가 되는 사례다.

• 사례 기업의 솔루션 전개

그렇다면, 이번에 분석 대상으로 삼은 6개 고수익 기업들은 이러한 솔루션 축의 측면에서 어떤 활동을 하고 있을까?

키엔스는 고객의 생산성 향상이라는 니즈에 대응하기 위해 판매 과정에서 컨설팅영업을 하고 있다. 이 활동은 고객의 일련의 구매, 사용, 폐기라는 시계열 속에 들어 있는 것이라 볼 수 있기 때문에 제4축에 해당한다. 또한 생산설비의 정지와 오류로 인한 생산성 저하를 막기 위해 전날 저녁에 주문하면 다음 날에는 발송하는 신속 납품 서비스도 이 제4축에 해당한다.

롬은 고객사가 단기간에 제품을 개발할 수 있도록 고객사 제품에 필요한 부품을 CPU 등 일부를 제외하고는 모두 세트로 제공하고 있다. 이는 제3축인 솔루션을 위한 활동이다.

화낙은 직접적인 고객의 배후에 있는 재료가공기계 사용자들에게 자사 NC장치를 이용한 가공프로그래밍 연수를 제공하고 있다. 이는 가공에 필요한 지식이라는 고객 니즈 실현을 위해 필요한 도구이기 때문에 제3축인 솔루션의 일부를 이루고 있다.

시마노는 고객의 안정성이라는 본질적인 니즈에 대응하기 위해 업계의 관행처럼 여겨져왔던 분업체제(브레이크는 브레이크 메이커가, 변속기는 변속기 메이커가 제작하는 것)를 부정하고 프레임에 붙이던 변속레버를 브레이크와 일체화시켜 조작성을 일거에 향상시킨 제품을 제공했다. 이것은 제3축인 솔루션에 해당한다.

히로세전기는 고객이 어떤 부품이 필요하면 1주일 안에 그러한 부품을 납품하고 있는데, 이는 제4축의 활동이다.

마부치모터는 일상적인 비용절감 활동이나 표준화를 통한 비용절감분을 자진해서 제품 판매가격에 반영시켜 고객에게 항상 타사보다 싼 가격의 제품을 공급하고 있다. 그 결과, 고객은 마부치모터가 아닌 다른 회사로부터 견적을 받을 필요가 없게 되는데, 이것은 제4축으로 볼 수 있다.

이상과 같이 이번에 분석 대상으로 삼은 고수익 기업들이 모두가 다 완벽한 솔루션을 제공하고 있는 것은 아니다. 하지만 단순히 제품을 공급하는 것에 그치지 않고 고객의 본질적인 니즈를 충족시키기 위한 솔루션을 제공하는 방향으로 몇 가지 추가적인 중요한 활동을 함으로써 부가가치 증대를 실현하고 있다.

출처
1) 일간공업신문, 2002년 8월 8일

🗂 원칙 4 : 가마우지낚시모델을 추구한다
— 고객사의 부가가치를 자사 것으로 만든다 —

• 인텔이나 마이크로소프트가 고수익률을 유지하는 이유 : 직접적인 고객의 부가가치를 자사 것으로 만들기 때문

마이크로소프트와 인텔은 최근엔 그 명성이 예전만 못하지만, 실적을

보면 여전히 30% 이상의 높은 수익률을 유지하고 있다. IT업계를 대표하는 성공 기업으로 두 회사의 공통점 중 하나는 직접적인 고객이 아닌 자사 제품을 채용하고 있는 고객사의 제품시장에 맞추어 제품을 기획하고 개발해왔다는 점이다.

인텔은 1980년대에 당시 자사의 주요 제품이었던 DRAM이 일본 기업과의 경쟁에서 밀려, 상대적으로 자사 매출에서 차지하는 비중이 낮았던 CPU를 특화하기로 결정한다. 그런데 이러한 쓸쓸한 선택이 결과적으로는 인텔을 초고수익 기업으로 거듭나게 했다.

CPU는 원래 PC의 성능을 크게 좌우하는 부품인데, 이 때문에 인텔은 개별 PC메이커의 니즈가 아닌 PC 그 자체의 시장을 항상 염두에 두고 주체적으로 개발해왔다. 이러한 전략을 상징적으로 나타내는 문구가 나중에 나오는 '인텔 인사이드(인텔이 들어 있다)'라는 유명한 광고 문구다. 이 광고 문구처럼 인텔은 CPU를 '최종' 사용자에게 직접적으로 어필하여 자사 제품의 브랜드이미지를 높이고 자사 CPU가 탑재된 PC의 수요를 확대시키는 활동을 펼쳐왔다. 이러한 인텔의 절묘한 전략으로 원래 고객인 PC 메이커가 누려야 할 부가가치를 자사 제품에 흡수시켜버렸다고 할 수 있다.

마이크로소프트도 인텔과 비슷한 전략을 취하고 있다. 원칙 2에서 에스노그라피를 소개했는데, 마이크로소프트도 이 에스노그라피를 제품기획에 철저히 활용하고 있는 기업 중 하나다. 마이크로소프트도 PC 메이커가 아닌 PC 유저를 자사의 시장으로 생각하고 있다. 마이크로소프트의 전략은 인텔보다 더 교묘하다. 자사의 OS를 업계표준으로 만들어 그것으로 이익을 올리는 한편, 그러한 시장 지위를 이용해 최종 PC 유저에게도 파워포인트와 같은 마이크로소프트의 OS에서 작동하는 자사의 소프트웨어를 구매하도록 만드는 체제를 구축했기 때문이다. 그야말로 '일석이조'의 전략인 셈이다.

• 일본의 고수익 기업도 같은 전략을 취한다

이번에 사례로 든 고수익 기업들도 이러한 전략을 자사의 중요 전략으로 삼고 있다.

롬의 사토 사장은 "왜 최종 제품 시장에 진출하지 않느냐는 질문을 자주 받습니다만, (중략) 그렇게 하지 않아도 메모리를 반도체 칩 위에 올려 얼마든지 세트 메이커에 근접할 수 있습니다."[1] 라고 말한다. 롬의 전략은 세트 메이커 배후의 시장에 초점을 맞추어 그 시장 동향을 예측해 미리 기술을 축적시켜두었다가, 적당한 시기에 고객에게 IC나 다른 부품의 형태로 제공함으로써 고객사의 부가가치를 자사의 것을 만들어버리는 것이다.

시마노는 미국 시장에서 직접적인 고객인 자전거 메이커를 제쳐두고 '고객의 고객'인 자전거 딜러를 방문하여 그곳에서 고객의 니즈를 발굴했다. 또한 자사의 기술자를 유럽 프로 사이클팀의 기술지원 요원으로 파견하여 프로 사이클 선수들의 니즈를 수집하는 동시에 사이클 선수들 사이에 시마노의 높은 브랜드이미지를 구축했다. 그 결과, 시마노의 자전거부품은 세계 여러 나라에서 '최종' 고객인 자전거 이용자들 사이에 많은 팬을 만드는 데 성공했다. 이들은 자전거를 구매할 때, 시마노의 변속기나 브레이크시스템이 장착되어 있는 자전거 중에서 자신이 살 자전거를 고른다. 시마노의 이러한 전략은 인텔 인사이드와 똑같은 전략인 셈이다.

화낙은 고객인 공작기계 메이커의 배후에 있는 공작기계의 '최종적인 사용자'를 타깃으로 삼아 성공한 기업으로 알려져 있다. 왜냐하면 화낙이 일본에서 최초로 실용화한 NC기술은 공작기계 유저에게 혁신적인 가치

184

를 가져다주었기 때문이다. 좀 더 구체적으로 말하면 여태까지 숙련된 기술자의 손재주에 의존해야만 했던 재료가공을 경험이 별로 없는 기능자라도 높은 정밀도로 가공할 수 있게 되었고, 자동화로 인해 생산성이 크게 향상되었기 때문이다.

또한 화낙은 최종 사용자인 공작기계 기능자들을 대상으로 자사의 독자적인 제어소프트 언어인 G언어를 보급시켜 업계표준으로 만들어버렸다. 한편, 공작기계 분야에서는 기계와 관련된 기술이 성숙단계에 접어듦에 따라 공작기계의 부가가치도 기계보다는 제어계통의 기술이 창출하는 부분이 늘었는데, 그 부가가치의 상당부분이 NC장치 메이커인 화낙에 흡수되었다.

• 고객의 부가가치를 자사의 것으로 만드는 방법 : 직접적인 고객의 배후에 있는 시장의 잠재 니즈에 기초한 제품기획

이상과 같이, 수익률을 향상시키는 한 방편으로 원래 고객이 향유해도 좋을 부가가치를 자사의 것으로 만들기 위해서는 '고객의 고객'의 잠재 니즈에 기초하여 제품을 기획할 필요가 있다. 원칙 2에서 잠재 니즈에 기초한 제품기획의 중요성에 대해 설명했는데, 직접적인 고객뿐만 아니라 그 배후에 있는 고객의 잠재 니즈에 기초해 제품을 기획하는 것도 아주 효과적이다. 또한 이 부분을 집중 공략하여 '고객의 고객' 업계에서 업계표준까지 확립할 수 있다면, 확고한 고수익 기반을 마련할 수 있다. 고객의 고객을 공략함으로써 직접적인 고객을 대상으로 하는 것보다 비교적 용이하게 업계표준을 확립할 수 있는데, 이 부분에 대해서는 뒤에 나오는 원칙 8 부분에서 좀 더 자세히 설명하겠다.

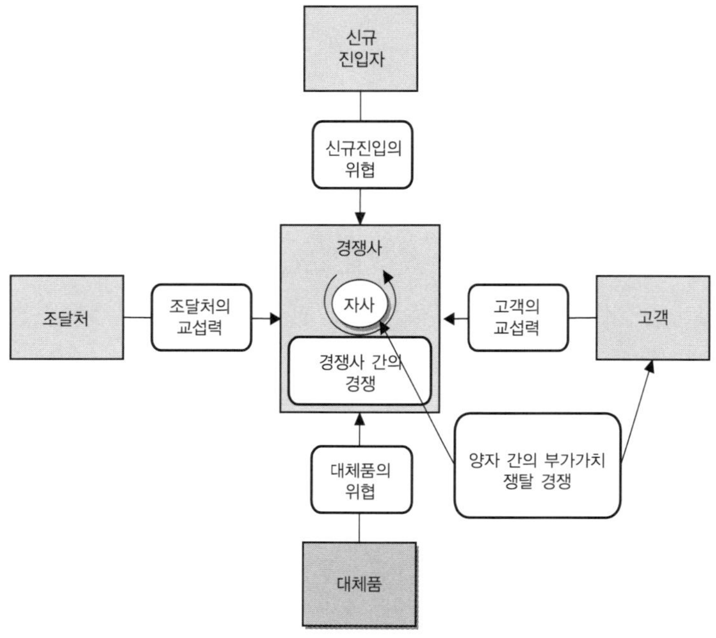

출처 : 《경쟁의 전략》, 마이클 E. 포터, 다이아몬드사, 필자추가

• 가마우지낚시모델 : 고객과의 가치창출 경쟁

제1장에서 롬과 화낙을 소개할 때 가마우지낚시모델에 대해 설명했다. 가마우지낚시모델이란 원래 고객이 가져가도 좋을 부가가치를 공급자가 자사 것으로 만들어버리는 비즈니스모델이다. 가마우지낚시모델이라고 하면 부가가치를 옆에서 가로챈다는 뉘앙스도 있지만 실제로는 그렇지 않다.

모든 공급자는 자사의 고객들과 '고객의 고객' 에 대한 부가가치 창출을

186

놓고 경쟁하고 있는 것이다. 중요한 것은 공급자도 이 점을 제대로 의식해야 추가적인 부가가치를 획득할 수 있다는 점이다. 마이클 포터 교수가 제시한 5 Forces(도표 3-4-1)는 바로 이와 같이 기업은 경쟁사와 경쟁하고 있는 것이 아니라 고객이나 공급자와 경쟁을 하고 있다는 점을 지적하고 있다. 따라서 고객에게 순종하기만 하는 공급자는 큰 이익 기회를 상실하게 된다.

출처 : 1) 〈어째서 이 회사는 강한가(なぜこの會社は強い)〉, 닛케이 BP

제2요건
경쟁의 철저한 회피

　요즘은 정가로 판매되는 제품이 거의 없다. 일반 소비재라면 정가에서 20~30% 정도 싸게 파는 것이 보통이다. 그 이유는 경쟁 때문이다. 경쟁이 치열해질수록 실제 판매가격은 정가에서 점점 더 멀어진다. 정가는 고객이 얻게 될 것으로 인식되는 가치에 근거해 설정되고 있다고 볼 수 있는데, 경쟁이 존재하면 실제 판매가격은 고객이 얻게 되는 가치가 아니라 경쟁에 의해 결정된다.

　여태까지 많은 기업이 경쟁을 피하기 위해 제품의 차별화로 대처해왔다. 하지만 경쟁을 회피하는 방법은 제품의 차별화만 있는 것은 아니다. 다른 방법으로는 ① 시간차를 이용해 경쟁의 공백을 만드는 방법, ② 경쟁이 생기면 그곳에서 철수하는 방법, ③ 제품의 차별화라는 플로(Flow)의 승부가 아니라 자산이라는 스톡(Stock)으로 차별화를 도모하는 방법, ④ 동업계의 다른 기업에 공통적으로 존재하는 문화적·심리적으로 전개 곤란한 분야에 자발적으로 진출해 그 분야에서의 전개를 차별화 요소로 삼는 방법 등이 있다. 이 장에서는 이러한 4가지 방법을 실현하기 위한 5가지 원칙을 소개하는데, 5가지 원칙은 다음과 같다.

원칙 5 : 누구도 파악하지 못한 니즈에 기초한 제품을 기획한다(①의 방
향성).

원칙 6 : 경쟁에 처하면 버린다(②의 방향성).

원칙 7 : 교두보를 확보하여 경쟁을 회피한다(③의 방향성).

원칙 8 : 최종 사용자에게 직접 접근함으로써 업계표준을 획득한다(①의
방향성).

원칙 9 : 서비스로 경쟁을 회피한다(④의 방향성).

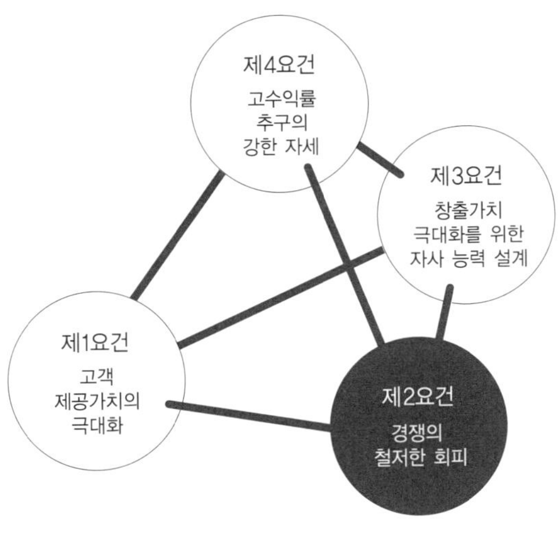

원칙 5 : 누구도 파악하지 못한 니즈에 기초한 제품을 기획한다

● 경쟁사와의 절대적인 차별화는 있을 수 없다

요즘은 컨설팅을 하는 클라이언트 기업에서도 '이 제품의 차별화 요인은 무엇인가?' 라며 논의할 정도로 차별화란 말이 여러 조직에서 빈번하게 사용되고 있다. 차별화는 기업의 입장에서 보면 그만큼 더 진보(進步)하는 것이다. 하지만 제품이나 서비스의 차별화 요인은 언젠가는 모방되기 마련이어서 제품의 차별화를 위한 활동과 병행해서 그런 모방에 대해 자사는 어떤 자세를 취할지 미리 생각해두는 것이 중요하다.

● 무경쟁 기간의 연장

자사가 시장에서 최초의 제품을 출시할 수 있다면 처음에는 무경쟁(無競爭) 상태가 된다. 그 기간에는 자사 제품을 고객이 얻게 될 가치에 근거한 가격으로 팔 수 있으며, 높은 고객가치를 제공할 수 있다면 그만큼 더 많은 수익을 확보할 수 있다. 하지만 경쟁사가 시장에 진입하여 가격이 경쟁에 의해 결정되면, 판매가격은 떨어져 이익이 줄어들게 된다. 이때 무경쟁 기간이 길면 그만큼 높은 가격으로 팔 수 있는 기간이 길어지고, 그 사이에 개발이나 제조설비에 투자한 고정비를 회수하여, 정작 경쟁 상태로 돌입한 단계에서는 변동비를 중심으로 제품을 제공할 수 있는 등, 상황을 자사에 유리하게 이끌어갈 수 있다. 즉, 무경쟁 기간의 길이는 이러한 2가지 효과에 의해 자사의 수익률에 크게 영향을 미친다. 다시 말해 자사가 제품을 출시한 시점에서 경쟁사가 모방 제품을 출시할 때까지의 무경쟁 기간이 가능한 오래 유지될 수 있도록 하는 것이 직접적인 고수익을 가져다준다.

● 무경쟁 기간 연장법 : 누구도 파악하지 못한 니즈에 근거한 제품기획

고수익 기업의 사례로 든 키엔스는 이 무경쟁 기간 연장을 위해 효과적

인 수단을 보유하고 있다. 키엔스의 잠재 니즈에 기초한 제품기획의 효과 중 하나는, 원칙 2에서 언급한 고객에 대한 가치 제공인데, 이는 경쟁 회피에도 크게 기여하고 있다. 고객도 제대로 인식하지 못하는 잠재 니즈라는 점은 경쟁사도 파악하지 못한다는 것을 의미한다. 즉, 키엔스가 제품을 출시한 단계에서는 경쟁 상품이 없기 때문에 고객이 얻게 될 가치에 기초해 설정된 가격으로 제품을 판매할 수 있게 된다.

히로세전기도 비슷한 전략을 취하고 있다. 히로세전기는 고객의 니즈가 분명해지기 전에 장래의 고객 니즈를 예측하여 미리 준비해두는 '잠복' 개발을 하고 있다.

원칙 2에서는 잠재 니즈에 기초한 제품이 높은 고객제공가치를 창출한다고 했지만, 그렇다고 항상 그런 것은 아니다. 많은 경우, 잠재 니즈에 기초한 제품이든 아니든 비용과 제공가치(즉, 고객이 누리게 될 가치)의 차이는 커서 경쟁이 없다면 높은 수익을 얻을 수 있게 된다. 또 잠재 니즈에 기초한 제품은 제품 그 자체의 제공가치를 확대시킴으로써 무경쟁 기간을 늘일 수 있고, 그렇게 함으로써 제공가치로 정해지는 가격으로 판매할 수 있는 기간도 연장할 수 있으며, 그 결과 높은 수익률을 실현하게 되는 경우가 많은 듯하다.

📂 원칙 6 : 경쟁에 처해지면 버린다

• 경쟁 회피의 궁극적인 방책 : 경쟁에 처해지면 버린다

고객의 잠재 니즈에 기초한 제품기획이든 혹은 아무리 남들보다 빠른 개발이든 하나의 제품으로 시장에서 영원히 승리할 수는 없다. 좋은 제품

일수록 많은 경쟁사가 자사를 추종해 시장에 진입하기 때문에 필연적으로 가격은 떨어지게 된다. 또한 제품이 성숙 단계에 접어들면 여태까지 프리미엄가격으로 판매할 수 있었던 것도 가격으로 승부하는 시기로 돌입하게 되어 가격이 떨어진다. 이 경우, 어느 시점까지는 판매수량을 늘려 규모의 경제성이 효과를 발휘할 수 있게 하면 어느 정도까지 수익률을 유지할 수 있다. 하지만 그 후부터는 판매가격이 지속적으로 하락하여 수익률은 떨어지게 된다. 이는 경쟁 환경 속에서 기업을 경영할 때 피할 수 없는 게임의 룰이다. 물론 이때, 비용절감을 위한 궁리나 추가적인 투자로 수익률 저하를 저지할 수는 있다. 하지만 타사와의 비용절감 경쟁은 그 방식이 서로 비슷해 소모전이 될 가능성이 높아 고수익률 유지는 어렵게 된다.

상당수 고수익 기업들은 가격 인하에 의한 소모전이 펼쳐지기 전에 그 제품을 철수한다. 이러한 기업은 수익률이 일정 수준을 하회하면 철수하는 것을 전제로 기업을 경영하고 있다. 히로세전기는 경쟁사들이 시장에 진입해 자사보다 낮은 가격으로 제품을 공급하고 품질과 납기면에서까지 자사에 필적하게 되면 그러한 경쟁사들의 동태를 살펴, 향후에도 계속 가격이 떨어질 것 같으면 더 이상 가격 경쟁을 벌이지 않는다. 그렇게 되면 주문이 들어오지 않기 때문에 자연히 그 제품을 철수하게 된다.

키엔스도 마찬가지다. 키엔스는 기본적으로 가격을 인하하지 않기 때문에 경쟁사가 같은 제품을 키엔스보다 싼 가격으로 판매하고 고객도 그것을 선택하게 되면 자연히 그 제품은 자취를 감추게 된다(Fade out). 화낙도 키엔스와 마찬가지로 경쟁사가 가격을 인하했다고 해서 단가를 낮추지는 않는다. 롬의 경우는 1990년 3월기에 영업이익률이 2.4%까지 하락하는 사태에 직면했다. 관동지역에 진출하기 위해 전략적으로 판매가격을 인하했기 때문이다. 그 후 롬은 채산성이 개선될 가망성이 없는 제품에 대해서는 생산 중지 결정을 내렸는데, 그 수는 롬이 취급하는 전체 제품의 3분의 1에 해당하는 5만 품목에 달한다.

하지만 많은 기업들에 있어 이익을 내고 있는 제품을 철수하는 것은 쉬운 일이 아니다. 왜냐하면 비록 이익의 폭은 좁더라도 여전히 이익을 내고 있는 단계에서 그 제품을 버려야 하고, 기존 제품을 대신할 높은 수익률의 제품을 이미 판매하고 있거나 혹은 그럴 가능성이 있는 상태가 아니라면 해당 제품을 철수하는 것은 그만큼 회사 전체의 이익을 감소시키는 것을 의미하기 때문이다.

• 자사의 제품을 진부화시키는 최초의 기업이 되라

이 원칙은 한 제품만 가지고 판단할 수 없으며, 수익성이 높을 것으로 기대되는 새로운 제품이 준비되어 있어야 비로소 성립하는 원칙이다. 이때 중요한 점은 그 순서다. 간단히 생각할 때는 '새로운 제품이 출시되면 철수' 하는 것이 좋을 것 같지만, 실제로는 그 반대의 발상이 필요하다. 즉, 우선은 '저수익률의 제품을 먼저 철수' 하는 것이다. 다시 말해, 배수의 진을 치는 것이다.

전자(前者)의 전개로는 시간이 아무리 경과되더라도 고수익률의 제품은 나오지 않는다. 왜냐하면 기존 제품이 여전히 이익을 내고 있기 때문에 신제품 출시까지는 아직 시간적 여유가 있다며 자만해버리기 때문이다. 하지만 후자의 경우는 공장의 생산라인 어딘가에 문제가 있다면 라인 전체를 중지시키는 것과 같은 발상이다. 즉, 문제를 현재화해서 사원들에게 위기감을 환기시키는 것이 문제를 해결하는 원동력이 되는 것이다. 팔 제품이 없어질 것 같다는 생각이 들면 개발 담당자는 상당한 위기의식을 가진다. 영업 담당자 역시 당장 팔 제품이 없어지는 것이기 때문에 개발 담당자에게 압력을 넣는다.

이렇게 하는 것은 곧 '자사의 제품을 진부화(陳腐化)시키는 최초의 기업'을 추구하는 것인데, 이것을 슬로건으로 내건 기업이 바로 포스트잇과 같은 혁신적인 제품개발로 유명한 미국의 3M이다. 또 저명한 경영학자인 피터 드러커도 "기업은 신진대사를 하지 않으면 안 된다."고 말했다.

저수익률의 제품을 철수하기 위해서는 우선 제품 철수의 기준을 분명히 해야 한다. 철수 기준은 수익률이 중심이 된다. 즉, 수익률이 일정 수준 이하로 떨어지면 철수한다는 기준이다. 경우에 따라서는 고객에 대한 영향(경쟁사의 공급 체제가 갖추어져 있는지 등) 등을 포함해 전략적으로 생각할 필요도 있다. 이 때문에 철수와 관련된 판단은 전략적인 결정을 내릴 수 있는 위치에 있는 사람이 해야 한다.

📂 원칙 7 : 교두보를 확보하여 경쟁을 회피한다

• 교두보(橋頭堡)전략이란?

예전에 모 정보시스템회사가 한 지방자치단체의 입찰에 참여해 10엔으로 응찰한 것이 큰 주목을 받은 일이 있다. 그 기업은 고객의 정보시스템에 한번 참여하게 되면 나중에 고객이 시스템을 추가하거나 유지보수나 갱신을 할 때 유리해진다는 점을 노렸다.

키엔스의 경우는 모리 이사가 "당사 제품은 생산라인의 심장부에 들어가기 때문에 한번 채용되면 공급 실적이 없는 다른 회사 제품으로 바꾸기 힘들어집니다. 이 때문에 다시 구매하는 비율이 높다는 장점이 있습니다."[1]라고 말했었다. 이들 두 회사의 공통점은 무엇일까? 그것은 고객의 제품이나 설비에 유무형의 자산을 한번 구축해두면 나중에는 그것을 매개로 해서 타사와 경쟁하는 일 없이 자사 제품을 팔 수 있다는 점이다. 이것을 교두보전략(橋頭堡戰略)이라 한다.

원칙 5와 원칙 6은 경쟁사와의 시간 싸움에서 이기는 것을 목적으로 하는 것, 즉 플로로 경쟁을 회피하는 방책이지만, 이 교두보전략은 과거에 구축한 스톡으로 경쟁우위를 지속적으로 점해 경쟁을 회피하는 수단으로 지긋하게 경쟁을 회피하는 체제를 구축해간다는 점에서 이들 원칙과는 다소 이질적인 전략이다.

• 교두보전략이 성립하는 이유

교두보전략으로 무경쟁 상태를 만들 수 있는 배경에는 2가지의 분명한 이유가 있다.

① 고객 측의 이유 : 타사 제품으로 교체할 경우 교체비용 발생

일단 특정 공급자의 제품을 구매하면 다른 공급자의 제품으로 바꾸는 데에는 교체비용이라고 하는 추가적인 비용이 발생한다. 앞에서 예로 든 정보시스템회사의 경우에는 고객이 기존의 정보시스템을 보수할 때, 현실적으로는 다른 회사에 부탁하기가 매우 어렵다. 왜냐하면 새로운 공급자에게 자신의 업무 프로세스와 그 배경, 기타 자신의 특별한 니즈, 그리고 기존의 정보시스템에 관해서도 자세하게 설명해야 하기 때문이다. 이밖에도 예전의 공급자가 제공한 시스템과 새로운 공급자가 제공하는 시스템 사이의 인터페이스와 관련해 리스크가 발생하기 때문이다.

② 공급자 측의 이유 : 과거 투자비용의 싱크 코스트(Sink cost)화

한편, 교두보를 확보한 공급자 측에도 경쟁사에 비해 강한 경쟁우위를 확보해 무경쟁을 촉진하는 요인이 있다. 현금흐름(Cash flow)에 기초해 어떤 프로젝트 안건의 투자를 판단할 때 원칙이 되는 것 중에 싱크 코스트 (Sink cost : 매몰 원가)라는 개념이 있다. 이것은 '해당 안건의 투자와 관련이 있더라도 과거에 투자한 비용(싱크 코스트)은 향후의 추가적인 투자 타당성을 검토할 때는 고려의 대상이 되지 않는다' 는 개념이다. 공급자는 과거에 이미 납품한 제품을 위해 투입한 투자비와 비용은 새로운 거래 비용을 산정할 때 추가 비용으로 생각할 필요가 없기 때문에 해당 안건의 수주에 있어 다른 회사보다 유리해진다.

앞에서 소개한 정보시스템의 경우를 예로 들어 설명하면, 이미 이 공급자는 지난번에 시스템을 납품할 때 비용을 들여 고객의 관련 업무에 관한 조사나 분석, 그리고 고객의 특징과 의사결정 프로세스 등에 관한 청취 등을 해두었기 때문에, 새로 시스템을 납품하거나 보수할 때는 그러한 것을 다시 할 필요가 없다. 하지만 새로 그 고객과 거래하는 다른 기업은 그러한 활동을 '지금부터' 비용을 들여 하지 않으면 안 된다.

이상과 같은 고객 측의 교체비용과 공급자 측의 기존 투자비용의 싱크 코스트화로 인해 공급자는 교두보를 고객 내부와 자사 내에 마련할 수 있고, 그 결과로 무경쟁 상태가 되기 쉽다.

• 교두보전략의 유형

교두보전략에는 무엇을 교두보로 삼을지에 따라 몇 가지 유형이 있는데 대표적인 것을 소개하면 다음과 같다.

① 투자설비 · 기기(機器) 베이스

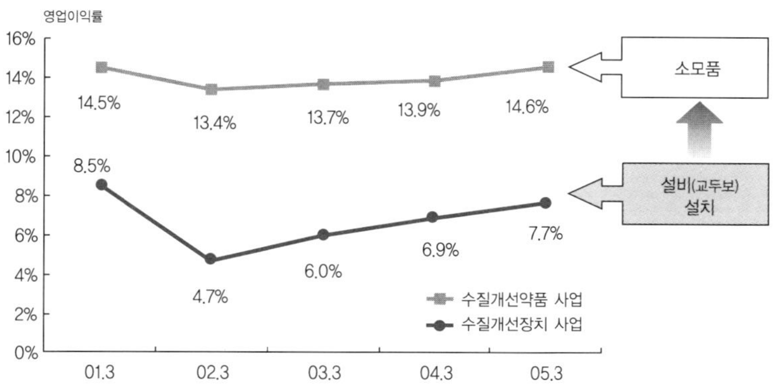

출처 : 쿠리타공업 유가증권보고서

독자 여러분은 과거의 경험을 통해 소모품 사업은 돈이 된다는 사실을 잘 알고 있을 것이다. 도표 3-7-1은 수질개선 사업을 영위하는 쿠리타공업의 사업 분야별 수익률을 나타낸 것이다. 쿠리타공업의 사업은 수질을 개선시키는 장치 사업과 소모품인 약품 사업으로 나뉘는데, 도표에서 알 수 있듯이 소모품인 수질개선약품 사업의 수익률은 수질개선장치 사업의 약 두 배에 이르며 상당히 안정적이다. 이처럼 소모품이 높은 수익률을 확보할 수 있었던 것은 교두보가 존재했기 때문이다. 즉, 고객은 설비(수질개선장치)를 구입하면 그 설비 전용의 소모품(수질개선약품)을 구매하지 않을 수 없게 되고, 공급자는 무경쟁 상태에서 소모품을 납품할 수 있기 때문에 완전한 경쟁 체제 때보다는 훨씬 높은 가격으로 판매할 수 있게 된다.

이러한 전략을 구사하는 대표적인 사업이 프린터와 토너 사업이다. 독자 여러분들도 잘 알고 있듯이 요즘 프린터의 가격은 아주 싸서 1만 엔 이하의 기종도 출시되고 있다. 하지만 프린터 본체 가격에 비해 소모품인 토너의 가격은 상당히 비싼 편이다. 이미 이해했겠지만 프린터 메이커는 교두보를 구축하기 위해 본체에 대해서는 앞에서 10엔에 응찰했다고 소개한 정보시스템회사와 마찬가지로 이익 폭을 낮추어 싸게 제공하고 있다. 그리고 일단 교두보를 구축한 다음에는 소모품인 토너로 이익을 거두는 전략을 취하고 있다.

② 소프트웨어 자산 베이스

화낙의 NC장치는 화낙 전용의 G언어를 사용하고 있다고 앞에서 설명했다. 즉, 화낙의 NC장치가 탑재된 공작기계의 사용자는 화낙의 G언어로 여러 가지 프로그램을 만들게 된다. 그리고 새로운 공작기계를 구매할 때는 과거에 작성한 프로그램 파일을 다시 사용하고 싶어 하기 때문에 화낙의 G언어로 작성된 프로그램을 사용할 수 있는 공작기계를 고르게 되는데, 이 경우 G언어로 작성된 프로그램 파일들이 교두보가 된다. 즉, 고객 내부에 공급자의 특수 사양에 의한 중요 소프트웨어 자산이 구축되면, 그 후에는 해당 공급자로부터 그 자산을 활용할 수 있는 특정 사양의 제품을 계속해서 구매하게 되는 구조다. 마이크로소프트의 윈도상에서 작동하는 소프트웨어도 이와 비슷한 비스니스모델에 의한 것이다.

③ 고객정보 · 지식 베이스

고객정보 · 지식 베이스는 다른 회사, 경우에 따라서는 고객에게도 알려줄 수 없는 고객에 관한 정보를 축적하고 지속적으로 그 정보를 갱신하는 체계를 구축해, 그 정보를 이용해 해당 고객에게 새로운 제품이나 서비스를 무경쟁 상태에서 제공하는 것을 말한다.

GE는 항공기 제트엔진의 보수서비스 사업을 하면서 비행 중인 제트엔진의 가동상황을 인공위성으로 모니터하고 있는데, 그러한 활동을 통해 엔진의 가동상황, 고장빈도, 고장내용을 계속해서 축적하고 분석함으로써 항공사에 가동률 향상이나 비용절감을 위한 프로젝트를 제안할 수 있게 된다. GE는 경쟁사는 물론이거니와 고객인 항공사들과도 제트엔진의 가동상황에 관한 심도 있는 정보는 공유하지 않는다. 또한 GE는 제트엔진 보수서비스 사업을 하면서 자사가 생산한 엔진뿐만 아니라 다른 회사가 제조한 엔진의 보수업무도 하고 있기 때문에 경쟁사의 엔진에 관한 정보도 입수할 수 있다. GE는 이러한 체제에 의해 제트엔진 보수 시장에서 지위를 더욱 강화시켜가고 있다.

④ 고객의 습관 베이스

고객에게 자사 제품이나 서비스를 이용하는 습관을 들이도록 할 수 있다면 자사에는 강력한 교두보가 된다. 담배는 고객습관 베이스 제품의 전형적인 예이며, 인터넷의 검색엔진 등도 그렇다. 특정 검색엔진에 익숙해지면 다른 검색엔진이 설령 좀 더 효율적으로 검색할 수 있다고 하더라도 예전에 사용하던 검색엔진을 계속해서 이용하게 된다. 화낙의 NC장치 구동 프로그램인 G언어에 익숙해진 공작기계 기능공도 이와 마찬가지로 계속해서 화낙의 NC장치를 이용한다.

⑤ 고객의 신뢰 베이스

앞에서 소개한 **키엔스**의 사례는, 실적에 기초한 신뢰라는 교두보를 활용한 예다. 고객은 신뢰할 수 있는 공급자와 계속해서 거래를 하면 새로운 공급자와 거래할 때 발생하는 리스크나 추가비용을 걱정하지 않아도 된다. **마부치모터**가 자진해서 비용절감분을 단가 인하라는 형태로 고객에게 환원하는 것도 고객으로 하여금 '모터는 마부치모터에서 구매하는 것이 가장 싸기 때문에 다른 회사에 물어볼 필요가 없다'는 생각을 가지게 하는 신뢰를 베이스로 한 전개다. 롬도 자사의 사와무라 이사가 "영업 담당자가 수시로 고객의 현장에 찾아가는 사이에 신뢰관계가 형성됩니다. 이 신뢰관계야말로 저희 회사 모든 사업의 기초가 되고 있습니다."[2]라고 할 정도로 고객으로부터의 신뢰는 롬이 고수익을 실현하는 데 있어 중요한 부분을 차지하고 있다.

출처

1) 2) 포브스, 2005년 9월

원칙 8 : 최종 사용자에게 직접 접근함으로써 업계 표준을 획득한다

• 업계표준화의 어려움

자사의 사양을 업계표준으로 만들 수 있다면 시장에서 압도적인 우위를 점하며 사업을 전개할 수 있다는 것은 이미 수차 설명했다. 하지만 일반적으로 업계의 표준을 정하는 국면에서는 치열한 경쟁이 벌어진다. 왜냐하면 어떤 기업의 사양이 업계표준이 되느냐에 따라 시장의 판도가 결정되기 때문이다. 즉, 공급자에게 업계표준의 결정은 승패의 갈림길과 마찬가지인 셈이다.

업계표준을 둘러싼 경쟁 중 가장 유명한 사례는 가정용 VTR의 규격을 놓고 빅터·마츠시타의 VHS방식과 소니의 베타방식이 경쟁한 것이다. 양자는 영화배급사나 미국의 대형 유통업체까지 끌어들여 치열한 경쟁을 벌였다. 하지만 결국에는 VTR기술을 먼저 개발했고, 또한 기술적으로도 앞선 것으로 평가받았던 소니가 1988년에 빅터·마츠시타 진영이 개발한 VHS규격의 VTR을 생산하기 시작함으로써 빅터·마츠시타 진영의 승리로 막을 내리게 된다. 자기 진영 기업의 확대, 강력한 영업력의 구사, 유저 니즈에 대한 적극적인 대응, 그리고 세계적인 규모의 VHS 방식 렌탈비디오 보급 전략 등이 빅터·마츠시타 진영이 승리한 주요 요인이다.

• 마이크로소프트가 업계표준을 획득하게 된 이유

이처럼 치열한 경쟁을 치르지 않고도 업계표준을 구축할 수 있다면 그보다 더 좋은 것도 없을 것이다. 다른 기업과 그다지 경쟁을 하지 않고도 독자적인 업계표준을 실현한 기업이 바로 MS-DOS로 PC OS의 업계표준을 획득한 마이크로소프트다. 마이크로소프트가 업계표준을 획득한 이유는 다음과 같은 4가지 요인 때문일 것이다.

① 빌 게이츠가 당시 PC 메이커 이상으로 PC 유저와 그 시장에 정통했다는 점

IBM의 PC개발팀은 빌 게이츠가 프로그래밍언어인 BASIC을 개발했기 때문에 그에게 BASIC을 공급받기 위해 방문한다. 그때 IBM은 OS도 필요했으므로 그에게 소개할 만한 OS개발업체가 없는지 물었고 빌 게이츠는 한 회사를 소개했다.

하지만 그 회사의 대응이 그다지 좋지 않아서 IBM은 마이크로소프트에 OS개발까지 의뢰하게 된다. 하지만 이러한 마이크로소프트의 OS개발

수탁 경위를 단순한 우연으로 보는 것은 잘못이다. 메인프레임 컴퓨터의 사용자와 PC 유저는 같은 컴퓨터 사용자라도 그 성격이 다르다. 한쪽은 기업 내의 컴퓨터 전문가이고 다른 한쪽은 컴퓨터 마니아다. IBM이 빌 게이츠에게 OS개발을 의뢰한 것은 OS를 개발할 시간적인 여유가 없었기 때문이기도 하지만, 컴퓨터 마니아를 중심으로 한 PC 유저의 특성이나 급속히 진화하는 PC 시장에 대해 잘 몰랐기 때문이다. 한편, 빌 게이츠는 고교시절부터 직접 PC를 조립했었고 아르바이트로 한 일이지만 실질적으로 프로그래머로서의 경험도 있었다. 또한 대학시절에는 그 당시까지 존재하지 않았던 프로그래밍 언어의 필요성을 인식해 BASIC을 직접 개발했다.

빌 게이츠는 비록 컴퓨터 마니아로 출발했으나 마니아의 범주를 뛰어넘어 당시의 컴퓨터 사용자에 대해 잘 알고 있었고, 컴퓨터산업에 필요한 요건에 대해서도 제대로 인식하고 있었다. 빌 게이츠의 이러한 능력을 높이 평가한 IBM의 개발팀이 그에게 OS개발을 의뢰했다고 보는 것이 타당하다고 본다.

② 직접 PC를 제작하지 않았던 점

또한 빌 게이츠는 직접 PC를 조립했던 경험이 있으면서도 애플의 스티브 잡스처럼 PC 사업에는 뛰어들지 않았다. 만약 마이크로소프트가 PC를 생산했더라면 애플의 OS가 업계표준이 되지 못했던 것처럼 윈도 또한 업계표준이 되지는 못했을 것이다.

③ IBM에 그치지 않고 모든 PC 메이커와 거래했던 점

빌 게이츠는 IBM과 계약할 때, IBM에 MS-DOS를 판 것이 아니라 라이센스 계약을 체결했다. 또한 IBM 외의 다른 PC 메이커에도 MS-DOS

를 라이센싱하는 것에 대해 사전 승낙을 받았고, 또 실제로 그렇게 했다.

④ PC 유저를 상대로 치밀하게 MS-DOS 유저 확대 전략을 취한 점

마이크로소프트는 자사의 MS-DOS를 사용하는 PC 유저들을 늘려가기 위해 아주 치밀하게 몇 가지 전략을 취했다.

첫 번째 전략은 애플리케이션 소프트웨어 메이커에 MS-DOS에 관한 정보를 적극적으로 공개해 MS-DOS 상에서 작동하는 애플리케이션 소프트웨어를 늘려나갔다는 점이다.

두 번째 전략은 PC 메이커에 대해서 당시 IBM에 OS를 공급하던 다른 회사보다 훨씬 싸게 라이센스료를 책정해 MS-DOS의 사용자를 늘려갔다는 점이다.

이 밖에도 IBM이 개방형 구조방침을 채용했던 점도 있지만 그것은 마이크로소프트가 관여했던 것이 아니기 때문에 크게는 위에서 설명한 4가지 요인으로 집약된다고 해도 좋을 것이다.

• 업계표준화에 관한 일본의 고수익 기업과 마이크로소프트의 공통점

실은 이 4가지 요인은 업계표준을 획득하는 데 있어 아주 중요한 점을 시사하고 있다. 이번에 고수익 기업을 사례로 들었고 또한 업계표준을 획득한 시마노와 화낙은 각자의 산업 분야에서 업계표준을 획득할 때 마이크로소프트와 같은 접근법을 택했다.

시마노는 원래 경주용 사이클 사용자에 대해 잘 알지 못했다. 하지만 나중에 그 중요성을 인식하고 유럽의 프로 사이클팀을 지원하게 된다. 시마노는 그 프로팀에 기술자(미캐닉)를 파견해 프로 사이클 선수들의 사이클 이용환경과 그들이 인식하고 있는 문제점과 니즈, 가치관, 팀의 운영법 등

과 관련한 여러 가지 정보들을 수집하고 축적해갔다. 동시에 실업 사이클 팀을 창단해 직접 사이클 경주에 관한 체험을 하게 된다. 이러한 점은 빌 게이츠가 PC 사용자와 그 시장을 잘 이해하고 있었던 점과 유사하다. 하지만 시마노는 직접 완성 자전거를 제작하려는 시도는 전혀 하지 않았으며, 오로지 자전거부품 제작 사업에만 전념해 세계 여러 자전거 메이커와 거래관계를 넓혀왔다. 이러한 점은 마이크로소프트가 애플과 같은 PC 메이커가 되지 않고, IBM을 포함한 모든 PC 메이커와 거래했던 것과 같다. 또한 시마노는 자전거 메이커가 아닌 사이클 선수들을 상대로 자사 제품을 홍보했는데, 이 점은 마이크로소프트가 PC 메이커가 아닌 PC 유저에 초점을 맞추어 마케팅 활동을 펼쳤고, MS-DOS의 수요 확대를 목적으로 애플리케이션 소프트웨어의 유통량 확대 및 저렴한 라이센스료 전략을 펼친 것과 같다.

화낙이 업계표준화를 획득한 가장 큰 이유는 공작기계 메이커가 NC장치에 대한 지식이 거의 없었기 때문이다. 공작기계 메이커의 기술자는 대부분 기계계통의 사람들이었고 전기계통의 기술자 역시 기껏해야 몇 명만 있을 뿐으로, 제어계통의 기술자는 거의 전무한 상태였다. 이 점은 IBM이 PC 유저나 PC 시장에 대해 잘 몰랐던 것과 비슷하다. 물론 화낙(당시는 후지츠)은 당시에 이미 일본의 유수한 전자기기 메이커였고, NC장치 메이커로 성장하도록 방향을 결정한 후부터는 이나바가 중심이 되어 철저히 그것에 집중해 기술과 노하우를 축적해왔다. 또 NC장치가 부착된 공작기계의 제조도 직접 했기 때문에 공작기계에 관한 기술이나 노하우도 함께 축적할 수 있었다.

이 점은 PC를 직접 생산하지 않는 마이크로소프트의 전략과는 달랐으나 화낙도 나중에는 공작기계 사업을 출시한다. 화낙이 초기에 공작기계 사업도 같이 영위한 이유는 공작기계에 대한 지식을 축적하려는 의도 때문이 아닐까 싶다. 공작기계 사용자에 대해서도 NC에 관한 교육과 질 높은 서비스체제 구축 등으로 자사의 팬을 늘려가는 활동과 함께 압도적으로 경쟁력 있는 제품을 계속해서 출시함으로 공작기계 사용자에게 어필해왔다. 이 점은 마이크로소프트가 PC 유저에게 초점을 맞추어 마케팅 활동을 펼친 것과 동일하다.

이처럼 시마노와 화낙은 마이크로스프트와 마찬가지로 직접적인 고객이 아닌 최종 사용자와 그 시장을 철저히 연구하고, 최종 사용자에 초점을 맞춘 마케팅 활동을 펼치고, 유통에 관해서는 그 분야를 잘 알고 있는 직접적인 고객에 맡김으로써 독자적인 업계표준을 확립할 수 있었다고 봐도 무방할 것이다.

• 업계표준이라는 교두보의 철저한 활용

마이크로소프트는 MS-DOS나 윈도와 같은 업계표준을 확립해 OS 사업으로 돈을 버는 것뿐만 아니라, OS라는 교두보를 매개로 해서 PC용 소프트웨어, 관련서비스 등 PC와 관련된 일체의 것을 수중에 넣으려 했다는 점은 주지의 사실이다. 이와 마찬가지로 화낙도 업계표준이라는 교두보를 활용해 수익원을 늘리고, 고객사의 가공 노하우까지 자사의 것으로 만든 기업이다. 화낙은 NC장치 외에도 서보모터와 그 드라이브도 전체 시스템의 한 구성기기로 제작, 판매했으며 제어 소프트웨어의 개발수탁 업무도 수행했고, 지금은 이 제어소프트웨어 개발사업이 전체 수익 중 상당 부분을 차지하고 있다. 또한 이 제어소프트웨어 개발수탁업무를 고객사의 재료가공 노하우를 습득하는 기회로 활용해 새로운 수익원을 창출하고 있다.

흔히 업계표준이라고 하면 VTR의 규격 전쟁과 같은 치열한 경쟁을 머릿속에 떠올리기 쉬우나 마이크로소프트, 시마노, 화낙과 같이 전략적인 사고로 사업을 전개하면 치열한 경쟁을 벌이지 않고서도 자사의 독자적인 사양을 업계표준으로 만들 수 있다. 또한 업계표준은 단순히 경쟁을 회피하는 수단으로 뿐만 아니라 주변의 여러 사업 기회를 놓치지 않기 위한 아주 효과적인 수단이기도 하다.

참고문헌
《꿈은 반드시 이루어진다. 빌 게이츠의 본모습》, 코이데 시게유키, 중앙공론사

원칙 9 : 서비스로 경쟁을 회피한다

• 하드웨어 메이커가 가진 서비스 전개의 어려움

일본의 제조업체는 최근 '모노츠쿠리의 원점' 으로의 회귀가 키워드가 되고 있듯이 경영자나 사원의 사고와 행동의 원점은 '모노(제품)' 에 있다. 하지만 서비스의 경우, serve가 '고객을 섬기다' 라는 의미이듯, 그 사고와 행동의 원점은 철저히 '고객' 에 있다. 바로 이러한 행동규범의 차이는 하드웨어 메이커가 서비스를 전개할 때 큰 장해가 되고 있다.

또한 일본에서는 메이커가 서비스화로 성공한 모범사례가 별로 없기 때문에 시행착오를 겪어가면서 미지의 세계를 헤쳐나가야 한다. 그리고 설령 선행기업의 모범사례가 있다고 하더라도 하드웨어라면 자사에도 어느 정도의 생산과 설계에 관한 기술이 축적되어 있기 때문에 다른 회사의 제품을 입수하여 리버스 엔지니어링(Reverse engineering : 제품 조립순서의

반대로 제품을 하나하나 분해하여 제품의 제조과정 및 성능을 파악하는 것)하면 어
느 정도 모방할 수 있다. 하지만 서비스의 경우는 다르다. 겉으로 보이는
서비스는 빙산의 일각에 지나지 않아 안정된 품질의 높은 수준의 서비스
를 제공하려면 밖으로 드러나지 않는 부분에 해당하는 서비스 철학과 그
것에 기초한 행동 매뉴얼, 교육 프로그램, 정보시스템과 같은 것들이 필요
한데, 메이커는 그러한 부분에 대해서는 전혀 경험이나 노하우가 없기 때
문이다.

게다가 메이커의 CEO 중에는 연구, 개발, 제조, 영업, 경리, 노무 등의
출신인 사람은 많아도 서비스부문 출신인 사람은 거의 없다. 이 때문에 하
드웨어 메이커 중, 경영진이 서비스의 본질과 중요성을 제대로 이해하고
실천하고 있는 회사는 흔치 않다.

그래서 이와 같은 기업문화와 경험, 능력 등의 차이로 인해 메이커가 서
비스사업에서 성공하기란 쉬운 일이 아니다.

• 서비스 전개는 어렵기 때문에 더더욱 경쟁을 회피할 수 있다

이렇게 말하는 것은 서비스 전개의 어려움을 설명하기 위함이 아니다.
서비스를 제공하는 것이 그만큼 어렵기 때문에 타사보다 먼저 그러한 어
려움을 극복한다면 타사의 추종을 불허할 수 있다는 점을 설명하고자 함
이다.

키엔스의 경우, 자사의 제공가치에 좀 더 높은 가치를 부가시키기 위
한 중요 수단의 하나가 컨설팅 서비스라는 점은 이미 앞에서 설명했다.
키엔스의 사사키 사장은 "일본 국내의 니즈는 좀 더 첨단적이면서도 높
은 정밀도를 지닌 제품이다. 따라서 키엔스도 지금까지의 고부가가치를
기반으로 하는 직접 판매와 개발체제를 지속적으로 강화해나가는 것이

필요하다. 다행히 컨설팅영업에 관해서는 타사가 쉽게 따라오지 못하는 선행주자만의 이점이 있다."[1]고 말했다. 이처럼 키엔스에서는 컨설팅 서비스가 타사에 대한 유력한 차별화 요소로 자리매김하고 있다.

• 겉으로 보이지 않는 부분에 존재하는 서비스 제공 체제

그렇다면 **키엔스**의 사원은 어떻게 해서 타사가 쉽게 모방할 수 없는 높은 수준의 컨설팅영업, 즉 서비스 제공이 가능한 것일까?

겉으로 보이지 않는 다음과 같은 이유가 존재하기 때문이라고 생각한다.

첫째, 키엔스 사원들의 머릿속에는 자사가 센서라는 하드웨어를 파는 회사가 아니라 생산성 향상이라는 가치를 파는 회사라는 의식이 자리 잡고 있다. 이는 키엔스가 기업의 목적으로 삼고 있는 것이기도 한데, 고객에 대해 가치를 파는 것이지 결코 하드웨어를 파는 것이 아니라는 생각에서 비롯된 의식이다.

둘째, 첫 번째 이유와 같은 사원들의 의식을 바탕으로 키엔스가 하드웨어가 아닌 가치를 파는 것으로 높은 수익률을 실현할 수 있었고, 그로 인해 사원들도 높은 급여를 받고 있으며, 일을 통해 충만감을 느끼고, 또 그런 경험을 통해 더더욱 자신들의 회사가 고객 가치를 파는 회사라는 의식을 가지게 되었다.

셋째, 키엔스에서는 컨설팅영업의 중요성을 영업부서뿐만 아니라 다른 부서의 직원들도 철저히 인식하고 있으며, 컨설팅영업을 위한 지원체제가 제대로 갖추어져 있다. 예를 들어 개발 담당자는 영업 담당자 이상으로 고객의 현장을 직접 방문하고 있으며, 영업 담당자가 고객의 요망이나 사용 조건에 제대로 대처할 수 없을 때는 같은 컨설팅이라는 관점에서 영업 담

당자를 지원하고 있다.

넷째, 사원 개개인의 주체적으로 생각하는 습관이 하나의 공유가치로 조직 속에 베여 있다. 컨설팅은 단순히 매뉴얼로 대응할 수 있는 것이 아니다. 매뉴얼로 대응할 수 있다면 홈페이지의 FAQ나 콜센터를 통해 해결할 수 있다. 하지만 고객의 현장에서는 미처 예상하지 못했던 문제가 발생하기 일쑤여서, 컨설팅을 할 때는 자신의 경험과 지식을 바탕으로 그러한 고객의 다양한 문제점에 대해 해결책을 제시할 수 있어야 하고 키엔스도 이것이 제대로 이루어지고 있다.

이상과 같이 키엔스에서는 컨설팅 제동을 위한 수미일관된 경영이념과 사내 체제로 모든 사원들의 의식이 서비스 제공 의식에 맞추어져 있다.

• 서비스 중시의 사업비전 재구축의 필요성

서비스 사업을 전개함에 있어 매우 중요한 것이 있다. 그것은 바로 서비스 사업을 단순히 기존 사업의 부가적인 사업으로 보는 것이 아니라 서비스를 중요 요소로 삼아 회사의 사업 비전을 재구축하는 것이다. 그리고 그 사업비전을 실행에 옮겨가는 과정에서 '회사는 지금까지와는 다른 새로운 방향으로 나아가려 하고 있다. 그것은 하드웨어를 기점으로 하던 지금까지의 사업에서 고객제공가치를 기점으로 하는 사업으로 180도 전환하는 것이다. 그렇게 함으로써 하드웨어와 서비스의 시너지 효과를 기대할 수 있고 사업 기회도 늘어나 궁극적으로는 회사 경영이 고수익 체제로 바뀔 수 있다. 경영진도 강한 의지를 가지고 회사를 새로운 방향으로 이끌어나갈 것이다.' 라는 메시지를 수시로 사원들에게 전달할 필요가 있다.

이러한 것들이 제대로 이루어지고 있는 회사가 바로 원칙 3에서 소개한 도시바기계다.

　한편, 회사의 조직체계도 사업 비전 및 사업 전략의 전환에 맞춰 서비스를 포함한 최적의 솔루션을 제공할 수 있도록 하드웨어별로 구성하던 것을 고객업계별로 재구성할 필요가 있다. 이 정도로 철저한 서비스화가 가능하다면 다른 하드웨어 메이커를 크게 앞지를 수 있고 아울러 경쟁도 회피할 수 있다.

출처
1) 포브스, 2005년 9월

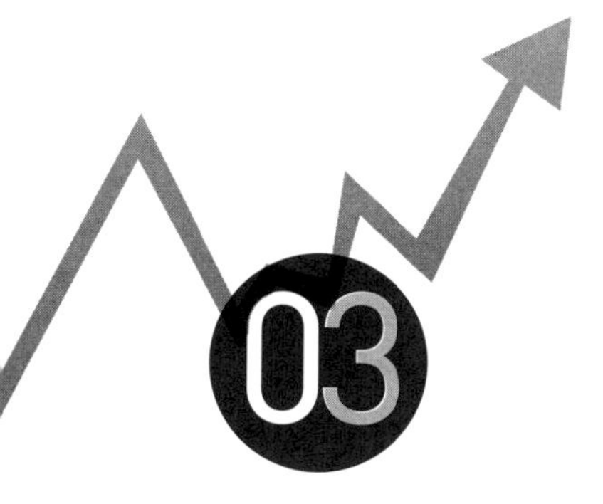

03

제3요건
창출가치 최대화를 위한 자사 능력 설계

고수익 기업의 예로 든 6개 기업은 자사의 수직통합 정도와 자사가 보유한 가치사슬 범위 측면에서 두 그룹으로 나눌 수 있다. 이에 관한 논의를 위해 먼저 제품, 생산설비, 부품, 소재와 같은 산업구조의 계층을 세로축으로 하고, 자사의 가치사슬을 가로축으로 한 매트릭스에 대해 알아보자.

키엔스나 **히로세전기**는 제품기획, 개발 및 설계와 같은 기능에 특화하

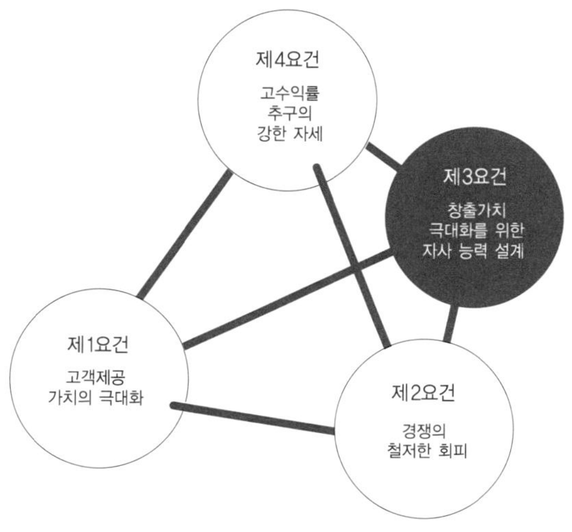

고 일부분을 제외한 생산은 외부에 맡기고 있다(도표 3-9-1). 한편, **화낙**, **롬**, **시마노**, **마부치모터**는 자사의 생산설비와 부품, 나아가서는 그 상류의 소재까지 직접 생산한다. 즉, 그러한 것들도 자사가 가치사슬을 갖추고 사업을 전개하는 방법이다(도표 3-9-2). 이처럼 자사의 대상 업계·가치사슬에서 고수익률을 추구하는 데에는 분명히 구분되는 2가지 방법이 있다.

첫 번째 방법은 수직통합은 하지 않고 자사의 가치사슬을 제품기획과 개발기능에 특화하는 소위 팹리스이며, 두 번째 방법은 상류를 향한 수직통합과 넓은 가치사슬상의 기능을 대상으로 하는 방법이다.

프로피트 피라미드의 제3요인인 '창출가치 극대화를 위한 자사 능력 설계'에 대해서는 우선 이러한 방법(방향성)을 2가지 독립된 원칙 10 : '상류로 수직통합한다'와 원칙 11 : '생산을 하지 않는다'로 나누어 알아보고, 고수익을 실현하기 위한 자사의 가치사슬을 고려할 때 중요한 원칙 12 : '백캐스팅한다'와 이번에 사례로 든 고수익 기업의 분석을 통해 분명해진 원칙 13 : '영업을 개혁한다'에 대해서 알아보겠다.

원칙 10 : 상류로 수직통합한다

• 수직통합과 수익률의 관계

상류의 수직통합에 대해 논의하기 위해서는 우선 **화낙**, **롬**, **시마노**, **마부치모터**와 같은 기업의 경우처럼 상류로의 수직통합이 고수익률을 가져다주는 메커니즘을 제대로 설명할 수 있어야 한다. 그래서 먼저 3가지 요소에 대해 알아보겠는데, 이 3가지 요소에 의해 상류의 수직통합이 고수익률을 가져다주는 전제 조건임을 밝혀보겠다.

도표 3-9-1 자사 가치사슬의 전체 그림 - 키엔스, 히로세전기

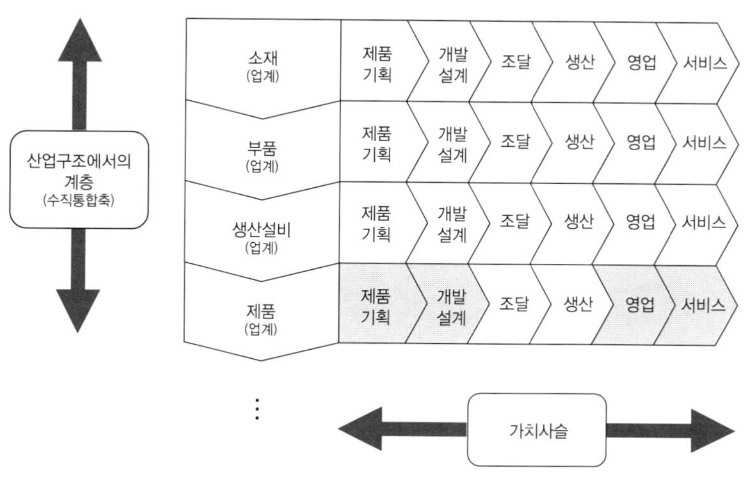
산업구조에서의
계층
(수직통합축)
소재
(업계)
부품
(업계)
생산설비
(업계)
제품
(업계)
제품
기획
개발
설계
조달
생산
영업
서비스
가치사슬

도표 3-9-2   자사 가치사슬의 전체 그림 - 화낙, 롬, 시마노, 마부치모터

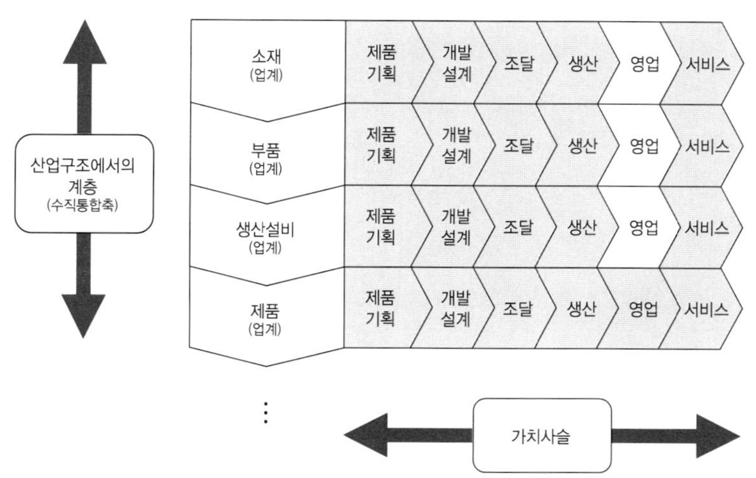
산업구조에서의
계층
(수직통합축)
소재
(업계)
부품
(업계)
생산설비
(업계)
제품
(업계)
제품
기획
개발
설계
조달
생산
영업
서비스
가치사슬

① 제1요소 : 스마일커브

　제1장에서 롬을 분석할 때 스마일커브에 대해서 소개했다(도표 1-2-6). 상당수 업계에서 하드웨어 제품의 제조자(세트 메이커)를 가운데 두고 보면, 세트 메이커의 수익률이 가장 낮고, 상류에서 하류 쪽으로 갈수록 수익률이 증가하는 경향이 있으며, 그것을 그래프로 나타내면 스마일커브가 된다는 것은 익히 알려진 사실이다. 왜 이렇게 한 산업의 업계사슬(공급사슬)과 수익률의 관계가 스마일커브가 되는지는, 경쟁의 강도와 고객의 자사 공급자에 대한 충성도로 설명할 수 있다고 본다.

　그러면 우선 경쟁의 강도에 대해서 알아보자. 디지털 오디오기기의 경우, 가전양판점에 가보면 알겠지만 10여 개나 되는 회사의 제품이 판매되고 있다. 이는 세트 메이커 간의 제품개발 경쟁이 아주 치열하다는 것을 의미한다. 경쟁이 치열하다 보니 제품의 사이클이나 투자의 회수기간도 점점 짧아지고 있다. 한편, 스마일커브상에서 세트 메이커보다 위쪽에 위치하는 부품, 예를 들면 오디오기기의 주요 부품인 플래시메모리의 경우는, 그것을 생산하는 회사가 삼성전자, 도시바, 하이닉스 등 몇 개 회사밖에 되지 않아 경쟁은 오디오기기처럼 치열하지 않다. 컨텐츠의 경우도 디지털 오디오기기를 사면 다운로드를 할 수 있는 사이트는 내부에 장착된 소프트웨어로 인해 고정되어 있는 경우가 많다. 애플 iPod라면 iTunes Store, 소니의 워크맨이라면 MORA로 고정되어 있다(원칙 7에서 설명한 교두보전략). 반면에, 플래시메모리나 컨텐츠 제품의 사이클은 세트제품보다 길어 상대적으로 오랫동안 투자비용을 회수할 수 있다. 생산설비나 소재의 경우도 부품과 마찬가지라 할 수 있다.

　고객의 자사 공급자에 대한 충성도는 디지털 가전업계인 세트 메이커는 주로 일반 소비자 소위 B2C를 대상으로 하고 있어, 특정 브랜드에 대한 것보다 일반적으로 낮다. 따라서 다른 좋은 제품이 있다면 그것을 구매하는 경향이 있다. 한편, 부품 메이커나 재료 메이커의 고객은 B2B 고객(즉, 세트 메이커, 설비 메이커, 부품 메이커)이므로 조달하는 기업의 교체비용(Switching cost)이 높아 계속해서 같은 공급자에게 구매하는 경향이 있다. 이 때문에 공급자는 마케팅비용을 억제할 수 있고 판매가격도 비교적 안정되어 있으며, 장기적인 관점에서 최적의 투자를 할 수 있다. 한편, 컨텐츠의 경우는 가격탄력성이 낮아 가격인하 경쟁이 펼쳐지는 경우가 드물며, 그러한 특성이 컨텐츠 사업의 고수익성에 기여하고 있다.

이처럼 산업구조의 계층, 다시 말해 업계에 따라 세트 메이커를 한가운데 두고 수익률을 나타내보면 가운데가 가장 낮고, 상류나 하류 쪽으로 갈수록 높아지는 경향이 있다.

② 제2요소 : 리카도의 '비교우위의 원리'

자사가 상대적으로 우위에 있는 분야에 집중하고 상대적으로 열위에 있는 분야에 대해서는 타사에 그 역할을 분담시키면, 양사 모두에게 득이 된다는 것은 18세기 영국의 경제학자인 리카도(David Ricardo)가 밝힌 '비교우위의 원리'로 설명할 수 있다. 비교우위의 원리는 선진국과 개발도상국이 서로 자국에서 생산한 제품을 무역하는 경우를 예로 들어 설명한 것인데, 비록 선진국의 생산성이 모든 제품에 대해서 높다고 하더라도 선진국과 개발도상국이 '상대적'으로 생산성이 높은 제품 생산에 특화하고, 그 제품을 무역 거래하는 편이 양국 모두에게 좀 더 높은 이익을 가져다준다는 것이다.

이 원리에서 국가를 기업으로 바꾸고, 제품을 자사의 가치사슬상의 기능들로 바꾸어 생각하면, 타사보다 상대적으로 우위에 있는 제품이나 가치사슬상의 기업은 기능에 특화함으로써 좀 더 많은 이익을 얻을 수 있다는 의미가 된다.

이해가 되지 않는다면 구체적인 예를 들어 알아보자(도표 3-10-1). 선진국인 A국은 10명이 한 대의 자동차를 생산하고, 20명이 1톤의 쌀을 생산하는 능력을 지녔고, 후진국인 B국은 100명이 한 대의 자동차를 생산하고 50명이 1톤의 쌀을 생산하는 능력을 지녔다고 가정하자. 이때는 자동차나 쌀 모두 A국의 생산성이 B국보다 앞선다. 두 나라 모두 총 1,000명 중에서, 500명은 자동차를 생산하고 나머지 500명은 쌀을 생산한다고 했을 때, 양국의 자동차와 쌀 생산량의 합계는 각각 55대와 35톤이 된다. 그렇다면 양국이 각자 상대적으로 생산성이 높은 분야로 일부 인력을 이동시켰을 때는 어떻게 될까? A국에서는 자동차 생산에 600명, 쌀 생산에 400명을 투입하고, B국에서는 1,000명 모두를 쌀 생산에 투입했다고 가정해보자. 이때는 두 나라에서 생산되는 자동차의 합계는 60대이며, 쌀은 40톤으로 양국이 따로 생산했을 때보다 더 많은 자동차와 쌀을 생산할 수 있다.[1]

③ 제3요소 : 거래비용

리카도의 비교우위의 원리를 설명할 때 예로 든 양국 간의 무역에 있어서도 실제로는 거래에 추가적인 비용이 소요된다. 리카도가 비교우위의 원리를 발표한 18세기에는 이미 서양과 동양을 연결하는 해양무역 루트가 개척되어 있었고, 물건을 대량으로 실어 나를 수 있는 범선이 개발되어 비교적 적은 비용으로 물건을 수송할 수 있었다. 만약 이러한 것들이 없었다면 동양의 한 나라와 서양의 한 나라가 무역할 때, 동양에서 서양까지는 실크로드를 따라 낙타로 오랜 기간에 걸쳐 물건을 날라야 해서 상품 하나

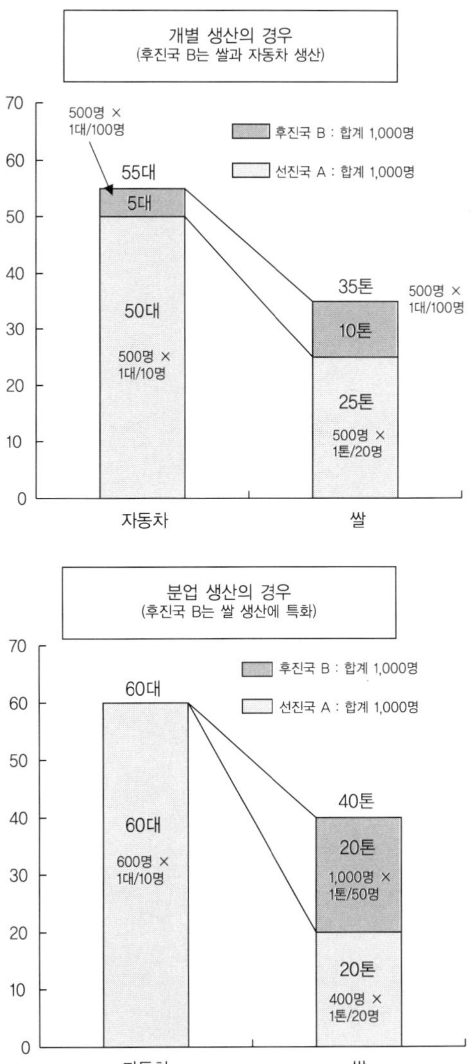

출처 : 《통쾌! 경제학》, 나카타니 이와오, 슈우에이샤 인터내셔널을 참고로 해서 저자가 작성

당 비용은 훨씬 많이 소요되고, 결과적으로 서양에서 모든 것을 생산하는 것이 비용이 더 적게 들 것이다. 즉, 후자의 경우는 무역하는 데 소요되는 비용(거래비용)이 너무 많이 들어 비교우위의 원리에 의한 기능·제품 특화의 효과가 사라진다.

기업 활동에 있어서도 하나의 제품을 생산하기 위해서는 여러 기능을 지닌 사람들에 의한 공동작업이 필수적이다. 공동작업은 한 기업 내에서 하는 편이 여러 기업과 어울려 하는 것보다 쉽다. 왜냐하면 각 기업은 이해관계자가 서로 다르고, 조직상으로도 각 회사의 사장을 정점으로 하는 지휘명령 계통에 의해 움직이고 있기 때문이다. 또한 같은 회사 내에서라면 서로 호흡이 맞아 일일이 설명하지 않아도 될 것을 다른 기업과 거래를 할 때는 각자가 의도한 바를 문서로 작성해야 하는 등의 수고가 따르고 회사 내의 비밀 정보가 외부로 유출될 우려도 있다.

롬은 다른 생산기기 메이커가 판매하는 가격의 10분의 1에 해당하는 비용으로 같은 기능을 지닌 생산기기를 제작할 수 있다고 한다. 이 경우, 그 차이에 해당하는 10분의 9는 거래비용으로 볼 수 있다. 만약 롬이 어떤 생산기기 메이커에 대해 자사가 필요로 하는 기기의 사양과 제조 방법, 부품재료 조달처, 그리고 그 조달처와의 가격교섭 방법 등에 관한 자세한 내용을 전달하면, 이론적으로는 해당 업체도 비슷한 수준의 비용으로 기기를 생산할 수 있어야 한다. 하지만 그렇게 하면 추가적인 비용, 즉 거래비용이 늘어난다. 때문에 롬이 자사에서 직접 생산하는 편이 그러한 거래비용을 줄일 수 있어 비용이 적게 든다.

한편, 경쟁사에서 모방함으로써 발생하는 비용도 거래비용으로 볼 수 있다. **마부치모터**가 원재료를 직접 생산하게 된 것도 바로 이 때문이다. 마부치모터는 처음에 샤프트와 베어링 등을 외부 전문 메이커에 의뢰하는 것이 싸게 먹힐 것이라는 판단에서 그렇게 했다. 하지만 해당 외주처가 같은 부품을 경쟁사에도 납품했고, 심지어는 마부치모터에 판매하는 것보다 싼 가격으로 납품한 사실이 드러남에 따라 부품을 자체적으로 생산(내제화)하기 위해 자회사를 설립하게 된다. 이처럼 거래비용의 존재는 기업의 기능 특화를 저해하고 오히려 통합을 촉진시키는 역할을 한다.

• 거래비용을 둘러싼 큰 변화 : 납기 단축

최근에는 납기 단축이 점점 더 중요한 차별화 요인이 되고 있다. 하지만 외부기업에 부품이나 소재를 의존하는 경우에는 속도의 제한, 품질의 불안정화 등과 같은 거래비용이 발생하는 경향이 있다. 이 때문에 팹리스전략을 취하고 있는 **히로세전기**도 생산비중이 높은 휴대폰용 커넥터에 한해서는 생산에 필요한 부품을 자체적으로 조달하고 있다. 납기 단축과 품질 안정화를 도모하기 위함이다.

요즘은 갈수록 시간의 중요성이 더 커지고 있기 때문에, 일부 기능을 외부에 의존함으로써 발생하는 거래비용의 문제는 자사의 가치사슬을 설계할 때 최우선적으로 고려되어야 할 요소다.

• 상류수직통합의 권유

이상과 같은 3가지 요소를 잘 검토하고, 다시 그것들을 종합적으로 고려해 수직통합을 할지 말지를 결정하게 된다. 하지만 자사의 수직통합을 고려할 때 제일 중요한 요소는 앞에서 언급한 거래비용인데, 다음과 같은 경우에는 상류로 수직통합하는 것이 좋다.

첫째는, 분업으로 거래비용이 증가하고 상류로 수직통합하는 것이 그러한 거래비용을 상당 부분 줄일 수 있는 경우다. 이때는 수직통합이 거래비용 절감의 큰 촉진요인이 된다.

둘째는, 스마일커브가 존재하는 경우다. 이때는 두말할 것 없이 상류로 수직통합하는 것이 좋다. 최근에는 세트 메이커업계에서 수익률 향상을 목적으로 상류의 부품까지 수직통합하는 경향이 있다.

셋째는, 자사의 니즈가 곧 고객의 니즈가 되는 경우다. 상류로 전개할 때에는 상류 사업(제조설비, 소재, 부품)의 관점에서는 자사가 유저가 되며, 고객(하류의 자사 사업을 말함)의 니즈를 고려하면서 사업을 전개할 수 있는 이점이 있다.

지금까지 고객의 잠재 니즈를 수집하는 것이 고수익률 실현의 공통적인 원점이라고 강조했는데, 자사의 니즈가 바로 고객의 니즈가 되며, 그런 자사의 니즈를 출발점으로 해서 다른 고객을 위한 제품(제조설비, 소재, 부품)의 기획이 가능하다는 것은 상당한 이점이다.

• 하류전개에 대해서

지금까지 이해하는 데 혼돈을 초래하지 않게 하기 위해서 일부러 하류전개에 대해서는 언급하는 것을 자제해왔다. 하지만 스마일커브와 같은 수익률 유형이라면 당연히 하류의 수직통합에 대해서도 한번쯤 고려해볼 필요가 있다. 고도성장기에는 최종적인 고객에게 직접 다가가려는 취지에서 소재 메이커를 중심으로 하류화를 전개하는 경우가 많았지만 대부분 실패로 끝났다. 그 이유는 하류전개를 하다 보니 당연히 자사의 고객과 경쟁하게 되고, 그로 인해 여태까지 쌓아온 고객기반이 한순간에 무너져버렸기 때문이다.

• 어떤 부분을 수직통합해야 할까?

그렇다고 모든 상류의 기능을 자사에 흡수시키는 것이 좋냐 하면 그렇지는 않다. 상류로 수직통합할 기능은 다음과 같은 관점에서 신중히 검토해야 한다.

① 상류전개로 자사의 경쟁우위성을 높일 수 있는가?

상류기능의 통합을 고려할 때 가장 중요한 점은, 자사 제품 또는 서비스의 경쟁우위성을 높일 수 있을지의 여부다. 이 점에 대해서 롬은 최근에 'IC 및 LSI에 관한 모든 공정의 내제화'를 업계 최초로 추진해 제조설비뿐만 아니라 반도체 제작에 필요한 웨이퍼, 포트마스크, 리드프레임 등을 자체적으로 생산함으로써 납기 단축이나 품질 안정화를 도모하고 있다.[2] 현재, 반도체업계의 주류는 팹리스화인데, 롬의 이러한 사업 전개는 다소 이상하게 보일 것이다. 하지만 롬은 휴대폰이나 디지털가전과 같이 제품 사이클이 상당히 짧고 치열한 경쟁이 벌어지고 있는 분야를 중심으로 제품을 전개하고 있기 때문에 납기 단축은 제품 그 자체의 속성과 함께 매우 중요한 요소가 되고 있으며, 이러한 원재료의 내제화로 창출되는 경쟁우위는 상당한 것으로 파악된다.

② 상류 업계의 수익률은 정말로 높은가?

앞에서 일반론적으로 스마일커브에 대해 설명했다. 하지만 업계마다 상황은 조금씩 다르기 때문에, 먼저 자사가 속한 업계의 스마일커브를 그려보고, 그렇게 되는 배경을 제대로 파악할 필요가 있다.

③ 상류 제품의 시장 규모가 좀 더 높은 수익률을 실현할 수 있는 정도인가?

상류 산업의 수익률이 현재 자사가 속한 산업의 수익률보다 높다손 치더라도 그것은 어디까지나 산업 전반적인 이야기에 지나지 않으며 자사가 상류의 제품을 직접 생산할 때도 그렇게 된다는 보장은 없다. 보통 상류로 전개하는 이유는, 현재보다 더 높은 수익률과 ROI가 기대되기 때문이다. 이 전제가 충족되지 않으면 오히려 상류화로 인해 회사 전체의 수익률 혹은 ROA와 같은 재무지표는 악화된다. 따라서 상류로 사업을 전개할 때는 충분한 규모의 생산(즉, 자사 및 다른 수요처로의 판매)이 가능한지가 관건이 된다.

자사 내부적으로 어느 정도의 수요가 있어 상류 제품이 규모의 경제성을 확보할 수 있다면, 내제화로 인한 거래비용 절감 효과도 있어서 외부에서 구입할 때보다 싸게 상류의 제품(제조설비, 부품, 원재료)을 조달할 수 있다. 롬이 생산설비를 내제화한 것은 바로 이러한 경우에 해당하는 것으로, 내부적으로 상당한 수요가 있고, 거래비용 절감 및 내제화로 인한 생산 준비기간을 단축하는 효과와 함께 큰 비용 절감효과를 기대할 수 있었기 때문이다.

출처
1) 《통쾌! 경제학》, 나카타니 이와오, 슈우에이샤 인터내셔널
2) 닛케이비즈니스, 2005년 4월 4일

원칙 11 : 생산을 하지 않는다

• 팹리스 경영은 하나의 훌륭한 경영 형태

그렇다면 고수익을 가져다주는 원칙 10인 상류로의 수직통합과 극명하게 다른 팹리스가 왜 또 다른 고수익률 실현의 수단이 될 수 있을까? 팹리스를 훌륭한 경영 형태의 하나로 보는 이유는 2가지 이점이 있기 때문이다. 이 팹리스 경영의 본질적인 이점을 논하기에 앞서 팹리스 경영과는 정반대가 되는 생산기능을 사내에 보유하는 데 따른 문제점에 대해 먼저 짚고 넘어가고자 한다.

생산이라는 것은 토지, 건물, 설비에 투자하고, 노동력과 원재료를 사용해서 작업자의 안전과 주변 환경을 배려하면서, 또한 어느 정도의 규모가 되는 기업이라면 고용을 통해 지역 사회도 배려하는 등 여러 이해관계자와 밀접한 관계를 유지하면서 제품을 만드는 기능 · 활동이다. 이 때문에 마케팅, 개발, 영업 등의 기능과 비교해서 더 많고 다양한 이해관계자가 있으며, 그 활동 범위도 광범위하고 물리적으로도 규모가 큰 고정자산에 투자하고 관리하는 작업이 필요하기 때문에 경영자의 노력, 사원, 그리고 자금 등과 같은 경영자원이 많이 소요된다. 또한 그 때문에 경영상의 어떤 오류로 인해 위험을 초래하는 빈도나 가능성이 높다. 아울러 고정비화된 자산이나 생산요원은 시장 환경의 변화에 능동적으로 대처하지 못하고 진부화될 리스크도 있다.

• 생산기능을 보유하지 않는 팹리스의 2가지 이점

이상과 같은 생산기능을 보유함으로써 야기되는 문제점을 불식시키는

것이 바로 팹리스 경영이며, 여기에는 다음과 같은 2가지 본질적인 이점
이 있다.

팹리스의 이점 ① : 다른 중요 기능에 경영자원을 집중적으로 투입할
수 있다

만약 자사가 생산기능을 보유하지 않아도 된다면 생산에 투입될 대량의
경영자원을 다른 중요한 기능으로 돌릴 수 있다. 생산에 투입되는 경영자
원은 다른 기능에 비해 많이 소요되는 것이 보통이어서 자사에서 생산하
지 않음으로써 염출할 수 있는 경영자원의 양도 그만큼 많아진다. 또한 대
표적인 경영자원인 자금뿐만 아니라 경영자나 사원의 시간과 노력 그리고
지혜를 다른 중요 기능에 집중할 수 있다는 것도 큰 이점 중 하나다.

팹리스의 이점 ② : 신속한 조직 또는 체제를 실현할 수 있다

팹리스는 진부화의 우려가 있는 자산이나 고정적인 인원을 보유하지 않
아도 되기 때문에 외부의 자원을 활용하여 급변하는 시장 환경에 임기응
변적으로 대처할 수 있다. 즉, 신속하게 움직일 수 있는 조직 또는 체제를
갖출 수 있다.

이상과 같은 팹리스에 의한 2가지 이점을 놓고 볼 때, 자사 사업의 본질
이 팹리스 경영에 적합한지를 제대로 판단할 수만 있다면 팹리스 경영도
하나의 훌륭한 경영 형태라 할 수 있다.

• 자사 사업의 본질을 고려한다

도쿄증권거래소는 1999년에 그동안 사람 손에 의지하던 매매방식을
정보시스템의 매매방식으로 교체했다. 그 시점에서 그것의 기능은 정보

시스템으로 교체되었기 때문에 도쿄증권거래소의 존재가치는 그 정보시스템을 제대로 가동시키는 것이 되었고, 극단적으로 말하면 정보시스템 그 자체가 도쿄증권거래소라는 상황을 맞이하게 되었다.

하지만 2005년 11월 1일에 도쿄증권거래소의 시스템이 다운되어 오전 3시간 동안 모든 주식 거래가 불가능해지고, 그로 인해 해외 주식시장에도 큰 영향을 미치는 사건이 발생했다. 같은 해 연말에는 미즈호증권에서 주문 실수를 제대로 정정하지 못하는 시스템상의 문제가 발생했다.

이러한 일련의 시스템 문제는 프로그램상의 사소한 오류가 원인이었는데, 그것은 도쿄증권거래소의 팹리스 체제하에서 발생했다.

이처럼 문제가 발생했을 때는 사회적으로나 경제적으로 상당한 피해를 초래할 수 있는 도쿄증권거래소의 정보시스템을 관리했던 사람들은 고작 33명에 불과한 정보시스템 담당자였다.[1] 즉, 학교로 치면 한 학급에도 미치지 않는 인원만으로 운영되고 있었던 것이다. 도쿄증권거래소가 매우 중대한 기능을 하는 정보시스템을 겨우 33명의 담당자로 구축하고 관리하려 했다는 것은 자사 사업의 본질, 즉 정보시스템 구축 및 운영의 중요성을 제대로 이해하지 못했다는 것을 의미한다.

자사 사업의 본질이 생산과 밀접한 관련이 있다면 팹리스 경영은 좀 더 신중하게 검토해야 하며, 경우에 따라서는 오히려 팹리스 경영을 하지 않는 것이 올바른 판단이 될 수도 있다. 도쿄증권거래소의 경우는 현실적으로 정보시스템의 구축과 운영에 관한 모든 것을 자사에서 직접 수행하는 것이 어려워 팹리스를 선택할 수밖에 없었겠지만, 정보시스템이 수행하는 기능의 중대성을 감안했더라면 자사의 시스템 구축과 운영에 대해 좀 더 신경을 썼어야 했다.

이상의 내용을 통해, 팹리스 경영을 할 때는 자사 사업의 본질을 제대로 고려한 후에 선택해야 한다는 것을 알수 있다.

• 생산의 역할과 팹리스의 한계를 이해한다

2005년 12월 8일 니혼게이자이신문에 PC제조업체 소텍(SOTEC)의 경영자인 야마다 사장의 인터뷰 기사가 실린 적이 있는데, 그중 일부를 소개하면 다음과 같다.

"자사의 공장을 보유하지 않는 '팹리스' 라는 의미에 대해 사원들이 표면적으로밖에 이해하지 못했습니다. (중략) 때문에 품질관리가 제대로 이루어지지 못했고, 제품불량의 원인까지 다른 회사에 책임을 전가하려는 의식마저 생겨났습니다."[2]

소텍의 경우와 같은 문제를 피하기 위해서는 팹리스 경영을 함에 있어 생산이라는 활동에 대해 제대로 이해하고 있을 필요가 있다. 왜냐하면 고객에게는 공급자가 팹리스든 아니든 전혀 상관이 없기 때문이다. 다시 말해 설령 생산을 외부에 맡기더라도 사내에서 직접 생산하는 것과 비슷한 수준으로 관리할 수 없다면 제대로 된 팹리스 경영을 할 수 없다.

이 점에 대해서는 제1장에 나오는 **키엔스**와 **히로세전기**의 개별 사례에서도 소개한 바 있다. 키엔스의 다키자키는 키엔스를 설립하기 전에 생산기능을 보유한 두 회사를 경영한 적이 있고, 히로세전기의 사카이도 자사공장의 생산부분을 관리한 경험이 있어 두 사람 모두 생산에 대해 정통해 있다.

• 일부 생산기능의 보유

두 회사 모두 경영자의 생산에 관한 경험에서 비롯되었겠으나, 사내에 일부 생산기능을 계속 보유하고 있다. **키엔스**의 경우, 생산 위탁처를 효과

226

적으로 활용하기 위해 전액 출자의 생산자회사인 쿠레포를 설립해 전체 제품의 10% 정도를 이 회사로 하여금 생산하게 해서 생산과 관련한 노하우를 축적하고 있다. 쿠레포를 통해 축적된 노하우는 생산 위탁처에서 생산과 관련된 개선사항을 제안하는 데 활용되고 있다. **히로세전기**도 전체 제품의 20% 정도를 자체적으로 생산하고 있다. 생산 위탁처를 지도 또는 지시하려면 자체 생산을 통한 생산 노하우의 축적이 불가결하다고 판단했기 때문이다.

팹리스 경영을 통해 고수익률을 실현하고자 할 때는 이러한 부분까지 염두에 두면서 검토해야 한다.

• 팹리스 경영의 전제가 되는 적극적인 전략적 의도

이처럼 팹리스에도 상당한 리스크와 비용이 동반되기 때문에 결코 쉬운 경영 수단은 아니다. 그럼에도 불구하고 팹리스 경영을 지향한다면 반드시 그에 합당한 전략적인 의도가 있어야 한다. 앞에서 팹리스의 2가지 본질적인 이점에 대해 설명했는데, 팹리스 경영을 한다면 그러한 2가지 이점을 최대한 살릴 수 있는 전략과 비즈니스모델을 채택해야 한다. 키엔스와 히로세전기는 그러한 2가지 본질적인 이점 때문에 팹리스 경영을 선택했는데, 우연의 일치이기는 하지만 두 회사 모두 같은 전략을 취하고 있다. 즉, 경영자원을 제품기획, 개발 그리고 영업부분에 집중적으로 투입하는 전략을 취하고 있다. 또한 신속한 의사결정이 이루어지는 조직과 체제를 활용해 수익률이 떨어진 제품을 단지 고정비를 회수하기 위해 가격을 인하해가면서까지 계속 팔기보다는 버리는 전략을 취하고 있다.

대부분의 팹리스 기업이 자사에는 생산과 관련한 노하우가 없거나, 생산설비에 투입할 자금이 없거나, 외부에 생산을 맡길 기업이 있다는 소극적인 이유만으로 팹리스를 채택하고 있다. 하지만 팹리스 경영이 매우 효과적인 경영 수단이기는 해도, 그 리스크를 제대로 이해한 후에 전략적으로 활용하는 자세를 지녀야만 비로소 고수익으로 이어질 수 있다는 점을 명심해야 한다.

출처
1) 니혼게이자이신문, 2005년 11월 3일
2) 니혼게이자이신문, 2005년 12월 8일

🗂 원칙 12 : 백캐스팅한다

• 코어컴피턴스의 오류

클라이언트 기업을 컨설팅할 때 상당히 신경이 쓰이는 부분은, 그 기업이 새로운 사업을 전개할 때 너무 자사의 강점을 배경으로 사업을 전개하려 한다는 점이다. 그러한 원인은 이때까지 소개된 경영전략에 관한 서적이나 경영컨설팅 회사의 자세 때문인 것으로 생각된다. 자사의 강점을 배경으로 사업을 전개하는 계기가 된 것은 G. 하멜과 C. K. 프라하라다의 《코어컴피턴스 경영》이란 책에서 소개한 코어컴피턴스라는 개념이다. 코어컴피턴스란 다른 회사가 쉽게 흉내 낼 수 없는 자사만의 핵심적인 강점을 말한다. 과거, 특히 버블경제 시절에 많은 기업들이 그동안 전혀 경험이 없던 신규 분야로 사업을 전개해 실패했었는데, 이 때문에 강점이 없는 분야로 진출하는 것은 잘못된 판단이란 주장이 강한 설득력을 얻었다.

하지만 자사의 강점을 기반으로 사업을 전개하는 데에는 다음과 같은 4

가지 문제점이 있다.

첫째, 같은 산업 분야에서 활동하는 다른 기업도 인정하는 자사의 강점은, 정도의 차이는 있을지언정 다른 기업도 어느 정도 지니고 있다는 점이다. 결과적으로 같은 산업 내의 기업은 새로운 시장에 대해서도 기존 시장에서와 비슷한 전략을 펼치게 된다. 그로 인해 종래와 같은 소모전이 기존 시장에서뿐만 아니라 새로운 시장에서도 반복되게 된다.

둘째, 오늘날과 같은 경영환경에서는 업계에 영향을 미치는 어떤 요인으로 인해 지금까지 자사의 강점이 되어왔던 것이 더 이상 강점으로 작용하지 못할 수도 있다. 이 문제에 대해 다루고 있는 책이 《이노베이션의 딜레마》로, 필자인 클레이튼 크리스텐센(Clayton M. Christensen)은 책 속에서 하드디스크 업계를 예로 들며 자사의 핵심 기술이 그보다 수준이 떨어지는 다른 기술로 대체되어 기업이 몰락할 수도 있다는 점을 강조했다. 기술뿐만 아니라 다른 분야에서도 시장 또는 업계의 변화로 자사의 강점이 약점으로 바뀌는 경우는 어렵지 않게 찾아볼 수 있을 것이다.

셋째, 그러한 강점은 다른 기업의 사업부를 매수함으로써 획득할 수 있는 시대가 되었다는 점이다. 한 예로 모터 메이커인 니혼전산은 자사가 약했던 사업 분야를 강화하기 위해 그 분야에 강점을 지닌 여러 기업으로부터 해당 사업을 매수함으로써 높은 수익력을 실현하게 되었다. 이러한 매수는 이미 일반적인 경영수법으로 정착되고 있어, 자사가 지닌 기존의 강점을 더 이상 금과옥조로 여길 수만은 없게 되었다.

넷째, 자사의 강점에 대한 믿음이 이노베이션을 저해한다는 점인데, 이것이 가장 큰 문제점이라고 생각한다. 사람에게는 본능적으로 시간이나 수고를 줄이려는 강한 의식이 작용하고 있다. 때문에 복잡한 사상(事象)을 유형화시키고 어떤 특정 문제와 그에 대한 대응을 하나의 세트로 기억한다. 버블경제 시절의 신규 사업 실패나 《코어컴피던스》와 같은 책에 의해 비롯된 '새로운 사업은 기존의 강점을 기반으로 전개한다.' 라는 강한 메시지가 하나의 패턴으로 뇌리에 각인되어 있다. 타사와 비슷한 경험, 그리고 외부로부터의 메시지 등에서 비롯된 사고의 패턴화는 모든 사람들을 사고정지(思考停止) 상태에 빠트려 이노베이션을 저해하게 된다.

• 제로베이스 발상에 의한 고수익의 실현

이번에 예로 든 고수익 기업의 경영에는 바로 이 '자사의 강점' 에 집착하지 않는 제로베이스의 발상이 크게 기여하고 있음을 알 수 있다.

〈키엔스의 잠재 니즈에 기초한 제품기획〉

키엔스의 고수익 실현에 가장 크게 공헌한 요소는 잠재 니즈에 기초해서 제품을 기획하는 것이다. 시장과 고객의 잠재 니즈를 수집해 활용하는 체제는 키엔스의 큰 장점이며, 다키자키가 잠재 니즈라는 단어조차도 낯설던 시기부터 그 중요성을 깨닫고, 제로베이스에서 시행착오를 거듭하면서 구축한 것이다. 만약 키엔스가 자사의 강점을 기반으로 하는 발상을 했다면 결코 이와 같은 잠재 니즈 전략은 탄생하지 못했을 것이다.

〈롬의 IC기술의 습득〉

"눈을 똑바로 뜨고 세계 전자업계를 바라보면 IC 폭풍이 휘몰아치고 있음을 알 수 있다. 만약 이 폭풍에 휘말려 모든 전자업체가 IC를 채용하게 되면 우리가 만들고 있는 저항기는 더 이상 필요 없게 되고 동양전구는 어디론가 사라져버리게 된다."라고 말했던 것처럼, 롬이 IC사업에 착수한 계기는 사토 사장이 IC기술에 대해 큰 위기의식을 가진 것에서 비롯된 것이다. 당시 저항기 메이커였던 롬에는 당연히 IC기술이 없었다. 그래서 롬은 IC기술 획득을 목적으로 미국의 실리콘밸리에 에쿠사라는 회사를 설립해, 사토 사장이 그곳에 장기 체류하면서 품질 향상에 매진한 끝에 IC기술을 손에 넣었다. 이처럼 롬은 IC기술을 제로베이스에서 획득한 것이다.

〈시마노의 미국의 자전거 딜러 방문〉

시마노는 6,000여 개에 달하는 자전거 딜러를 직접 방문함으로써 미국 자전거 시장에 관한 세세한 것까지 알게 되었고, 그러한 무형의 자산이 나중에 미국 시장에서 수많은 성공을 거두는 데 크게 이바지한다. 당시 시마노는 미국 각지에 사무소가 있었던 것도 아니고, 영어를 잘하는 사원이 많았던 것도 아니었다. 때문에 시마노가 그러한 전개를 할 때는 기댈 곳이나 자사만의 강점은 전혀 없었다. 모든 것은 단지 시마노 요시조 회장의 문득 떠오른 생각에서 비롯된 것이다.

〈히로세전기의 팹리스 경영〉

히로세전기는 원래 전기부품 하청업체였다. 하지만 사카이는 미국의 커넥터 메이커인 암페놀의 일본 상륙 소식을 접하고, 적지의 상황을 알아보기 위해 미국으로 건너가 공장을 방문한다. 암페놀이 금형의 제작에서부터 고무의 성형까지 커넥터 제조에 필요한 모든 것을 자체적으로 하고 있는 것을 본 사카이는 같은 전략으로는 도저히 암페놀을 이길 수 없다는 판단하에 히로세전기는 팹리스 체제로 나갈 것을 결심하게 된다. 당시에는 팹리스라는 개념조차 없었기 때문에 히로세전기에 팹리스와 관련된 노하우가 있었던 것도 아니었다. 때문에 사카이는 궁리에 궁리를 거듭한 끝에 팹리스 체체를 구축하게 된다.

〈마부치모터의 표준화〉

설립 초기의 마부치모터는 완구 메이커를 상대로 모터를 생산해 판매했다. 하지만 완구 메이커들은 저마다 다른 사양의 모터를 요구했고, 또한 당시에는 완구 생산의 계절변동성이 커서 부품공급자인 마부치모터로서는 생산의 혼란과 품질 문제가 큰 경영과제가 되고 있었다. 때문에 어떻게 해서든 공장 가동률을 일정하게 유지시키는 것이 필요했는데, 그 해결책이 바로 모터의 표준화였다. 마부치모터는 이 표준화를 통해 크리스마스 시즌 전에 충분한 모터를 생산하여 재고를 비축해두는 방식으로 인력을 활용할 수 있게 되었고, 그 결과, 품질도 안정되어 비용을 대폭 줄일 수 있게 되었다. 이 표준화는 오늘날에도 마부치모터 전략의 근간을 이루고 있는데, 이 역시 자사의 강점을 기반으로 한 발상은 아니었다.

● 백캐스팅 발상 능력

이들 고수익 기업의 이노베이션은 '어떻게든 방도를 찾지 않으면 안 된다.'는 위기감이나 '이렇게 하면 엄청날 것이다.'라는 기대감에서 비롯된 것이지 결코 '지금 이게 있으니 뭔가 새로운 것이 가능하지 않을까.' 하는, 현재 누리고 있는 안전한 사업 범위 내에서 새로운 사업을 전개하려는 자세에서 비롯된 것은 아니다. 위기감이나 기대감으로 지금 자사의 강점이 있든 없든 혁신적인 아이디어를 짜내 대처해왔다. 즉, 이들 기업은 고수익을 실현하기 위해 백캐스팅(Backcasting), 즉 우선은 자사의 장래 모습을 머릿속에 그리고, 그것을 실현하기 위한 수단을 제로베이스에서 발상해온 것이다.

백캐스팅의 반대말이 포캐스팅(Forecasting)인데, 이는 현재의 모습을 바탕으로 장래의 모습을 예측하는 것을 말한다. 다시 말해 현재의 장점이나 시장 환경에 기초해 장래의 모습을 예측하는 것이다. 하지만 앞에서 언급했듯이 자사가 인식하는 강점은 경쟁사도 수준의 차이는 있을지언정 어느 정도의 강점을 가지고 있으며, 시장 환경에 대한 인식도 비슷하기 때문에 이러한 포캐스팅에 의한 미래 예측과 그에 대한 대책도 필연적으로 비슷하게 될 수밖에 없다.

이상과 같은 이유로 고수익을 실현하기 위해서는 백캐스팅 발상으로 자사가 갖추어야 할 기능이나 강화책을 제로베이스에서 구상하는 것이 효과적이다. 하지만 백캐스팅이 가능한 기업은 그리 많지 않다. 그렇다면 고수익 달성을 위한 백캐스팅이 가능한 기업이 되기 위해서는 어떻게 하면 좋을까?

• 백캐스팅 발상법 : 독창성을 겸비하면서도 높은 합리성에 기초한 탁월성을 추구

사람의 몸은 호메오스타시스(Homeostasis : 항상성)라고 하는 기능을 지니고 있다. 이는 사람의 몸에는 어떤 요인으로 인해 신체적으로나 정신적으로 종래와는 다른 상태가 되었을 때, 그 상태를 비정상적인 상태로 받아들이고 원래의 상태로 돌아가려 하는 기능이다. 조직도 이와 마찬가지다. 백캐스팅 발상은 현재 상황에서 비연속적 변화를 추구하는 것이기 때문에 이 호메오스타시스가 그것을 저지하게 된다.

이 조직 내에 있는 호메오스타시스를 극복하고 백캐스팅 발상을 가능케 하기 위한 방법 중 하나는, 조직에 대해 과거와는 다른 환경이란 강한 메시지를 주지시키는 것인데, 그것이 바로 위기감이다. 하지만 위기감을 인위적으로 자주 조성하는 것은 쉬운 일이 아니다. 또 다른 방법은 조직 내에 지금까지와는 다른, 불연속적인 일이 발생하는 것이 통상적인 환경 또는

상황이라는 인식을 심는 것이다. 즉, 조직 내에 자사만의 독창적인 가치관을 심어 항상 일반기업과는 다른 환경에 처하도록 하는 것이다.

하지만 독창적인 것만 추구해서는 너무 경박하고 그것만으로 고수익을 창출할 수 있을 정도로 세상 일이 단순하진 않다. 그래서 백캐스팅 발상이 가능한 기업은 독창성뿐만 아니라 그것과는 상반되는 것으로 볼 수 있는, 높은 합리성에 기초한 탁월성을 추구하는 가치관을 함께 지닌 기업이라고 볼 수 있다.

니혼전산은 고수익 기업이기는 하지만, 그 경영방식 역시 창업자인 나가모리 회장의 독특한 성격의 영향으로 매우 독창적이다. 하지만 그러한 독창성에는 어떤 목적을 달성하기 위한 합리성이 내포되어 있다. 니혼전산은 설립 당시에 사원을 채용하면서 일부러 먹기 힘든 도시락을 준비해 그 도시락을 빨리 먹는 순서대로 사원을 채용했다는 일화가 있다.[1] 식사 속도로 사원을 채용했다는 것은 어떻게 보면 참으로 어처구니없는 일이다. 실제로 지원자 중 몇 사람은 화를 내며 돌아가버렸다고 한다. 하지만 나가모리는 결코 사람들의 관심을 끌기 위해 이런 채용방식을 채택한 것이 아니었다. 나름대로의 합리적인 이유가 있었기 때문이다. 그는 사업에 있어서 속도를 매우 중시했으며 개인의 능력이 다소 떨어지더라도 속도와 하려는 의지가 있다면 어느 정도 만회할 수 있다고 생각했다.

그렇지만 창업 당시 니혼전산은 무명의 기업이었기 때문에 능력이 뛰어난 인재를 채용하는 것도 쉬운 일이 아니었다. 그래서 속도와 하려는 의지가 있는 사원을 채용하고 싶은데 어떻게 하면 좋을지 고심한 끝에 밥을 빨리 먹는 순서대로 채용한 것이다. 확실히 속도나 하려는 의지와 밥을 빨리 먹는 것에는 어느 정도의 상관관계가 있을 것 같기도 한데, 나가모리는 자신의 인생경험에서 그러한 상관관계를 체득한 것이 아닐까 한다.

이상과 같은 독창성과 높은 합리성에 기초한 탁월성을 추구하는 가치관은, 기업이 어떤 난관에 직면하더라도 경영자와 사원들의 활력을 유지해 백캐스팅 발상으로 난관을 돌파하기 위한 목표를 자발적으로 정하고, 그 목표를 향해 도전하는 풍토를 조성하고, 그 결과 고수익에 크게 공헌하도록 이끈다.

출처
1)《니혼전산 나가모리이즘의 도전》, 일본경제신문사

🗂 원칙 13 : 영업을 개혁한다

• 종래의 영업 역할 : '당신은 만드는 사람, 나는 파는 사람'

이 책에서 사례로 든 고수익 기업의 분석을 통한 흥미로운 발견 중 하나는, 이들 기업의 영업 담당자가 맡은 역할은 종래의 영업 사원들에게 요구되던 역할과는 크게 다르다는 점이다. 키엔스에서 영업 담당자는 가치를 제공하는 컨설턴트인 동시에 제품기획을 위한 중요정보인 고객 니즈를 수집하는 정보수집자다. 마부치모터의 경우에도 영업 담당자는 제품을 판매하러 다니지 않고 스스로가 '팔러 다니지 않아도 되는 제품'을 기획하는 제품기획자의 역할을 맡고 있다.

일반기업에서는 극단적으로 말할 경우, 개발 담당자는 '팔리지 않는 것을 파는 것이 영업 담당자의 역할이다. 팔리는 것을 팔 뿐이라면 영업 담당자는 필요 없다.' 고 생각하고 있다. 또한 영업 담당자도 '당신은 만드는 사람, 나는 파는 사람' 이라는 식으로, 좋은 제품을 만드는 것은 제품기획자나 개발자의 일이고 그것을 파는 사람은 영업 담당자라고 생각하고 있다. 즉, 상당수 기업에서 개발 담당자가 영업 담당자와의 원활한 커뮤니케이션 없이 만든 제품을 영업부서에 떠넘기면, 영업 담당자는 그 제품을 보고 "좀 더 잘 팔리는 제품을 만들어라. 이런 걸로는 팔 수 없다!"며 개발 담당자에게 떠넘기고, 개발 담당자는 "불평하지 마라. 파는 것은 당신들 일이지 않느냐!"며 영업 담당자에게 책임을 전가하는 일이 벌어지고 있다.

제품기획자나 개발자는 일상적으로 고객과 접하고 있는 영업 담당자가 고객의 니즈를 가장 잘 알고 있을 것이라는 전제하에 제품을 기획할 때 영업 담당자의 의견도 듣고 있다. 하지만 속으로는 '일부 목소리가 큰 고객의 의견을 전하고 있을 뿐, 도움이 되는 것은 별로 없다' 고 생각하며 영업 담당자의 의견을 참고하는 정도에 그치고 있는 실정이다. 물론 영업 담당자도 제품기획에 너무 깊이 관여하면 판매에 대한 책임을 질까봐 깊이 관여하려 하지 않는다.

즉, 고객과의 접점인 영업 담당자는 제품기획 측면에서 적극적으로 의견을 개진하지 않고, 제품기획 · 개발자도 영업 담당자의 목소리를 적극적으로 활용하려 하지 않아, 고객과의 접점이 가장 많은 영업의 기능은 제품기획이나 개발에 '전혀' 라고 해도 좋을 정도로 활용되지 못하고 있다. 요즘엔 많이 개선되어 제품기획이나 개발 담당자도 현장에 나가서 고객과 만나는 것을 장려하고 있다. 이 점은 확실히 중요하고 또한 효과가 있다. 하지만 그 이전에 전사적인 측면에서 현재 영업 담당자가 맡고 있는 넓은 고객접점을 제품기획에 좀 더 활용하는 것을 고려해야 한다.

● 마츠시타전기의 개혁

바로 이러한 문제점을 안고 있었던 기업이 마츠시타전기다. 마츠시타전기는 일본에서 사업부제(事業部制)에 관한 한 선구적인 기업이지만 이 사업부제가 나중에 큰 문제를 야기하게 된다. 독립기업과 마찬가지였던 사업부라는 조직이 제품기획, 개발, 제조까지 수행하고, 판매는 판매회사라는 별도 회사의 영업부서에 떠넘겼다. 그러면 판매회사의 영업부서는 "이런 제품으로는 파는 것도 어렵지만 달리 다른 제품도 없고, 사업부의 성화가 심하니 한번 팔아보는 수밖에……." 하는 식이 되었다. 즉, 전형적인 NIH(Not Invented Here : 다른 사람이 발명했기 때문에 내게는 책임이 없다)신드롬의 증상이 나타났다.

이러한 문제점에 대해서 2000년에 사장으로 취임한 나카무라 회장(현재 마츠시타전기 회장)은 대대적인 개혁을 단행해 사업부제를 폐지한다. 그리고 마케팅과 판매를 책임지는 마케팅조직을 만들어 강력한 책임과 권한을 부여한다. 이 마케팅조직은 시장이나 경쟁사의 상황 관찰은 물론이거니와, 제품 판매에 대한 책임까지 진다. 즉, 비즈니스유닛(구 사업부)에 제품 개발과 생산을 의뢰하고, 그 제품은 마케팅 부문이 모두 구매해서 판매하는 책임을 지는 것이다. 이러한 나카무라의 개혁의 가장 핵심이 되는 점은 마케팅을 위한 고객접점을 시장에서 멀리 떨어진 사업부가 아니라, 원래부터 그랬어야 할 시장접점으로 환원시켰다는 것이다.

● 좀 더 심플한 키엔스의 사내 체제 및 영업 실태

마츠시타그룹 전체가 매우 다양한 분야의 제품을 취급하고 있었기 때문에 고객접점에는 마케팅본부라는 추가적인 조직이 필요했지만, 취급하는 제품 종류가 그다지 많지 않은 기업은 고객접점 활용 및 부서 간의 장벽 문제를 좀 더 쉽게 해결할 수 있다. 키엔스가 바로 그런 기업이다.

• 앞선 키엔스의 영업체제

키엔스의 영업 담당자는 제품판매 외에도 2가지의 중요한 임무를 맡고 있다(도표 3-13-1).

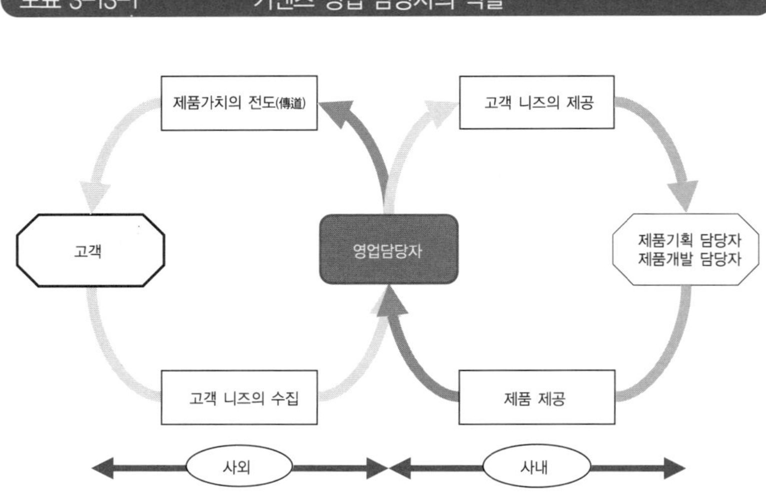

출처 : 필자의 키엔스에 관한 각종 조사 및 분석 결과

① 미션 1 : 자사 제품가치의 전도자

키엔스에서는 제품기획·개발 담당자가 '가치'의 창조자라 하면, 영업 담당자는 그 '가치'를 전도(傳道)하는 역할을 맡고 있다. 다시 말해 영업 담당자는 제품기획·개발 담당자가 혼신의 힘을 다해 기획하고 개발한 제품의 가치를 고객에 '전도'할 수 있을 정도로 이해하고, 또한 그러한 가치

238

를 창조한 제품기획·개발 담당자의 노력과 열의에 대한 신뢰를 바탕으로 고객에 전도하는 미션을 부여받고 있다. 사실 다키자키는 과거에 직접 개발에 관여했었고 자사가 높은 부가가치를 지닌 제품을 개발하고 있다는 자부심이 있었다. 또 한편으로 당시 센서의 일반적인 판매방식이었던 대리점 경유 판매방식으로는 고객에게 자사 제품이 지닌 가치를 충분히 전할 수 없다는 판단에서 컨설팅영업을 통한 직접적인 판매방식을 채택했다.

그런데 컨설팅영업 활동을 효과적으로 수행하기 위해서는 제품에 대한 지식이 필수적이다. 이와 관련해 다키자키는 "저희 회사의 영업사원들은 정말로 열심히 공부합니다. 제품 출시 1개월 전부터 기술자가 강사가 되어 몇 번이나 사내 세미나를 개최합니다. 제품을 발매한 후에는 '고객의 요망은 이렇다.' 또는 '이렇게 설명했는데 고객이 제대로 이해하지 못했다.' 라는 고객의 반응을 전하며, 그것을 바탕으로 또 다른 시행착오를 하면서 개선해나갑니다."[1]라고 말하고 있다. 이처럼 키엔스의 영업 담당자는 자사 제품에 관한 것을 철저히 공부하고 또한 선배 사원과의 롤플레잉 등을 통해 프레젠테이션 능력까지 연마하고 있다.

한편, 제품기획 담당자나 개발 담당자도 영업 담당자의 신뢰에 부합하는 가치를 창조해야 한다는 임무를 부여받고 있다. 즉, 키엔스에서는 제품기획·개발 담당자와 영업 담당자 사이에는 타협을 허락지 않는 긴장감과 상호신뢰감이 흐르고 있으며, 그것을 바탕으로 사업을 전개해나가고 있다.

② 미션 2 : 고객 니즈의 수집자
키엔스의 영업 담당자가 제품의 판매 외에도 고객의 니즈를 수집하는

역할까지 맡고 있다는 점은 이미 수차례에 걸쳐 언급했다. 영업 담당자가 수집한 고객 니즈는 사내 정보시스템을 경유해 제품기획 담당자에게 전달되어 제품기획을 위한 중요한 정보로 활용된다.

키엔스의 영업 담당자는 단순히 소수 고객의 겉으로 드러난 니즈뿐만 아니라 잠재 니즈로 이어질 수 있는 고객 정보를 폭넓게 수집하는 임무를 맡고 있다. 따라서 '넓고 얕게'가 아니라 '넓고 깊게' 고객 니즈를 파악하는 것이 키엔스 영업 담당자의 중요한 역할이 되고 있다. '좁고 깊게' 고객 니즈를 수집하는 것은 일반 기업에서도 어렵지 않게 할 수 있다. 하지만 '넓고 깊게' 수집하는 것은 어려운 작업이다. 이 고객 니즈를 수집함에 있어서의 '넓고'와 '깊게'의 트레이드오프(Trade off : 어느 것을 얻으려면 반드시 다른 것을 희생하여야 하는 경제 관계) 관계를 해소하는 방법이 바로 키엔스가 잠재 니즈에 기초한 제품을 계속해서 내놓고 있는 비결이다.

모든 고객사를 일일이 방문해 그곳에서 고객의 니즈를 수집해서는 경영이념이기도 한 '최소의 인원과 투자로 최대의 부가가치'를 창출하기 어렵다. 하루에 고객과 접할 수 있는 시간은 최대 7시간 정도이기 때문에 그 시간 안에 얼마나 효율적으로 고객의 니즈를 수집하느냐가 관건이다. 또한 키엔스의 사원 1인당 평균 연봉은 1,300만 엔을 넘기 때문에 시간당 영업 담당자의 인건비도 매우 높다. 따라서 그만큼 더 효율적으로 고객 니즈를 수집해야 한다.

이러한 전제에서 '넓고 깊게' 고객 니즈를 수집하는 체제가 바로 컨설팅영업인 것이다. 센서의 니즈는 고객 기업마다 천차만별이고, 키엔스는 재고 관리와 규모의 경제성을 확보할 목적으로 취급 제품수를 압축하고 있기 때문에 그대로는 100% 고객의 요구에 부응하는 제품은 존재하지 않을 가능성도 있다. 때문에 고객의 니즈나 이용환경, 제약 등에 대해서 자세히 알아보고, 고객의 처지에서 "(생산설비의) 그쪽이 아니라 이쪽에 센서를 설치하는 것이 좋지 않을까요?" 하며 제안하기도 한다. 또한 고객이 시험 삼아 사용해볼 수 있도록 제품을 무상으로 빌려주기도 한다. 그 결과, "이 부분은 ××라면 더 좋았을 텐데……." 하는 고객의 잠재 니즈와 직결되는 정보를 입수할 수도 있다. 또한 그와 함께 고객의 이용환경 등에 대해서도 자세히 알 수 있게 된다.

즉, 물건을 파는 개별적인 영업활동 중에 고객의 잠재 니즈로 이어지는 가치 있는 정보나 고객의 이용환경을 파악할 기회가 있는 것이다. 다시 말해 키엔스의 컨설팅영업은 제품도 팔고 고객 니즈도 수집할 수 있는 '일석이조'의 체제인 셈이다.

흔히 컨설팅영업이라고 하면 물건을 파는 '영업' 측면에 더 치중하는 경향이 있지만, 키엔스는 컨설팅영업을 하는 과정 속에서 고객의 니즈를 도출하고 있는 것이다. 아니, 오히려 그 반대로 새로운 제품기획에 활용하기 위한 고객 니즈를 수집하는 김에 제품을 팔고 있다고 해도 과언이 아니다. 이처럼 키엔스는 컨설팅영업의 결과로 고객 니즈를 특별히 큰 비용을 들이지 않고 수집하고 있다.

• 제로베이스에서의 '고객접점' 설계

키엔스처럼 컨설팅영업으로 판매와 고객 니즈 수집을 동시에 수행하는 체제는 다른 기업에도 매우 참고가 될 만하다. 키엔스의 사례에서 배워야 할 가장 중요한 점은 기존의 영업 담당자의 역할에 얽매이지 않고 '영업을 자사의 가치사슬 중에서 가장 중요한 고객접점으로 자리매김하고, 전체 가치사슬 중의 다른 제품기획이나 개발 기능과 보조를 맞추고 있다는 점' 이다. 그리고 그것을 실행하기 위한 영업 담당자의 기능이 '자사 제품의

전도자' 와 '고객 니즈의 수집자' 인 것이다. 따라서 기업이 고수익을 추구
한다면 이러한 방향으로 영업기능을 제로베이스에서 다시 설계할 필요가
있다.

출처
1) 닛케이비즈니스, 2003년 10월 27일

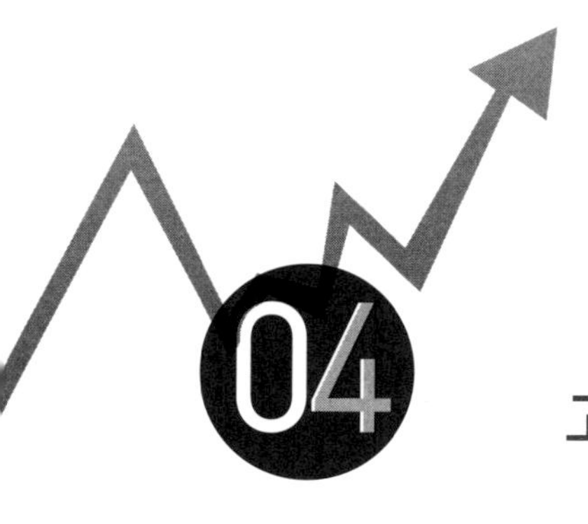

04 제4요건
고수익률 추구의 강한 자세

지금까지 고수익을 달성하기 위한 13가지 원칙을 소개했다. 하지만 이러한 원칙을 실행에 옮긴다고 해서 반드시 고수익이 실현되는 것은 아니다. 왜냐하면 지금까지의 설명으로 고수익 실현을 위한 방법론을 알게 되었다고 할지라도 막상 실행에 옮기려고 하면 수많은 저항에 직면하기 때

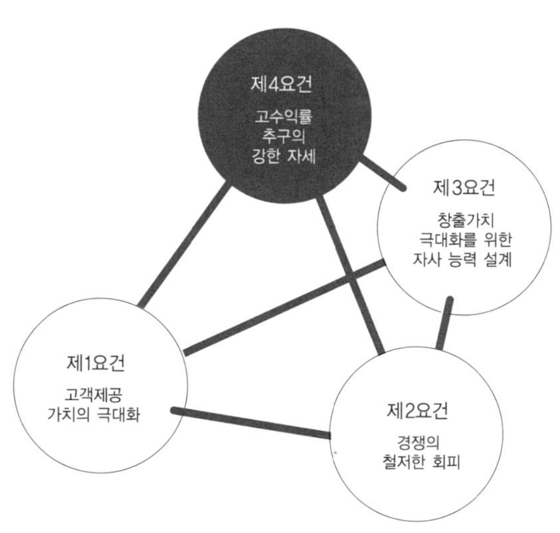

문이다. 또한 고수익의 비즈니스모델을 확립한 후에도 그 비즈니스모델을
유지하고 개선해가는 과정에서 또 다른 장해가 발생한다. 이러한 저항이
나 장해를 극복하고 고수익 경영을 확립·유지하기 위해서는 반드시 고수
익률을 실현하겠다는 강한 자세가 필요하고, 그러한 자세를 기업의 기본
자세로 삼는 것이 필수적이다.

원칙 14 : 고수익률에 집착한다

• 고수익 기업의 경영상 공통점 : 고수익률을 추구하는 강한 자세

롬의 사토 사장은 '엄청 벌고 싶다'[1]고 말하고 있다. 키엔스의 다키자키
는 수익률이 낮다는 이유로 20%의 영업이익률을 기록하며 회사 매출의
15%를 차지하던 자동선재절단기 사업을 매각해버렸다. 화낙에서는 먼저
시장에서 팔릴 수 있는 가격을 설정하고, 그 가격 기준으로 35%의 수익률
을 확보할 수 있도록 목표 비용을 산정하고 그것을 달성하기 위해 사원들
은 '각고의 노력으로'[2] 비용절감에 임하고 있다. 이처럼 고수익을 실현하
고 있는 기업은 하나같이 높은 수익률 달성에 철저하게 집착하는 자세를
견지하고 있다.

• 보통 기업의 이익목표에 대한 생각

하지만 상당수 기업의 경영자는 롬의 사토 사장과 같이 높은 수익률을
추구하고 있는 것 같지는 않다. 물론 그런 기업들도 매년 나름대로의 경영
계획을 세우며, 그 계획 속에는 전년도 대비 몇 퍼센트 상향된 수익목표도
포함되어 있다. 하지만 대부분의 수익률 목표는 한 자릿수에 그친다. 낮은

수익률 목표에 만족하는 이유를 들어보면 치열한 경쟁, 고객의 가격인하 압력, 원재료 가격의 상승, 불안정한 경기 동향 등으로 높은 수익률 달성이 쉽지 않기 때문이라는 대답이 돌아온다.

하지만 실제 이유는 좀 다를 것이다. 경영자로서는 다른 회사만큼만 하면 주주에게서 대단한 평가는 받지 못할지언정 적어도 현재의 경영에 대한 추궁은 받지 않는다. 그리고 수익률이 다소 낮더라도 1년에 한 번 있는 주주총회만 잘 넘기면 해임되는 일은 없다. 또한 자신의 제한된 재임기간 중에 다른 산적한 문제를 해결하는 것도 힘에 겨울 지경이다. 이 때문에 굳이 경영상의 리스크를 져가면서 비즈니스모델을 대대적으로 바꾸어 고수익 체제로 전환하려고 하지 않는 것이다.

• 수익률 30%를 추구하는 세계에서는 보이는 것도 다르다

이러한 기업은 영원히 고수익을 달성하거나 유지할 수 없는데, 바로 다음과 같은 이유 때문이다.

첫째, 고수익을 추구하려는 의지가 없기 때문이다. 19세기 영국의 정치가 벤자민 디즈레일리(Benjamin Disraeli)는 "훌륭한 뜻을 품어라. 왜냐하면 자신이 생각하고 있는 이상으로 훌륭한 사람이 될 수 없기 때문이다."[3] 라고 말했다. 이 말은 기업 경영에도 해당된다. 즉, 고수익을 목표로 하지 않으면 절대로 고수익을 실현할 수 없는 법이다.

둘째, 30%의 수익률을 추구하는 경영과 5%의 수익률을 추구하는 경영은 전혀 다른 판단이 필요하기 때문이다. 5%의 수익률에 만족하는 경영에서는 올바른 판단이더라도 30%의 수익률을 추구하는 경영에서는 크게 잘못된 판단인 경우가 있다. 예를 들어 롬의 사토 사장은 1990년대 전반에 상무 세 사람을 포함해 5명의 임원을 경질했다. 관동지역 시장개척을 위해

현저하게 낮은 가격으로 제품을 판매했다는 이유 때문이다. 시장개척을 위해 가격을 낮추는 것은 일반적인 관행으로, 5%의 경영에 만족하는 기업에는 결코 잘못된 판단이 아니다. 하지만 롬이 목표로 하는 수익률 30%의 경영에서 이러한 행위는 결정적인 잘못으로 판단되는 것이다.

셋째, 수익률을 30% 향상시키기 위한 시책을 아무리 펼치더라도 지금의 세 배에 달하는 수익률을 달성할 수 없기 때문이다. 수익률을 30% 향상시키는 것은 '눈에 보이는 과제'를 해결해나가면 어떻게든 달성할 수 있다. 하지만, 그 이상의 수익률을 달성하기는 거의 불가능할 것이다. 왜냐하면 눈앞의 과제에 대해 경영자원을 투입해 해결하려 노력하더라도 수확체감의 법칙이라는 보편적인 경제원칙이 존재하기 때문이다.

이상을 요약해서 말하면 높은 목표를 내걸고 그것을 달성하려는 강한 결심을 하면 지금까지 옳았던 것이 잘못된 것이 되고, 필요 없었던 것이 필요하게 되고, 미처 인식하지 못했던 것을 인식하게 되는 등, 지금까지와는 전혀 다른 세계가 펼쳐지는 것이다. 즉, 30%의 수익률을 목표로 하는 세계는 5%의 수익률을 목표로 하는 세계와는 눈앞에 펼쳐지는 풍경도 전혀 달라진다.

• 무엇을 위해 고수익을 추구하는가?
상당수의 경영자들은 지금 어려운 경영환경 속에서도 사력을 다해 다른 회사만큼의 성과를 내고 있는데 왜 지금보다 더 고생을 해가며, 그것도 고객에게서 과욕이라는 비난을 들어가면서까지 높은 수익률을 추구해야 하느냐며 반문할 것이다. 사원들 역시 자신들에게 이익이 돌아오지 않는데도 왜 회사나 주주, 경영자를 위해 지금보다 더 고생해야 하느냐며 반문할 것이다.

그래서 예전부터 언급되어왔던 높은 수익률을 추구하는 목적을 다시 한 번 일반론부터 알아보고자 하는데, 그 내용은 다음과 같다.

① 경영의 안정화

경영환경은 변화하는 것이다. 또한 예상하지 못한 곤경에 빠질 수도 있다. 이러한 경향이 심화되고 있는 경영환경을 극복하고 기업을 건전하고 안정되게 이끌어나가기 위해서는 고수익을 실현해 재무체제를 강화할 필요가 있다.

② 새로운 사업 전개의 밑거름

경영환경의 리스크가 커지는 한편, 기회도 늘어나고 있다. 기존의 사업에서도 갑자기 찾아온 사업확대 기회를 놓치지 않고 자사 것으로 만들기 위한 준비가 필요하다. 또한 신규 사업을 시작할 때도 요즘에는 속도가 매우 중요해져서 다른 회사를 M&A해야 하는 경우도 늘어나고 있다. 그리고 경쟁사가 추종하지 못하도록 처음부터 대규모로 투자하는 방법을 취해야 하는 경우도 있다. 이러한 상황에 제대로 대응하기 위해서는 자금원과 자금조달 수단을 미리부터 늘여두는 것이 중요하다.

③ 기업의 지명도 및 신용도 향상

규모가 작은 기업의 경영자나 사원들은 회사의 지명도가 낮다는 이유로 나름대로의 고충을 겪고 있다. 하지만 회사 규모는 작지만 경영상의 묘책으로 높은 수익률을 달성하고 있는 기업은 언론을 통해 보도되는 기회도 많아져 지명도를 높일 수 있다. 그리고 설령 새로운 거래처가 자사에 대해 잘 알지 못하더라도 일단 소개를 받으면 고수익 경영으로 신용을 쌓을 수 있어 새로운 고객 개척도 효율적으로 할 수 있게 된다. 또한 다른 우량기업과 파트너십을 맺는 것도 용이해져 사업기회도 많아지게 된다.

④ 인재의 확보와 정착

우수한 인재는 어느 기업에서나 환영받기 때문에 우수 인재를 확보하는 일은 대기업에도 중요한 과제가 되고 있다. 하지만 고수익 기업이라면 우수한 인재를 채용하기 쉬워지고 또한 그러한 인재가 회사에 정착할 가능성도 높아진다.

⑤ 주주로의 환원

기업의 소유자는 주주다. 그런 측면에서 볼 때, 경영자나 사원은 주주의 가치를 극대화하기 위해 존재하는 것이다. 따라서 경영자와 사원은 항상 기업가치 극대화에 최선을 다해 주주로의 환원을 도모해야 한다.

하지만 이상과 같은 고수익 경영의 일반적인 목적을 다시 한 번 강조한다고 해서 새롭게 각오를 다지는 경영자는 없을 것이다. 왜냐하면 그런 내용들은 이미 그 중요성이나 필요성을 인식하고 있으므로 전혀 새로운 게 아니기 때문이다.

• M&A가 기업경영의 일반적인 수법이 되는 시대 도래 : M&A 회피 방법으로서의 고수익화

하지만 최근에는 이 책의 서론 부분에서 언급했듯이 M&A가 기업경영의 아주 일반적인 수법이 되고 있는 등, 일본 기업의 경영은 큰 변혁의 시기를 맞이하고 있다. 경영자가 기업의 가치를 높이는 노력을 소홀히 하면

매수의 대상이 되는 시대로 접어든 것이다. 매수의 대상이 되는 기업은 높은 기술력이나 브랜드를 지니고 있는 기업에 그치지 않는다. 앞으로의 기업 경영은 좀 더 빠른 의사결정이 요구된다. 따라서 새로운 분야로 사업 범위를 확장하려는 기업은 그다지 혁신적인 기술이 아니더라도 자체적으로 해당 기술을 확보하는 데 시간이 걸린다면 이미 그러한 기술을 보유하고 있는 기업을 M&A하게 된다. 또한 이미 문제가 되고 있는 노동력이나 기술자 부족 현상도 그러한 M&A를 더욱 촉진시키는 원인으로 작용하고 있다.

다른 기업에 의한 매수를 회피하기 위한 방법에는 여러 가지가 있지만, 그중에서도 자사의 기업가치, 즉 매각가격을 높이는 것이 가장 기본이 된다는 것은 두말할 필요가 없을 것이다.

즉, 자사의 경영 독립성을 유지하기 위해 기존의 사업을 고수익 체제로 바꾸지 않으면 안 되는 시대가 도래된 셈이다.

• 경영자 · 사원 개개인의 일을 통한 충만감과 행복감 추구

하지만 롬의 사토 사장으로 하여금 '엄청 벌고 싶다'[4]고 말하도록 만든 것은 ①에서 ⑤와 같은 일반적인 이유도, 타사에 의한 매수를 회피하기 이유도 아니었다고 본다.

결산자료는 자사의 성적표와도 같은데, 그중에서도 수익률은 최종적인 경영자나 사원의 창의노력, 활동, 그리고 존재가치를 적절히 반영하는 지표다. 경영진과 사원들은 자신들의 지혜와 노력, 그리고 열의로 다른 기업이 쉽게 따라올 수 없을 정도의 높은 수익률을 지속적으로 달성함으로써 주주를 포함한 여러 이해관계자에게서 높은 평가를 받게 된다. 또한 경영진이나 사원들 스스로도 성취감이나 자기 일에 대한 자부심을 가지게 된

다. 그리고 다시 그런 성취감을 얻기 위해 일상 업무에 충실히 임하게 되고, 이러한 환경은 인생에 있어 일을 가장 주요한 활동의 하나로 보고 있는 거의 모든 경영자나 사원들에게 오랜 기간에 걸쳐 행복감을 가져다준다. 아울러 급여나 주식배당과 같은 형태로 높은 수입을 얻을 수 있어 그 행복감을 증폭시킬 수 있다. 키엔스는 '인건비는 비용이 아니다.' 며 사원들에게 높은 급여를 지급하는 것을 고수익 경영의 중요한 목적 중 하나로 삼고 있다.

롬의 사토 사장은, 높은 수익률 목표를 설정하고 매번 그것을 달성하고 있는 경영자로서, 자신의 성취감을 사원들도 느낄 수 있도록 해야 한다는 신념을 가지고 있는 듯하다.

매수의 위협을 회피하기 위해 고수익화를 도모하는 것은 기업 경영상 매우 중요한 일이다. 하지만 매수의 위협을 회피하는 것을 주요 목적으로 고수익화를 추구하는 것은 무엇을 위해 기업을 경영하는지부터 의심케 하는 본말전도(本末轉倒)다. 따라서 질 높은 경영을 실현하는 수단으로써 고수익화의 위치를 부여해야 한다고 본다. 질 높은 경영이란 한마디로 말하면 일을 통해 사원이나 경영자가 높은 성취감이나 행복감을 지속적으로 느낄 수 있는 경영이 아닐까 한다. 또한 그러한 성취감이나 행복감 없이는 고수익을 실현하는 활동의 주체인 사원들의 전향적인 몰입이나 경영자의 지속적인 목적의식은 기대할 수 없다.

회사는 누구의 것인가에 대해서는 여러 가지 논의가 이루어지고 있긴 하지만, 고수익 경영의 궁극적이면서도 본질적인 목적은 이러한 것에서 찾아야 할 것이다.

• 고수익 유지를 위한 공유가치의 필요성

지금까지 롬의 사토 사장이 저가 판매에 대한 책임을 묻는 형식으로 5명의 임원을 경질했다는 이야기는 몇 번이나 했었다. 사토 사장은 임원 경질의 이유에 대해 이렇게 말하고 있다.

"세상의 관행에 얽매이지 않고, 항상 눈앞의 현실과 원리원칙에 충실해야 합니다. 윗사람이 흔들리면 결국엔 모두가 방향을 잃습니다. 그래서 제 자신이 원리원칙을 무엇보다도 우선시하고 있습니다."[4]

"경영의 기본방침이나 이념이 파괴될 정도라면 이 회사는 망해버리는 편이 좋다고 생각하고 있을 정도입니다."[5]

이러한 사토 사장의 발언은 고수익을 달성하고 유지하는 데에는 여러 가지 장해요소가 존재하지만, 경영진과 사원 모두가 그러한 장해요소를 극복하려는 생각을 가져야 하며, 또한 그것을 극복하기 위한 행동의 기반인 원리원칙이 롬의 공유가치로서 고수익 실현의 밑거름이 된다는 점을 시사하고 있다.

• 공유가치가 있다면 카리스마 경영자는 필요 없다

제1장의 고수익 기업의 소개부분을 읽고 나서 고수익을 실현하기 위해서는 카리스마 경영자가 필요하다고 생각하는 독자도 있을지 모르겠다. 확실히 이번에 사례로 든 기업 중에는 화낙의 이나바, 롬의 사토, 히로세전기의 사카이 등과 같이 상당히 개성적인 카리스마 경영자가 존재하고, 그러한 경영자의 강력한 리더십이 고수익 실현에 이바지했다는 점은 부정할 수 없는 사실이다.

하지만 고수익 기업 실현에 강렬한 개성을 지닌 카리스마 경영자가 반드시 필요한 것은 아니다. 이번에 사례로 든 6개 기업은 제각각 여러 가지로 궁리를 해가며 경영을 하고 있는 기업인데, 그중에서도 고수익 경영이란 측면에서 가장 완성도가 높은 기업은 키엔스가 아닌가 한다. 왜냐하면 오늘날의 키엔스가 존재하는 것은 다키자키를 포함한 특정 개인의 카리스마나 리더십에 의존해왔기 때문이 아니라, 사원 모두가 쉽게 납득할 수 있는 공유가치와 여러 가지 궁리 끝에 만들어진 조직적으로 움직이는 체제를 구축했고, 또한 그것이 이미 완성 단계에 이르렀기 때문이다. 이러한 이유로 키엔스의 고수익 경영은 상당히 안정감이 있어 보인다. 예전이나 지금이나 키엔스는 높은 수익률을 실현하고 있는데, 그 배경에 이러한 조직으로서의 강점이 존재해왔다. 그러한 강점 때문에 키엔스의 고수익 체제는 앞으로도 지속될 것으로 보인다.

출처
1) 《게이한밸리(京阪バレ-)》, 일본경제신문사
2) 닛케이산업신문, 1982년 9월 10일
3) 《3주간 계속하면 인생이 바뀐다》, 로빈샤마, 키타자와 카즈히코 역, 카이류우사
4) 《어째서 이 회사는 강한가?》, 닛케이BP
5) 닛케이비즈니스, 2000년 10월 30일

프로피트 피라미드의 실행

기업을 고수익 경영체제로 바꾸는 데 장해가 되는 것은 조직의 변화에 대해 저항하는 힘인
호메오스타시스다. 사원들의 '할 수 없다'고 생각하는 능력의 문제점을 불식시키는 소규모프로젝트를
추진해 높은 수익률을 달성하고 성공을 체험한다면, 조직의 저항도 줄어들고 고수익 목표와
고수익 경영을 실현하는 지름길이 될 것이다.

PROFIT
PYRAMID

04

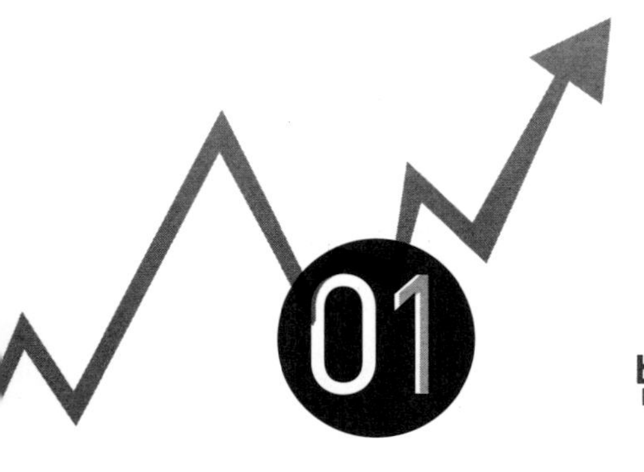

고수익 경영은
반드시 실현할 수 있다

이제까지 고수익을 실현하고 유지해온 6개 회사들의 사례와 고수익을 실현하는 프로피트 피라미드의 프레임워크, 그리고 그 프로피트 피라미드에 입각해 고수익을 실현하기 위한 14가지 원칙을 소개했다. 물론 프로피트 피라미드의 프레임워크와 원칙을 이해하는 것은 고수익 달성을 위한 아주 기초적인 것에 지나지 않는다. 하지만 이것을 잘 이해하고 끊임없는 노력으로 추구해간다면 반드시 고수익 경영을 실현할 수 있다. 왜냐하면 다음과 같은 이유 때문이다.

① 고객은 항상 잠재적인 문제점을 지니고 있으며, 고객이 그러한 잠재적인 문제점을 발견하고 해결함으로써 얻는 가치는 크다. 따라서 고객에게 문제점과 해결방안을 동시에 제시함으로써 큰 가치를 창출할 수 있는 기회가 존재한다.

② 경쟁사와의 치열한 경쟁 속에서도 시간차, 교두보 등의 관점으로 접근하면 경쟁이 없는 진공지대(眞空地帶)를 만들 수 있다.

③ 지금까지 20% 혹은 30%의 높은 수익률 달성을 진지하게 검토한 적이 없다면 여태까지와는 다른 관점에서 시장을 바라볼 여지가 있으며, 그러한 시각에서 발견되는 비즈니스상의 기회가 존재한다.

④ 고수익을 실현하기 위해서는 여러 가지 궁리가 필요한데, 백캐스팅 발상으로 궁리를 계속하다 보면 수익률을 향상시킬 많은 기회가 존재하기 때문이다.

⑤ 마지막으로 '강한 결심을 하면 반드시 실현할 수 있다' 는 보편타당한 법칙이 존재하기 때문이다.

조직의 저항, 호메오스타시스가 고수익 목표실현의 장해가 된다

기업을 고수익 경영 체제로 바꾸는 데에는 몇 가지 장해가 있는데, 그 중에서도 가장 장해가 되는 것은 제3장에서 소개한 조직의 호메오스타시스다.

사람의 몸에는 호메오스타시스 기능(항상성유지 기능)이 있다. 이 기능은 사람의 몸이 어떤 계기로 인해 신체적 혹은 정신적으로 예전과 다른 상태가 되었을 때, 몸이 그 상태를 정상이 아닌 것으로 받아들이고 원래의 상태로 돌아가려는 기능이다.

조직도 사람과 마찬가지로 강한 호메오스타시스를 지닌다. 조직의 호메오스타시스는 자사의 변화에 대해 저항하는 힘인데, 흔히 변화의 반작용으로 나타난다. 높은 수익률을 달성하기 위해 과거의 연장선상이 아닌 새로운 경영상의 궁리나 개혁을 하려 하면, 반드시 그 조직의 호메오스타시스가 기능해 그러한 궁리나 개혁의 장해가 된다. 이 때문에 고수익을 실현하기 위해서는 이 호메오스타시스에 대한 대책이 매우 중요하다.

거대 기업이면서도 높은 수익률을 기록해온 GE의 고수익 요인에 대해서는 여러 가지로 논의가 되고 있지만, 잭 웰치 전임 회장이 자서전을 통해 이야기하고 있는 것처럼, 이 호메오스타시스의 저항을 배척하는 것에 많은 노력과 시간을 투입해왔다는 점이 GE가 높은 수익률을 기록해오는 데 가장 큰 요인으로 작용했다고 생각한다. 한 예로, GE의 유명한 스트레치 목표(현실적으로 달성하기 힘들 정도로 높게 설정한 도전적 목표)는 목표 그 자체의 달성을 촉진시키는 효과 외에도 조직과 그것을 구성하는 사원들의 호메오스타시스를 물리치는 효과도 노린 것이다.

호메오스타시스 해소 방법 : 소규모 프로젝트를 통해 성공을 체험케 한다

그렇다면 잭 웰치나 제프리 이멜트와 같은 경영자가 없는 기업에서는 어떻게 하면 좋을까? 그 답 중 하나가 소규모 프로젝트를 통해 성공을 체험케 하는 것이다.

호메오스타시스는 사원들의 '하고 싶지 않다' 는 의지의 문제와 '할 수 없다' 라는 능력의 문제로 인해 발생한다.

전자인 의지의 문제에 대해서는 고수익을 달성했을 경우, 사원들에게도 직접적인 보수나 성취감과 같은 이점이 있기 때문에 경영진과 사원들의 제대로 된 커뮤니케이션을 통해 해결할 수 있다.

문제는 후자인 능력의 문제다. 실은 '하고 싶지 않다' 는 의지의 문제도 '할 수 없다' 는 문제 때문에 비롯되는 경우가 많다. 이런 의미에서 후자의 해결은 중요하다. 판매단가의 하락과 비용의 상승으로 어려움을 겪고 있는 상황 속에서는 회사가 아무리 20% 또는 30%와 같은 높은 수익률 달성을 목표로 내세우더라도 사원들은 그것을 불가능한 목표로 받아들일 것이다. 또한 그럼에도 불구하고 회사가 일방적으로 그 목표 달성을 재촉하면 자신의 능력이나 지금까지 축적해온 노하우를 뛰어넘는 무언가가 필요해지는 상황이 되어, 처음부터 다시 그러한 능력이나 노하우를 획득하는 것은 힘들다며 의욕을 상실해버린다.

이러한 사원들이 '할 수 없다' 고 생각하는 능력의 문제를 불식시키는데 효과가 있는 것은 실제로 소규모 프로젝트에서 높은 수익률을 달성해보는 체험을 하는 것이다. 또한 소규모 프로젝트라면 조직의 저항도 그만큼 줄어들 수 있다.

소규모 프로젝트의 추진 방법

소규모 프로젝트는 일반적으로 8개의 임무로 구성된다.

① 고수익을 통해 추구하는 최종 목적의 확인 및 명확화

우선 프로젝트를 시작하기 전에 고수익으로 달성하려는 경영상의 최종 목적을 명확히 한다. 고수익 달성 자체는 최종적인 목표가 아니기 때문이다. 고수익 달성을 통해 추구하는 목적이 사원 개개인의 가슴에 와 닿는 것이 아니라면, 그 프로젝트를 수행하는 과정에서 발생하는 여러 가지 장해를 극복할 수 없어 고수익 달성은 어렵게 된다.

이 작업은 경영진의 회사 경영에 대한 열정이나 포부를 확인하는 작업이기도 하며, 그 내용도 롬의 사토 사장으로 하여금 '엄청 벌고 싶다'고 말하도록 한 것과 같은 열정이나 포부가 담겨 있어야 한다. 따라서 경영진들 중에서도 장기적인 관점에서 자사가 나아가야 할 방향에 대해 제대로 생각할 줄 아는 사람들끼리 심도 있는 논의가 이루어져야 한다. 또한 사원들 중에서 선발된 프로젝트 팀원들을 활용할 때도 그들이 경영진에 의한 논의의 계기가 되는 것을 준비하는 식으로 활용해야지, 절대로 프로젝트팀 멤버가 책정한 안을 경영진이 그대로 승인하는 안이한 방식을 취해서는 안 된다.

② 시장의 과제 · 니즈 분석

지금까지 설명해온 프로피트 피라미드의 원칙을 고려해가며 시장과 고객의 문제나 니즈에 대한 분석, 나아가서는 직접적인 고객의 배후에 있는 시장의 문제나 니즈도 분석한다. 이러한 분석을 할 때는 예전부터 대상으로 해온 고객뿐만 아니라 그 주변으로까지 시야를 넓히는 것이 중요하다. 또한 지금까지 하드웨어를 중심으로 사업을 전개해온 기업이라면 서비스 역시 중요한 사업 기회가 될 수 있다는 전제로 프로젝트를 추진해가야 한다.

③ 대상 산업구조의 분석

이를 위해서는 자사가 위치한 한 산업 범위 안에 있는 각 업계의 수익률 분포, 그리고 그러한 수익률의 배경, 업계별 특징 등을 분석해 자사가 직접 수행할 수 있는 기능은 없는지 혹은 수직통합으로 고객제공가치를 확대할 수는 없는지 검토한다. 즉, 해당 산업 내의 스마일커브를 그리고, 그중에서 자사 사업의 수익률을 높일 수 있는 기회를 찾는 것이 주요 작업이 된다.

④ 비즈니스모델 가설의 설정

앞에서 기술한 ②와 ③에 근거해서 고수익을 실현할 수 있는 비즈니스모델 가설을 설정한다. 이때 지금까지 소개한 원칙에 근거해 만들어진 고수익 실현을 위한 비즈니스모델의 유형이 있으니, 그러한 유형도 참고해가며 가설을 세운다(도표 4-1).

구체적인 비즈니스모델의 가설을 설정할 때는 프로젝트 팀원들이 브레인스토밍 등을 하여 서로 아이디어를 낸 후에, 그것에 대한 스크린 과정을 거쳐, 하나 또는 복수의 비즈니스모델 가설로 압축하는 과정을 밟는다.

이때 중요한 것은 ②, ③으로 분석한 내용을 그냥 받아들여서는 안 된다는 점이다. ②와 ③을 통해 얻은 발견이나 정보는 기존의 상황을 전제로 한 것이다. 예를 들어 ③의 경우라면, 분석의 결과 그려진 커브는 기존의 업계 구조를 전제로 한 것이다. 하지만 한 산업 분야에서 새로운 업계를 창출해 그곳에서 고수익률의 기회를 찾아낼 수도 있다. 이처럼 기존의 상황을 전제로 하는 것이 아니라, 상상력을 발휘해 비즈니스모델 가설을 설정하는 것이 중요하다.

⑤ 비즈니스모델 가설의 검증과 수정

이 작업에서는 ④에서 설정한 가설을 검증하기 위해 ②와 ③에서 행한 분석을 가설 검증에 필요한 부분에 초점을 맞추어 다시 한 번 해본다. 이러한 가설 검증 과정을 통해 당초의 가설이 성립되지 않음을 알게 되기도 한다. 그럴 경우에는 당초의 가설에 집착하지 말고 그 가설을 실태에 맞추어 수정해간다. 때에 따라서는 처음부터 다시 가설을 세울 필요도 있기 때문

고수익 모델	기업 사례	주요 적용분야
① 교두보모델(소모품)	캐논, 리코, 구리다공업	다량의 소모품이 발생하는 분야
② 교두보모델(서비스)	도시바엘리베이터서비스, 미쓰비시빌딩 테크노서비스, GEES(GE의 제트엔진서비스 자회사)	하드웨어, 소프트웨어, 서비스 등에 관계없이 모든 제품에 적용 가능. 특히 자사 제품 혹은 설비의 운전에 안전성이나 안정성이 요구되는 분야는 그 서비스에서도 높은 수익을 기대할 수 있다.
③ 교두보모델(고객 습관)	아스쿠루, 야후, 화낙	고객이 반복해서 이용하는 제품 혹은 서비스
④ 잠재 니즈에 근거한 제품 기획	**키엔스, 히로세전기**	모든 분야에 적용 가능
⑤ 컨설팅을 통한 고객정보 수집모델	**키엔스**	상품(Commodity) 외의 모든 B2B제품
⑥ 지팬츠(청바지)모델	리바이 스트라우스(창업시)	다수의 고객이 비슷한 활동을 하고 있는 업계가 대상
⑦ 가마우지낚시모델	**롬, 화낙, 시마노**, 인텔, 마이크로소프트	• 제품의 사이클이 짧은 업계(IT업계 등) • 반대로 시장이 성숙해 경쟁이 심하지 않고 주체성이 없는 업계(자전거업계 등)
⑧ 업계표준모델	**화낙, 시마노**, 인텔, 마이크로소프트	• 업계의 플레이어가 외부의 좋은 것은 적극적으로 받아들이려 하는 태동기의 시장 • 반대로 시장이 성숙해 경쟁이 치열하지 않고 주체성이 없는 업계로, 자사 제품에 큰 영향이 있으면 채용되는 업계(자전거업계 등)
⑨ 고객데이터 수집 · 축적 · 증식모델	GEES, 이큐빅	기기의 운전비용이나 유지비용이 높은 분야
⑩ 계속적 고객노하우 흡수모델	**화낙, 롬**, 호기메디컬	고객의 활동 중에 외부에서는 파악하기 힘든 노하우나 활동이 존재하는 분야
⑪ 매스커스터마이제이션 모델	GE(가스터빈), **롬**	개별 기업은 각기 다른 제품을 원하지만, 시장 전체적으로 보면 유형화가 가능하고 어느 정도의 시장규모가 존재하는 분야
⑫ 가격저감 · 시장확대모델	**마부치모터**	가격을 낮추면 시장이 확대되는 분야 제품이나 소재가 주체
⑬ 히트앤드런모델	**히로세전기**, 마츠시타전기	복제제품 혹은 Me-Too제품이 횡행하고 있는 분야
⑭ '고객의 고객' 접근모델	화낙, **시마노**, 인텔	B2B 제품이라면 모든 분야에 적용 가능

에, 그러한 가능성을 미리 염두에 두고 프로젝트의 스케줄도 여유를 가지고 정할 필요가 있다.

⑥ 비즈니스모델의 세부 설계

⑤의 작업을 통해 비즈니스모델의 골격이 정해지기 때문에 그 다음에는 골격에 살을 붙여가는 작업을 한다.

단, 이 단계에서 '세부' 라는 단어를 사용한 이유는 골격에 살을 붙이는 정도라는 의미에서다. 이 다음의 이 비즈니스모델을 실제로 구축하는 ⑦의 작업에서는 당초 예상하지 못했던 사실에 직면하는 경우도 있기 때문에 너무 세부적인 것까지 설계할 필요는 없다.

⑦ 비즈니스모델의 실제 구축

앞의 ⑥에서 설계한 비즈니스모델을 실제로 구축하는 작업이다. ⑥에서도 언급했지만 실제 비즈니스모델을 구축하는 작업에서는 파트너의 선정 등, 자사의 통제범위를 넘어선 사항에 대한 대처가 필요하게 되어 당초 예상한 전제가 무너질 가능성도 있다. 때문에 만일의 사태에 대비해 유연성을 가지고 작업을 진행하는 것이 중요하다.

⑧ 비즈니스모델의 실행

마지막으로는 이상과 같은 과정을 통해 만들어진 비즈니스모델을 실행한다. 그 다음엔 프로젝트 팀원 각자가 자사를 위해 여태껏 없었던 획기적인 높은 수익률의 비즈니스모델을 만든다는 열의와 자부심을 가지고 여러 가지 장해를 극복해가면서 앞으로 나아가는 것뿐이다.

경제계를 포함한 사회에는 어느 시대에나 이익추구에 대한 부정적인 의견이 존재한다. 몇 해 전에 일어난 라이브도어의 호리에 사건(후지TV에 대한 적대적 M&A 시도로 유명했던 일본의 인터넷검색 기업 Livedoor의 젊은 창업자인 호리에가 분식회계, 주가조작 등 각종 탈법을 저지른 것이 발각되어 구속된 사건)과 같이 사회의 일반 상식에서 볼 때, 규칙 위반으로 여겨지는 행위를 통해 큰 이익을 거두는 사건이 발생하면 그러한 목소리는 더욱 높아진다.

하지만 이러한 비판은 원래 이익추구를 위해 규칙에서 벗어난 행위를 한 점에 대해 한정되어야 함에도 불구하고 이익추구 자체를 비판하고 있다는 점에서 문제가 있다고 본다.

대표적인 규칙의 일탈인 이익지상주의는 분명히 잘못된 행위이며 사회적으로도 비난받아 마땅하다. 하지만 높은 수익률을 추구하는 그 자체는 경제의 기본원리 측면에서 정당한 것이며 오히려 사회적인 룰에 벗어나지 않는 한 경제적으로나 사회적으로도 장려되어야 할 행위라 할 수 있다. 당연한 말이겠으나, 이 책에서 사례로 든 고수익 기업 중에는 이익지상주의적인 활동으로 비난을 받고 있는 기업은 하나도 없다. 오히려 고수익 추구를 통해 주요 이해관계자에 대해 경제적인 이점을 제공하는 한편, 사원들의 업무성취감 향상, 적극적인 환경문제 대응, 메세나 등과 같은 사회적인 이점 제공을 목적으로 하고 있다. 아울러 이해관계자들의 자사에 대한 호의적인 평가를 좀 더 높은 수익률 실현으로, 다시 말해 선순환이 이루어지도록 하는 활동을 하고 있다.

특히 그런 이해관계자 중에서 사원의 경우는, 인생의 상당 부분을 회사에서 보내기 때문에 높은 수익률을 실현하고 유지하는 것은 그들 자신의 능력이나 노력으로 높은 가치를 창출했다는 증표가 되는 것이며, 그로 인해 얻어지는 높은 보수와 함께 무엇과도 바꿀 수 없는 인생의 충만감과 자부심을 느끼게 해주는 것이다.

이상으로 고수익을 실현하기 위한 프로피트 피라미드의 프레임워크와 그를 위한 14가지 원칙을 소개했다. 하지만 이러한 원칙을 실행하는 것은 그렇게 간단한 일이 아니다. 또한 고수익 경영이 하루아침에 실현될 수도 없다. 하지만 끈기를 가지고 이러한 원칙을 지켜가면 수익률은 향상되고, 궁극적으로는 이번에 소개한 기업과 같이 20% 혹은 30%나 되는 높은 수익률을 지속적으로 유지하는 경영에 도달할 수 있을 것이라 확신한다.

마지막으로 고수익 실현을 위한 여러분의 건투를 빌며 이만 글을 마칠까 한다.

작지만 강한 기업을 만드는 **고수익 경영**

초판 인쇄	2008년 10월 10일
초판 발행	2008년 10월 15일

지은이	나미에 카즈키미
옮긴이	김영환
발행인	권윤삼
발행처	도서출판 연암사
내지디자인	피앤피디자인(www.ibook4u.co.kr)

등록번호	제10-2339호
주소	서울시 마포구 망원동 472-19호
우편번호	121-826
전화	02-3142-7594
팩스	02-3142-9784

값	12,000원

ISBN 978-89-86938-66-1   13320

이 책의 모든 법적 권리는 저자와 도서출판 연암사에 있습니다.
저작권법에 의해 보호받는 저작물이므로
본사와 저자의 서면 허락없이 무단 전재, 복제, 전자출판 등을 금합니다.

연암사의 책은 독자가 만듭니다.
독자 여러분들의 소중한 의견을 기다립니다.